Die errungene Zeit

Markus Weber

Markus Weber

DIE ERRUNGENE ZEIT

Beschreibung eines Aufbruchs

Bibliografische Information der Deutschen Nationalbibliothek
Die Deutsche Nationalbibliothek verzeichnet diese Publikation in der
Deutschen Nationalbibliografie; detaillierte bibliografische Daten
sind im Internet über http://dnb.d-nb.de abrufbar.

Markus Weber
Die errungene Zeit
Beschreibung eines Aufbruchs

Berlin: Pro BUSINESS 2015

ISBN 978-3-86386-893-2

1. Auflage 2015

© 2015 by Pro BUSINESS GmbH
Schwedenstraße 14, 13357 Berlin
Alle Rechte vorbehalten.
Produktion und Herstellung: Pro BUSINESS GmbH
Gedruckt auf alterungsbeständigem Papier
Printed in Germany
www.book-on-demand.de

Inhalt

1. Krisis — 7
2. Beginn der Therapie — 21
3. Ein alter Freund — 45
4. Ein neuer Freund — 69
5. Ein Entschluss wird gefasst — 92
6. Auf Messers Schneide: Transplantation der Blutstammzellen — 119
7. Rekonvaleszenz — 145
8. Nordsee: Rehabilitation — 154
9. Erwachen der Leidenschaften: Das Schreiben und die Muse — 170
10. Die realistische Möglichkeit, Autor, Partner und Vater zu werden — 194
11. Begegnung mit Mutter, Tochter und Oma — 226
12. Ferien mit Christian in Dänemark — 248
13. Heimkehr in ein früheres Leben — 262
14. Abschied und Aufbruch — 286

1. Krisis

Schon längere Zeit fühlte sich Thomas Leitner matt und unwohl. Während der letzten Wochen war er körperlich nicht mehr belastbar und hatte des Öfteren blaue Flecke an seinem Körper wahrgenommen, auch dann, wenn er sich nur ganz leicht an einem Gegenstand gestoßen hatte. Außerdem schwitzte er nachts, was ihm zuvor noch nie passiert ist, und während der letzten Tage litt er zusätzlich an Nasenbluten. Er betrachtete sich morgens im Spiegel seines Badezimmers und musterte sein blasses Gesicht, das ihm irgendwie eingefallen und deutlich gealtert erschien. An diesem Morgen stellte er zum wiederholten Mal fest, dass der ausgespiene Zahnpastaschaum blutig war. Ihm wurde klar, es konnte sich bei seinem Zustand nicht um eine harmlose Unpässlichkeit handeln, sondern irgendetwas ging in ihm vor, das ernsterer Natur sein musste.

Er brühte sich seinen Morgenkaffee auf und aß ohne jeglichen Appetit eine Scheibe Brot mit Marmelade, als er bemerkte, dass seine Nase wieder zu bluten begann und ein Tropfen die Oberlippe hinunter rann. Thomas Leitner drückte ein Papiertaschentuch auf seine Nase und traf die Entscheidung, ins Krankenhaus zu fahren, um sich dort untersuchen zu lassen. Natürlich muss so etwas immer am Wochenende passieren, dachte er bei sich, während er überlegte, was er auf die Schnelle einpacken sollte. Die Rettungsstellen in den Kliniken sind am Wochenende nur dürftig besetzt und er würde dort sicher lange warten müssen – das war ihm klar, denn seine frühere Freundin hatte als Krankenschwester auf einer Intensivstation gearbeitet. Seitdem hatte Thomas Leitner keine Beziehung mehr gehabt. Die Trennung von seiner damaligen Freundin war nun schon dreieinhalb Jahre her und er empfand einen Hauch von Wehmut, während er sich immer noch das Papiertaschentuch vor die Nase hielt und von Zeit zu Zeit kontrollierte, ob die Blutung in der Zwischenzeit aufgehört hatte.

Er packte Wäsche, Badeschuhe und Waschzeug in seine Sporttasche und suchte in einer Schublade nach seiner Krankenversichertenkarte, die er zuletzt vor über einem Jahr bei einer Vorsorgeuntersuchung benötigt hatte. Dann steckte er den Wohnungsschlüssel und seinen Geldbeutel in die Hosentasche und wählte die Nummer eines Taxiunternehmens, die er auswendig wusste. Er solle sich sofort vor die Tür begeben, das Taxi sei in wenigen Minuten dort, säuselte eine gelangweilte Frauenstimme und Thomas Leitner schloss sorgfältig die Wohnungstür hinter sich ab, denn er wusste intuitiv, dass er nicht nur für ein oder zwei Tage wegbleiben würde, und begab sich vor die Tür des Miethauses, in dem er seit fast zehn Jahren in einer geschmackvoll eingerichteten Zweizimmerwohnung wohnte. Das Taxi wartete bereits und er setzte sich mit seiner Sporttasche auf den Rücksitz, immer noch das Taschentuch von Zeit zu Zeit vor seine Nase drückend. Den Fahrer bat er, zum Sankt-Marien-Hospital zu fahren, das sich einige Blocks von seinem Wohnort entfernt befand.

Das Taxi hielt an einer überdachten Rampe, unter der zwei ausgemergelte Männer in Trainingsanzügen standen und in der Nähe eines mit Sand gefüllten Aschenbechers Zigaretten rauchten. Schweigend beobachteten sie ihn dabei, wie er das Gebäude betrat und sich anhand der Wegweiser orientierte, um zur Ersten Hilfe des Krankenhauses zu gelangen. Am Eingang zur Rettungsstelle wachte eine beleibte Krankenschwester über die ein- und austretenden Personen. Auf ihrem Tisch lagen Krankenblätter mit Laborwerten und EKGs verstreut, die mit Büroklammern an die entsprechenden Akten der zugehörigen Patienten geheftet waren. „Guten Tag, Ihre Krankenversichertenkarte bitte", sagte die Krankenschwester, und eine andere Schwester führte Thomas Leitner, nachdem er in groben Zügen seine Beschwerden geschildert hatte, in einen kleinen Raum, in dem sich außer einer Untersuchungsliege noch ein Infusionsständer und ein Wägelchen mit Geräten, Tupfern, Desinfektionsmitteln sowie grauen Nierenschalen aus Pappe befanden. Die Ärztin werde gleich zu ihm kommen, aber er müsse Zeit und Geduld mitbringen, denn die Rettungsstelle sei heute überlastet.

Leitner setzte sich also auf die Untersuchungsliege, die mit einer Zellstoffrolle versehen war, und wartete einige Minuten, die er damit verbrachte, durch die geöffnete Tür das geschäftige Treiben der Rettungsstelle zu beobachten. Ein Krankenpfleger eilte mit einer riesigen Sauerstoffflasche, die er auf zwei Rollen vor sich herschob, an ihm vorbei und er sah eine ältere Frau vorbeigehen, die in einem Stoffbeutel offensichtlich Dinge des täglichen Bedarfs – wahrscheinlich für ihren Ehemann – mit sich führte. Völlig verunsichert hielt sie nach einem Angestellten Ausschau, vermutlich um die Nummer des entsprechenden Krankenzimmers in Erfahrung zu bringen.

Thomas Leitner spürte, dass seine Nase wieder zu bluten begann, und sah einen Blutstropfen auf den gräulichen Linoleumboden fallen, der nach seinem Auftreffen einen Kranz von kleinen Spritzern um sich herum bildete. Er hielt sich wieder ein Stofftaschentuch vor die Nase und stand auf, um mit dem Papiertuch aus einem Wandspender den Blutstropfen aufzuwischen, aber er hinterließ einen rosaroten Schmierfleck, der um ein Vielfaches größer war, als der ursprüngliche. Dann setzte er sich erneut auf die Untersuchungsliege und wartete. In Ermangelung einer Rückenlehne begann nach einer halben Stunde sein Rücken zu schmerzen, als endlich eine junge Ärztin mit Haarreif und offenem Kittel erschien. In deren Taschen befanden sich neben ihrem Stethoskop eine erhebliche Anzahl an Zetteln und ein grüner Stauschlauch. In der Hand hielt sie ein vorgedrucktes Formular, auf dem sie Leitners Beschwerden der letzten Wochen notierte. Während des Interviews wurde ihre Stimme zunehmend ernster. Schließlich kündigte sie ihm die notwendige Blutuntersuchung an, wobei sie zur Blutentnahme besser gleich eine Venenkanüle in eine Unterarmvene einlegen werde, durch die dann eventuell auch eine Infusion verabreicht werden könne – aber nur, falls das später auch erforderlich sein sollte. Nachdem sie ihn dann untersucht und über die Venenkanüle Blut abgenommen hatte, verließ sie den Untersuchungsraum mit dem Versprechen, ihm Bescheid zu geben, sobald die Blutergebnisse vorlägen.

Thomas Leitner schmerzte die Einstichstelle und er verspürte mittlerweile ein starkes Durstgefühl, da er seit dem Frühstück nichts mehr getrunken hatte. Auf dem Flur sprach er eine junge Pflegerin darauf an, die ihm etwas später eine Flasche Mineralwasser und ein Glas brachte. Er ging zurück in seine Box, stellte das Glas auf dem Rollwagen ab, füllte es und trank es in einem Zug leer. Dann setzte er sich erneut auf die Untersuchungsliege und wartete. Das unbehagliche Gefühl am Morgen hatte sich inzwischen zu der bohrenden Sorge gesteigert, dass hier etwas unerwartet Neues und Bedrohliches auf ihn zukam. Noch nie war Thomas Leitner bis jetzt ernstlich krank gewesen – aber vielleicht würde die Ärztin mit dem Haarreif ja auch Entwarnung geben, weil sich schließlich alles auf einen banalen Grund zurückführen ließe. Dann würde er am Nachmittag zu Hause ausruhen, sich in seiner Firma vielleicht für einige Tage krankmelden und in einer Woche wieder sein gewohntes Leben führen. Wenn er sich nicht so furchtbar kraftlos gefühlt hätte, wäre er losgegangen, um sich am Krankenhauskiosk eine Zeitung zu kaufen, aber er wollte einfach nur die Ergebnisse seiner Blutuntersuchung erfahren und sich ausruhen.

Er betrachtete die Wandanschlüsse für Sauerstoff und das steril anmutende Waschbecken, den Wandhalter für Papiertücher und die Gegenstände auf dem Rollwagen. Plötzlich nahm er einen unangenehmen Geruch nach Reinigungs- und Desinfektionsmittel wahr und sah dann, dass sich seine Ärztin wieder dem Untersuchungsraum näherte. Man könne ihn leider nicht nach Hause lassen; seine Blutwerte seien im Keller und er müsse noch heute eine Transfusion von Blutplättchen erhalten, die bei ihm auf einen Wert von 14 abgefallen wären. Der Normalwert sei größer als 150. Auch der Wert des roten Blutfarbstoffs sei deutlich herabgesetzt. Normalerweise liege der bei 14, betrage bei ihm jedoch nur 9,4. Man werde morgen seine Werte kontrollieren und nachsehen, ob die Menge der Blutplättchen nach der Infusion tatsächlich angestiegen war. Außerdem müsse überprüft werden, ob der Wert des roten Blutfarbstoffs noch weiter gesunken ist, was gegebenenfalls eine Bluttransfusion erforderlich machen könnte. Die weißen Blutkörperchen seien leicht erhöht und das Ergebnis der Blutuntersuchung deute in der Zusammenschau mit seinen Beschwerden auf das Vorliegen einer Blutkrankheit hin, die sie jedoch nicht genau einordnen könne. Dazu seien weitere Untersuchungen in einer Spezialklinik erforderlich. Er solle das Wochenende im Sankt-Marien-

Krankenhaus verbringen und würde am Montag in die hämatologische Universitätsklinik verlegt werden. Ein Beutel mit Blutplättchen sei für ihn bestellt, die ihm später von einem diensthabenden Kollegen – wahrscheinlich dem Nachtdienst – verabreicht würden. Dann meldete sich ihr Diensthandy. Sie müsse jetzt sofort los, doch er werde in Kürze auf die Station gebracht.

Thomas Leitner fühlte sich in einer dumpfen Reglosigkeit gefangen, die ihn zugleich auch gegen seine Umwelt abschirmte. Die Worte der Ärztin klangen in ihm nach und es verging einige Zeit, bis ihn die Stimme eines jungen Mannes in die Realität zurückholte. War er Krankenpflegeschüler oder absolvierte er hier sein Freiwilliges Soziales Jahr? Leitner suchte vergebens nach einem Schild an dessen Kittel, das ihn mit Namen und Funktion ausweisen würde. „Können Sie laufen oder soll ich einen Sitzwagen holen?", wandte er sich an Leitner, der nun begriff: Aus einem Mann mit Nasenbluten, mit allgemeinen und unspezifischen Krankheitssymptomen, war inzwischen ein Patient geworden als Teil einer Krankenanstalt, die er eigentlich nur aufgesucht hatte, um sich zu beruhigen und sich beispielsweise sagen zu lassen, das Ganze sei nur ein harmloser Infekt und er werde in ein paar Tagen wieder der Alte sein. Er könne gehen, erwiderte Thomas Leitner auf die Frage des jungen Mannes, der seine Krankenunterlagen in der Hand hielt und ihm voraus in Richtung Fahrstuhl ging. „Ich bringe Sie in den dritten Stock, Station 3a, Innere Abteilung", sagte er. Im Fahrstuhl vermied der junge Mann jeglichen Blickkontakt, was eine eigentümlich kühle Atmosphäre entstehen ließ, sodass sich Thomas Leitner wieder in seine dumpfe Selbstbezogenheit zurückgedrängt fühlte, in die er im Untersuchungsraum der Rettungsstelle verfallen war.

Den restlichen Tag erlebte Thomas Leitner in einer Art Trance. Er hatte jegliches Zeitgefühl verloren, verspürte weder Hunger noch Durst und nahm wie ein Außenstehender wahr, dass ihn vor dem Stationszimmer eine burschikose Krankenschwester empfing, die seine Unterlagen entgegennahm und ihn in sein Krankenzimmer führte. Dort standen drei unbenutzte Betten, die mit einer Plastikfolie überzogen waren. Ein Geruch von scharfen Reinigungsmitteln erfüllte das Zimmer. Hier habe er seine Ruhe, versprach ihm die burschikose Krankenschwester. Einer der diensthabenden Ärzte werde ihm später die bestellten Blutplättchen verabreichen. Er könne sich aber jederzeit melden, wenn er etwas benötigen sollte. Fieber habe er ja keines, hatte die Krankenschwester seinen Unterlagen entnommen. In der Zwischenzeit könne er seine Sachen in den Schrank einräumen; sie selbst werde ihm später sein Abendessen bringen.

Thomas Leitner hatte nicht bemerkt, dass der junge Mann, der ihn auf die Station begleitet hatte, in der Zwischenzeit gegangen war. Sein Nasenbluten hatte wieder aufgehört und er legte sich in das Bett, dessen Plastikhülle die Krankenschwester zuvor entfernt hatte. Sein Zimmer verfügte über orangefarbene Vertäfelungen aus Plastik und hinter jedem Bett lugte ein Gasanschluss für Sauerstoff aus der Wand hervor. Durch die Fenster konnte er immerhin den regnerischen Herbsthimmel sehen. Der ganze Tag war grau und von Wolken verhangen, aus denen gelegentlich Nieselregen fiel. Das Laub der Bäume hatte sich bereits verfärbt und die Tage waren wieder merklich kürzer. Es war ein Tag, den man unter normalen Umständen mit einem Kinobesuch oder der Lektüre eines guten Buches verbrachte, doch für Thomas verlief dieser Tag ganz und gar nicht normal. Er riss ihn mit Gewalt aus seinem gewohnten Trott und stellte ihn vor eine ungewisse Zukunft. Viereinhalb Stunden waren vergangen, seitdem er vor dem Krankenhausgebäude aus dem Taxi gestiegen war. Im zugewiesenen Bett musste er feststellen, dass er mit seinen Fußsohlen das Fußende berührte und sein Oberkörper das Ende des hochgestellten Kopfteils fast überragte.

Wieder verging einige Zeit, die Thomas Leitner wie in Nebel gehüllt verbrachte, als ein lautes Klopfen einen unmittelbar danach eintretenden Dienstarzt ankündigte, der einen Plastikbeutel mit gelbem dickflüssigen Inhalt in der Hand hielt. Seine „Thrombos aus der Blutbank" seien da, sagte er. „Bitte?", fragte Thomas verwirrt. „Ihr Thrombozytenkonzentrat ... Ihre Blutplättchen!" Der Arzt verband das Ende des Infusionsschlauchs mit dem Ende der Plastikkanüle, deren grüner Stöpsel nach der Blutentnahme in der Aufnahmestation durch ein weißes Pflaster an seinem Unterarm fixiert worden war. Der Arzt regulierte die Tropfgeschwindigkeit des Thrombozytenkonzentrats und wies Thomas an, er möge sich melden, wenn er Schüttelfrost bekäme. Das könne nämlich – bedingt durch eine Unverträglichkeitsreaktion – ab und zu schon einmal auftreten. Dann verschwand er so schnell wieder, wie er gekommen war.

Thomas Leitner beobachtete das langsame Eintropfen der zähen gelben Flüssigkeit in das Plastikreservoir des Infusionsbestecks, in dem der jeweilige Tropfen, gegen das Licht betrachtet, eine Art Schliere innerhalb der vorhandenen Flüssigkeit hinterließ, ähnlich der eines Tropfens Kaffeesahne in einem Glas Tee oder der Milch in einem Latte-Macchiato-Glas. Normalerweise war er nicht auf den Mund gefallen und hätte den Arzt nach Risiken und Komplikationen gefragt, die mit der Gabe eines solchen Thrombozytenkonzentrats verbunden waren, denn schließlich handelte es sich ja um das Blutspendeprodukt eines anderen Menschen. Er fragte sich, wer wohl für sein Konzentrat die Prozedur einer Thrombozytenspende gegen geringe Aufwandsentschädigung über sich hat ergehen lassen, denn dabei ging man mit recht dicken Nadeln zu Werke, wie ihm ein früherer Mitstudent aus seiner Studienzeit versichert hatte, der sich damals regelmäßig dieser Prozedur unterzog, um seine Finanzen aufzubessern. Thomas hatte damals anderen Nebenjobs den Vorzug gegeben. Seine momentane Lethargie aber machte ihm jegliche Anstrengung zu denken und sich zu erinnern unmöglich. Alle geistigen Regungen waren wie gelähmt, ähnlich wie bei einem Kaninchen, das ängstlich und regungslos vor der Schlange kauert, in Erwartung des todbringenden Angriffs.

Als die Schwester mit seinem Abendbrot kam, war der Beutel leer und die Venenkanüle wurde mit einem speziellen Stöpsel verschlossen. Thomas Leitner entfernte den Plastikdeckel von seinem Abendbrotteller und starrte auf zwei Scheiben Graubrot, eine Scheibe Wurst, eine Scheibe Käse und eine Gewürzgurke, die zu etwa zwei Dritteln der Länge nach eingeschnitten war und deren Enden fächerartig gespreizt worden sind. Das konnte nur von Hand geschehen sein und Thomas Leitner fragte sich, wer seinen Abendbrotteller wohl belegt und mit dieser aufwendig behandelten Gewürzgurke dekoriert hatte. Dann aß er eine halbe Scheibe Brot und trank ein Glas lauwarmen Früchtetee dazu. Als das Tablett wieder abgeräumt wurde, bat er um eine Schlaftablette, die er nehmen wollte, wenn er sich endgültig schlafen legen würde, denn er wollte einfach nur noch, dass dieser Tag ein Ende nahm.

Der nächste Morgen brachte ihm dann ein dumpfes Erwachen. Trotz der Enge des Krankenhausbettes hatte er die Nacht durchgeschlafen und beobachtete nun schlaftrunken, wie der Klapptisch seines Nachtschränkchens heruntergeklappt und sein Frühstückstablett darauf abgestellt wurde – dann war er wieder allein im Zimmer. Langsam und träge stellte sich die Erinnerung an den Vortag ein, und während ihm der Duft von frisch aufgebrühtem Kaffee in die Nase stieg, der ihm für den Bruchteil einer Sekunde ein gewisses Wohlgefühl bereitete, kam er langsam zu sich. Er fühlte sich aber insgesamt so kraftlos, dass er überlegte, ob er die Toilette vor oder erst nach dem Frühstück aufsuchen sollte. Er entschied sich für die erste Variante und schleppte sich die wenigen Meter bis zum Waschraum seines Krankenzimmers. Appetit hatte er nicht, aber er wusste, dass er zumindest eine Kleinigkeit frühstücken sollte. Zuerst schenkte er sich eine Tasse Kaffee ein. Mit dem Foliendeckel der Kaffeesahne hatte er einen kurzen Kampf auszufechten, bis er nachgab und die Hälfte des Inhalts über die Bettdecke spritzte, bevor er mit dem Rest seinen Kaffee versetzen konnte. Schon immer hatte er die ersten Schlucke Kaffee am Morgen genossen, als wären es seine letzten.

Er blickte aus dem Fenster und konnte die eine oder andere Wolkenlücke erkennen, sodass der Morgen insgesamt wesentlich freundlicher und heller zu werden versprach, als der gestrige, als hätten höhere Mächte ein Ende des Weltuntergangsszenarios angeordnet. Auch bei Thomas Leitner gesellte sich zu der gestrigen Niedergeschlagenheit ein Hauch von entschlossenem Aufbegehren. Er war noch nie ein Feigling – sicher auch keine Kämpfernatur –, aber er hatte sich den Schicksalsschlägen des Lebens bis jetzt gut gewachsen gezeigt, weil er jedem Rückschlag auch eine positive Seite abgewinnen konnte. Nüchtern überlegte er, welche Schritte er nun unternehmen musste. Am Montag würde er sich bei seiner Firma krankmelden. Sobald ihm eine zuverlässige Diagnose gestellt sein würde, wollte er auch seinen Bruder informieren, der einige Hundert Kilometer entfernt lebte und den er seit über einem Jahr nicht mehr gesehen hatte. Ihr persönliches Verhältnis war im Laufe der Jahre zwar immer weiter abgekühlt, doch der Bruder war sein einziger noch lebender Verwandter. Die Eltern waren vor einigen Jahren kurz nacheinander gestorben. Der einzige Mensch vor Ort, den er um Unterstützung bitten wollte, war sein alter Studienfreund Christian, den anzurufen er sich vornahm, wenn er Wechselwäsche oder andere Dinge des täglichen Bedarfs benötigte, die er sich nicht mehr selbst würde besorgen können. Thomas Leitner verspürte eine bleierne Schwere seines Körpers und das Luftholen durch die Nase fiel ihm aufgrund seines gestrigen Nasenblutens schwer.

Nach geraumer Zeit verließ er schwerfällig das Bett, um sich in der Nasszelle zu duschen und zu rasieren. Würde er wieder stark bluten, wenn er sich versehentlich schnitt? Insgesamt nahm seine Morgentoilette eineinhalb Stunden in Anspruch. Er kam sich vor, wie ein uralter Mann, für den jede kleine Betätigung eine Anstrengung bedeutete, und am Ende der Prozedur war er so erschöpft, dass er sich auf einen der Besucherstühle setzte, die um den Tisch gruppiert waren. Nach einer Weile schenkte er sich ein Glas Wasser ein und blickte wieder aus dem Fenster. Ab und zu schien die Sonne durch Wolkenlücken hindurch und erhellte das Zimmer, in dem er immer noch als einziger Patient untergebracht war. Thomas Leitner war in seiner momentanen Situation froh, dass er keinen Small Talk mit

Fremden führen musste, die ihm sicherlich auch von ihren Beschwerden und Krankheiten erzählt hätten, und dass er die Möglichkeit hatte, seine Gedanken zu ordnen.

Gegen elf Uhr klopfte es an der Tür und ein Arzt um die fünfzig betrat zusammen mit einer Schwester das Zimmer. Seine Thrombozytenwerte seien nach der Transfusion gestern gut angestiegen auf 55 und der Wert des roten Blutfarbstoffs sei nicht weiter abgefallen, sodass Leitner ohne weitere Maßnahmen am nächsten Morgen wie geplant in die hämatologische Universitätsklinik verlegt werden könne. Dort werde dann sein Knochenmark untersucht, wozu dem Beckenknochen eine Probe entnommen werden müsste, denn anhand der vorliegenden Blutwerte könne eine Knochenmarkerkrankung nicht ausgeschlossen werden. Die Verlegungspapiere sowie ein Transportschein lägen schon bereit. Morgen früh um zehn Uhr würde man ihn in der Uniklinik auf Station 11 erwarten. Dann wünschte ihm der Arzt noch viel Glück und beide verließen das Krankenzimmer.

Leitner war nun wieder mit sich und seinen Gedanken allein. Das Mittagessen bestand aus Königsberger Klopsen mit Kartoffelpüree, die zu verspeisen er sich zwang, denn er hatte während der letzten Wochen mehrere Kilogramm an Gewicht verloren und er wollte bei Kräften bleiben. Nach dem Essen verspürte er starke Müdigkeit, wollte sich aber nicht schlafen legen, weil er die kommende Nacht durchschlafen wollte. Er betrachtete das Wolkenspiel von seinem Stuhl aus und packte in Gedanken die Reisetasche für den nächsten Tag. Er malte sich aus, wie dieser vonstattengehen könnte, und saß so geraume Zeit, bis ihm der Nachmittagskaffee zusammen mit einem Stück Kuchen von einer hageren Dame mittleren Alters gebracht wurde. Er fühlte sich außerstande, irgendetwas zu tun, etwa den Fernseher einzuschalten oder sich am Krankenhauskiosk eine Zeitschrift zu besorgen. Er wollte einfach nur in Ruhe die Zeit bis zum Abendbrot verstreichen lassen.

Seine Knochen taten im weh und er spürte eine schwere Müdigkeit in sich aufsteigen. Er war zu keinerlei strukturierten Gedanken mehr fähig und verlor sich in zusammenhanglosen Erinnerungen an längst vergangene Zeiten. Da waren die vielen Gerüche, die er als Kind bei seiner Großmutter auf dem Land oft wahrgenommen hatte, wie zum Beispiel der Geruch frisch umgegrabener nasser Erde oder der süßliche Duft frischen Heus, das auf einer gemähten Wiese trocknet. Er hörte im Geiste das Brüllen von Kühen und das monotone Geräusch einer Holz spaltenden Axt. Kurz darauf konnte er die zerteilten Holzscheite auf dem Boden aufschlagen hören. Dann erinnerte er sich an einige Begebenheiten aus seiner Schulzeit: An die morgendlichen Schwimmstunden und einige Übungen, wie zum Beispiel das Ertauchen von Gummiringen aus zwei oder drei Meter Tiefe. Er erinnerte sich an die schärfer werdenden Konturen des Reifens im Wasser, der zunächst nur als roter Fleck, dann immer deutlicher als Ring erkennbar wurde, noch einen halben Meter weiter, dann zugreifen und zurück an die Oberfläche. Er erinnerte sich an das Gekreische seiner Mitschüler im Schwimmbad, an die vom Chlorwasser geröteten Augen nach dem Unterricht, wie bei Kaninchen, und an die mit Heißhunger verspeiste Pausenmahlzeit, die er von zu Hause mitbrachte.

Tatsächlich verstrich die Zeit bis zum Abendbrot wie im Fluge. Die fächerartig eingeschnittene Gewürzgurke ließ er liegen. Er verzehrte eine Scheibe Brot mit Käse, packte seine Reisetasche und ließ sich Zeit mit der Abendtoilette. Wieder betrachtete er angstvoll den blutig tingierten Zahnpastaschaum, den er in das Waschbecken spie, und legte sich anschließend ins Bett. Nach kurzer Zeit fiel er in einen tiefen bleiernen Schlaf, bis ihn am nächsten Morgen das Rumpeln eines Wäschewagens auf dem Krankenhausflur weckte. Er tastete nach seiner Uhr; es war kurz nach sechs. Thomas Leitner machte sich auf den Weg in den Waschraum, kleidete sich an und stellte die gepackte Sporttasche neben sich auf den Fußboden. Er frühstückte, trank das Kännchen Kaffee aus und wartete, bis sein Tablett abgeräumt wurde. Dann wartete er ungeduldig noch eine weitere Weile, ging nervös zum Stationszimmer, um die Unterlagen abzuholen, bat darum, ihm ein Taxi zu rufen, verabschiedete sich dann und begab sich auf den Weg ins Erdgeschoss. Er ging langsam in Richtung Ausgang, denn selbst das Tragen seiner Sporttasche mit der wenigen Wäsche darin bereitete ihm große Anstrengung. Das Taxi erwartete ihn bereits vor der Tür. Er stieg hinten ein, nannte das Ziel seiner Fahrt und starrte auf ein am Rückspiegel vor der Frontscheibe hin und her pendelndes Gummiskelett – wohl das Mitbringsel des Fahrers von einem Rummel oder Jahrmarkt. Leitner hatte einen eigentümlichen Sinn für Humor und würde wohl in sich hinein geschmunzelt haben, wenn er nicht innerlich wie erstarrt gewesen wäre aufgrund seiner körperlichen Erschöpfung und der ahnungsvollen Erwartung dessen, was ihm bevorstand. Schemenhaft sah er die Straßenzüge an sich vorbeigleiten und sprach kein Wort während der Fahrt, die vor dem Eingang der Uniklinik endete.

2. Beginn der Therapie

Thomas Leitner betrat das Gebäude, orientierte sich an den Wegweisern und fuhr in den siebten Stock, zur Station 11 hinauf in die Klinik für Hämatologie und Onkologie. Das Klinikgebäude wirkte modern, fast schon futuristisch, und er gelangte schließlich, an einem Visitenwagen mit Krankenakten vorbei, zum Stationszimmer, in dem nur eine einzige Krankenschwester saß und Schreibkram erledigte. „Guten Tag Herr Leitner, ich bin Schwester Ines", sagte die sympathische, etwas korpulente Krankenschwester, deren Gesicht mit Sommersprossen übersät war. „Ich bringe Sie schon mal in Ihr Zimmer. Während der Visite wird Ihnen schnell Blut abgenommen und es werden dann heute sicherlich noch weitere Untersuchungen folgen." Die Visite sei schon unterwegs und werde in einer halben Stunde etwa bei ihm eintreffen.

Das Einzelzimmer war in einem neutralen Beige gehalten und verfügte über ein großes Fenster, von dem aus man freie Sicht auf einen nahe gelegenen Park hatte. Thomas Leitner ließ seinen Blick auf einer alten knorrigen Eiche ruhen, der die Krone weggebrochen war und deren Seitenäste teilweise einen erheblichen Umfang hatten. Er beobachtete, wie während eines Windstoßes einige der gelborange verfärbten Blätter zu Boden fielen. Der Tag war in ein milchiges Herbstlicht getaucht. Der Himmel war bedeckt von schnell ziehenden Wolken. Das lichter werdende Laub der Bäume gab vereinzelt schon den Blick auf die den Park durchziehenden Wege frei. Er sah eine junge Frau, die einen irischen Setter an der Leine führte, und beobachtete einige Rabenvögel, die sich an einem Mülleimer zu schaffen machten. Auf ihrer Suche nach Fressbarem hatten sie bereits reichlich Papiermüll aus dem Mülleimer befördert und in dessen näherer Umgebung verbreitet. Es regnete zwar nicht an diesem Tag, aber es herrschte starker Wind, sodass Thomas Leitner von Zeit zu Zeit eine Windbö in den Spalt des leicht geöffneten Fensters fahren hörte. Er fror ein wenig, drehte am Knopf des Heizungsthermostats und freute sich darüber, dass er von seinem Krankenbett aus den Himmel sehen konnte, denn er liebte es, das Spiel der Wolken zu beobachten, deren Konturen in beständigem Fluss waren, die sich niemals wiederholten.

Es klopfte an der Tür und eine Krankenschwester betrat den Raum, gefolgt von zwei weiß bekittelten Männern, einem ganz jungen mit schnöselhaftem Aussehen und einem sehr gepflegten Mann mittleren Alters, der ihn respektvoll mit Handschlag begrüßte. „Dr. Ambrosios Papadakis, Medizinische Klinik IV" stand auf seinem Namensschild, demnach ein Grieche mit offenem, beherrschtem Gesicht, der sofort den Augenkontakt mit Thomas Leitner suchte, während er diesen bat, sich zu setzen. Die anderen beiden begrüßten ihn mit einem Kopfnicken. Dr. Papadakis erläuterte, dass am Nachmittag eine Beckenkammpunktion bei ihm durchgeführt werde, die er zusammen mit seinem jungen Kollegen, Herrn Köhler, vornehmen würde. Zunächst werde dazu ein kleiner Vorsprung seines Beckenknochens örtlich betäubt. Anschließend werde eine Punktionsnadel in den Knochen eingeführt, durch die einige Milliliter Knochenmarkblut sowie ein Gewebezylinder aus seinem Knochenmark entnommen würden. Das Knochenmark werde dann auf das Vorhandensein einer Bluterkrankung hin untersucht, wobei auch Untersuchungen durchgeführt würden, deren Ergebnisse erst in circa einer Woche vorlägen. So würden beispielsweise die Chromosomen seiner Knochenmarkzellen untersucht, denn gegebenenfalls habe das Vorhandensein von Anomalien Einfluss auf die Wahl der Therapie. Vor der Knochenmarkpunktion müsse jedoch noch einmal Blut abgenommen werden, um sicherzustellen, dass die Menge seiner Blutplättchen nicht wieder gesunken ist. Außerdem müsse er zuvor eine Einverständniserklärung unterzeichnen und würde dann von seinem jungen Kollegen Herrn Köhler – einem Studenten im Praktischen Jahr – noch einmal kurz untersucht werden. Herr Köhler werde gleich zu ihm kommen und auch die Stationsschwester Brigitte, eine seriöse Dame in den Mittfünfzigern, werde ihn heute noch aufsuchen, um einige Dinge zu besprechen, die seine Pflege betreffen. Thomas Leitner bedankte sich bei Dr. Ambrosios Papadakis.

Eine Viertelstunde später kehrte Herr Köhler mit einigen Formularen zurück, nahm ihm Blut ab, befragte und untersuchte ihn, wie von Dr. Papadakis angekündigt. „Stefan Köhler, Medizinische Klinik IV" stand auf dem Namensschild des jungen Mannes, der ihm mitteilte, er stünde kurz vor dem Abschluss seines Studiums und sei als Student im Praktischen Jahr für die nächsten Monate auf dieser Station. Er wirkte etwas fahrig, als er die Untersuchungsergebnisse sowie die Beschwerden von Thomas Leitner in einen Dokumentationsbogen eintrug. Er war Mitte bis Ende zwanzig, hatte bereits schütteres Haar und am Morgen eine mehr als ausreichende Menge Aftershave mit einer penetranten Moschusnote verwendet, dessen Geruch noch im Raum hing, als Köhler das Zimmer schon längst wieder verlassen hatte. Unmittelbar danach erschien Schwester Brigitte, eine Frau mit kurzen grauen Haaren und mütterlichem Wesen, die ihn noch einmal im Namen der Pflegekräfte willkommen hieß, Fieber maß und sich einige Angaben Leitners zu seinen Ernährungsgewohnheiten notierte. Sie erklärte ihm die Handhabung des Telefons, das auf seinem Nachttisch stand und wie er mittags aus einem Angebot von drei verschiedenen Speisen die von ihm bevorzugte wählen konnte. Nur heute habe man für ihn Nudeln mit Rindergulasch bereits vorbestellt.

Nach dem Essen erschien dann Dr. Papadakis zusammen mit Köhler und einem Plastikkörbchen, das mit verschiedenen Punktionsnadeln sowie mit Tupfern und Pflastern verschiedener Größen gefüllt war. Thomas Leitner solle sich auf die Seite drehen und Dr. Papadakis ertastete die am besten geeignete Stelle. Er spürte den tastenden Daumen von Dr. Papadakis zielsicher einen Knochenvorsprung ansteuern und auf diesem eine kreisende Bewegung ausführen. „Hier!", sagte Dr. Papadakis zu Köhler, der dann seinerseits merklich unsicher an Thomas Leitners Beckenknochen herumtastete. „Ah ja", bestätigte Köhler mit kleinlauter Stimme. Dr. Papadakis kündigte dann den Einstich der die schmerzempfindliche Knochenhaut betäubenden Spritze an und Thomas Leitner spürte ein unangenehmes stechendes Brennen, das wohl eine Minute lang andauerte. Ein paar Minuten müsse man nun die volle Wirkung des Betäubungsmittels abwarten und in der Zwischenzeit werde er die Punktionsstelle mit einem sterilen Tuch abdecken. Außerdem müsse er sich spezielle Handschuhe anziehen, damit keine Krankheitskeime in den Knochen eingeschleppt würden. Thomas Leitner fasste Vertrauen zu Dr. Ambrosios Papadakis, der in einem ruhigen aber bestimmten Ton mit ihm sprach. Köhler musste sich in der Zwischenzeit ein Stück vom Bett entfernt haben, denn Thomas Leitner nahm den Moschusgeruch nun etwas schwächer wahr. Dann begann die eigentliche Prozedur der Knochenmarkpunktion. Er hatte das Gefühl, eine Schraube werde in seinen Knochen hineingedreht. Dann spürte er ein kurzes Ziehen, wieder ein Bohren und die Punktion war beendet. Dr. Papadakis klebte ein Pflaster auf die Punktionsstelle und entfernte die Abdeckung. Morgen würde man mehr wissen, sagte er, verabschiedete sich und verließ zusammen mit Köhler das Zimmer.

Geraume Zeit lag unser Patient nun auf dem Rücken, um durch sein Körpergewicht einen gewissen Druck auf die Punktionsstelle auszuüben. Er hatte sich leicht schräg gelegt und einen Fuß über den Bettrand hinaus nach außen gestreckt, was seiner Körpergröße geschuldet war. Aufgrund der nachlassenden Betäubung verspürte er ein leichtes Druckgefühl an seinem Beckenknochen. Dann klopfte es wieder an der Tür und die zur Spätschicht eingeteilte Schwester Gabi betrat das Zimmer mit einer Bettverlängerung. Sie war eine sportliche Frau um die dreißig, die ihre blonden Haare zu einem Pferdeschwanz zusammengebunden hatte. In der linken Hand hielt sie die Bettverlängerung und begrüßte ihn mit der rechten. Schwester Gabi hatte ein natürliches Wesen und ein angenehmes Auftreten. Thomas Leitner setzte sich kurz auf und Schwester Gabi entfernte mit gekonnten Handgriffen das Fußende seines Bettes, um das Mitgebrachte in die Halterung einzurasten, die sein Bett um etwa fünfzehn Zentimeter verlängerte. Die Stationsschwester Brigitte habe bei der Dienstübergabe angewiesen, der Spätdienst solle das Bett von Thomas Leitner mit einer Verlängerung versehen, damit er ausreichend Platz habe, sich während der Nacht hin und her zu drehen.

Als die Verlängerung angebracht war, bekam er von Schwester Gabi noch ein Tablett mit Kaffee und einem Stück Blechkuchen auf den kleinen Tisch gestellt, der am Fußende seines Bettes stand und seitlich von zwei Stühlen flankiert war. Leitner setzte sich an den Tisch mit Blick zum Fenster und freute sich über die Zuwendung, die ihm durch Schwester Brigitte und Schwester Gabi zuteilwurde durch das Anbringen dieser Bettverlängerung, das weder viel Zeit noch viel Mühe erforderte. Sicherlich lagen ein oder zwei dieser Verlängerungen in einem Arbeitsraum der Station bereit. Was ihn viel mehr berührte, war die wachsame Fürsorge von Schwester Brigitte, die ihm ein Bedürfnis erfüllte, noch bevor er selbst einen entsprechenden Wunsch geäußert hatte. Dann erinnerte er sich an das erste Gespräch mit Dr. Ambrosios Papadakis, an seinen wachen Blick, seinen gefassten und angemessenen Ton beim Sprechen, der weder kalt noch überschwänglich war, und war sich dessen gewiss, auf Station 11 der Klinik für Hämatologie und Onkologie des Universitätsklinikums in gute Hände geraten zu sein. Es war natürlich nur ein Gefühl, aber ein beruhigendes.

Wie im Marienkrankenhaus verbrachte er die Zeit bis zum Abendbrot damit, aus dem Fenster zu blicken, ohne dass er hätte sagen können, was ihm konkret durch den Kopf ging. Der Himmel war wieder wolkenverhangen und das milchige Weiß des frühen Nachmittags hatte sich in ein tristes Grau verwandelt. Allerdings hatte sich der Wind gelegt und das Pfeifen durch alle Ritzen des Gebäudes aufgehört. Thomas Leitner war erschöpft und freute sich auf die Nacht in dem eigens für ihn verlängerten Bett. Irgendwann nahm er das Abendessen an dem kleinen Tisch sitzend ein, während es draußen langsam dunkel wurde. Anstatt der zierlich aufgefächerten Gewürzgurke des Marienkrankenhauses bereicherte heute ein in separatem Plastikschälchen servierter Rollmops seine Mahlzeit und zum

Nachtisch gab es einen kleinen Erdbeerjoghurt. Als das Tablett wieder abgeräumt wurde, begann er sich allmählich der Abendtoilette zu widmen. Das Badezimmer war vergleichsweise geräumig und die Armaturen wirkten fast neuwertig. Es war erfüllt vom typischen Geruchsgemisch aus Reinigungs- und Desinfektionsmitteln. Neben der Tür und links oberhalb des Waschbeckens waren Halter für die Plastikflaschen mit Dosierspender angebracht, die bei zur Neige gehender Desinfektionslösung darin ohne Umstände ausgewechselt werden konnten.

Mittlerweile war es fast acht Uhr abends und Thomas Leitner überlegte, ob er nach alter Gewohnheit die Abendnachrichten sehen sollte. Wieder lag eine Fernbedienung auf seinem Nachtschränkchen bereit und ein Flachbildschirmfernseher war oberhalb seines Tisches an der Wand angebracht. Er fühlte sich aber zu matt und zu kraftlos, um überhaupt noch irgendetwas zu tun und lag noch einige Zeit lang wach, während der die Mattigkeit vom zwischenzeitlichen Aufflackern von Angst unterbrochen wurde – der Angst vor dem Ergebnis der Knochenmarkuntersuchung, das Dr. Papadakis ihm morgen mitteilen würde. Irgendwann übermannte ihn die Müdigkeit und er schlief ein.

Als Leitner erwachte, wurde gerade sein Frühstückstablett auf dem Tisch abgestellt und er brauchte einige Minuten, um sich zu sammeln und zu orientieren, bis er schließlich der ernüchternden Tatsache ins Gesicht sah, dass er später über seine Erkrankung informiert werden und somit Klarheit über einen Umstand erhalten würde, dem schon lange eine dunkle Vorahnung vorausgegangen war. Er verspürte ein Panikgefühl in sich aufsteigen und war dann schlagartig hellwach. Er entschloss sich, vor dem Frühstück zu duschen und kam dann langsam wieder zur Ruhe. Er aß ein halbes Brötchen und schaute nach, ob der Tross der Visite schon auf dem Flur zu sehen war. Dazu musste er den kleinen Vorraum seines Zimmers passieren, eine Art Schleuse, in der lediglich einige Kleiderhaken aus Plastik an der Wand angebracht waren. Thomas Leitner fragte sich, wozu diese Schleuse wohl gut war und öffnete die Haupttür zum Flur hin. Dort aber sah er nur Schwester Brigitte, die ihm aus der Ferne mit einem kleinen Wäschestück in der Hand freundlich zuwinkte – noch keine Spur von der Visite. Nach einer Stunde quälenden Wartens ging er erneut nachschauen und sah den Visitenwagen zwei Zimmer vor dem seinigen stehen. Er spürte erneut die Panik in sich aufsteigen und setzte sich nun auf sein Bett, um die nächste halbe Stunde auf Dr. Papadakis zu warten. Seine Hände waren kalt und schwitzig.

Als es an der Tür klopfte und er die Stimme von Dr. Papadakis hörte, schreckte er dennoch zusammen. Kurz darauf betrat der Doktor zusammen mit Schwester Brigitte und Köhler sein Zimmer: „Guten Morgen Herr Leitner." Die beiden stellten sich rechts und links neben den Tisch und Dr. Papadakis erklärte Thomas Leitner mit ruhiger und etwas gedämpfter Stimme, dass sich der Verdacht auf das Vorliegen einer schwereren Knochenmarkerkrankung leider bestätigt und man eine sogenannte akute myeloische Leukämie diagnostiziert habe, die man heute aber Gott sei Dank sehr gut behandeln könne. Die nächsten Sätze von Dr. Papadakis hörte Thomas Leitner dann wie aus weiter Ferne, etwa so, wie er früher im Schwimmbad seine Mitschüler wegen der hallenden Akustik dort oder der Tatsache, dass er noch Wasser in den Ohren hatte, oft nur undeutlich hören konnte. Gleichzeitig spürte er, wie sein Blut in die Beine sackte und Übelkeit in ihm aufstieg.

Dr. Papadakis hielt inne und sprach erst weiter, als er die Fassung bei seinem Gegenüber zurückkehren sah. Er sei sich sicher, dass die Erkrankung auf jeden Fall durch eine Chemotherapie zurückgedrängt werden und darüber hinaus auch eine gegebenenfalls infrage kommende Blutstammzelltransplantation eine langdauernde Heilung herbeiführen könne. Ob dies erforderlich sein werde, könne man jedoch erst nach Vorliegen der Spezialuntersuchung sagen. Hierbei würden die Leukämiezellen auf bestimmte Veränderungen der Chromosomen hin untersucht, von deren Vorhandensein dann das weitere therapeutische Vorgehen abhängig gemacht werde. Zunächst würde jedoch bei allen Patienten die gleiche standardisierte Chemotherapie durchgeführt, die aus zwei Zyklen einer sogenannten Induktionschemotherapie und drei weiteren Zyklen einer sogenannten Konsolidierungstherapie bestünde. Auch die Namen der Medikamente nannte Dr. Papadakis aber Leitners Gedanken schweiften nun von Zeit zu Zeit ab. Eine Woche nach Beginn der Chemotherapie würde die Zahl der Blutkörperchen in den Keller sacken. Es würden Transfusionen von roten Blutkörperchen und Blutplättchen notwendig werden; er werde auch nur ganz wenig weiße Blutkörperchen haben und deshalb während dieser Tage sehr anfällig für Infekte sein. Es solle zunächst am Nachmittag ein Plastikkatheter in eine Halsvene eingelegt werden, ein sogenannter zentralvenöser Katheter, abgekürzt ZVK. Herr Köhler werde gleich mit den entsprechenden Aufklärungsbögen und Einverständniserklärungen zu ihm kommen und er selbst, Dr. Papadakis, werde den Katheter später einlegen. Nach einigen Sekunden betretenen Schweigens, während der Köhler auf seine Fußspitzen starrte, Schwester Brigitte und Dr. Papadakis jedoch den Blickkontakt hielten – offensichtlich um zu beobachten, wie ihr Patient die niederschmetternde Nachricht auffasste –, verließ Dr. Papadakis mit seinen Begleitern das Krankenzimmer nach einem kurzen Kopfnicken, das eine gewisse Verbundenheit mit Thomas Leitner zum Ausdruck brachte. Der Blick von Dr. Papadakis signalisierte dessen Einverständnis, seinen Patienten erst einmal in Ruhe zu lassen, was der Regel ähnelte, einem niedergeschlagenen Boxer, der in den Seilen hängt, nicht weiter zuzusetzen.

Thomas Leitners flaues Gefühl in der Magengegend weitete sich zu einer Übelkeit aus und er starrte minutenlang auf den Fußboden, nachdem ihm mitgeteilt worden war, was er doch im Grunde genommen schon längere Zeit wusste. Er dachte daran, dass er Köhler werde ertragen müssen, der in der Tat kurze Zeit später mit einem Stapel an Formularen zurückkehrte und ihm die Chemotherapie mit all ihren Risiken sowie die Komplikationen erläuterte, die mit dem Einbringen eines Katheters in die Halsvene verbunden sind, unter anderem Blutungen und Infektionen. Außerdem müsse vor Beginn der Chemotherapie noch eine Herzultraschalluntersuchung durchgeführt werden. Köhlers Ausführungen und Erklärungen rauschten an Thomas Leitner vorbei, denn er wollte nur noch eine Zeit lang allein sein. Die Ankündigung, Dr. Papadakis käme später zum Legen des Katheters, war ihm daher sehr recht.

Das Einbringen des Katheters dauerte dann nur wenige Minuten. Dr. Papadakis betäubte die entsprechende Stelle an der linken Halsseite und verbarg Leitners gesamten Kopf und Hals unter einem sterilen Papiertuch, das nur einen kleinen Schlitz an der Punktionsstelle offen ließ. Er konnte die tastenden Hände von Dr. Papadakis sowie das Eindringen des Fremdkörpers in seinen Körper spüren, auch dass der Katheter mit zwei Nadelstichen an seiner Haut befestigt und dessen Eintrittsstelle mit einem großen Pflaster verschlossen wurde. Dr. Papadakis erklärte, es müsse noch ein Röntgenbild angefertigt werden, um zu kontrollieren, ob der Katheter weit genug in die Halsvene vorgeschoben worden war. Abschließend fixierte er seinen Patienten noch einmal mit den Augen und fragte, ob es noch etwas gäbe, das Leitner jetzt mit ihm besprechen wolle. Der schüttelte nur leicht den Kopf. Dr. Papadakis verstand und verließ das Zimmer.

Es vergingen nur wenige Minuten, bis Leitner im Bett liegend zum Röntgen gefahren wurde, von einer anonymen Person, die das Bett samt Inhalt der Röntgenabteilung übergab und kurze Zeit später wieder in das Zimmer zurückbrachte. Die sommersprossige Schwester Ines stellte ihm dann sein Mittagessen auf den Tisch. Er könne aufstehen, wenn er wolle, und sollte er etwas benötigen, möge er sich bitte melden. „Dankeschön", stammelte Thomas Leitner mit gebrochener Stimme. Er starrte einige Minuten lang auf das Tablett, setzte sich an den Tisch und legte den Plastikdeckel zur Seite, der über den Teller gestülpt worden war. Es gab Geschnetzeltes mit Kartoffelpüree, dessen Geruch zunächst seine Übelkeit verstärkte. Dann zwang er sich aber dennoch zum Essen und spürte im Laufe der Mahlzeit, dass sein zuvor leerer Magen sich langsam beruhigte.

Nach Abholung des Tabletts stellte sich Leitner ans Fenster und schaute nach draußen. Er blickte auf das Flachdach eines Krankenhausnebengebäudes, vor dem auf einem kleinen Vorplatz ein Reinigungsfahrzeug geparkt stand. Der Platz war durch einen Zaun zu einer Nebenstraße hin abgetrennt. Auf der anderen Straßenseite erstreckte sich der Park und sein Blick fiel erneut auf die alte Eiche, die dann und wann eines ihrer verfärbten Blätter fallen ließ. Schon oft hatte sich Thomas Leitner in seinem früheren Leben beim Anblick sehr alter Bäume überlegt, was sich während ihrer Lebensspanne auf der Welt ereignet hatte. Er erinnerte sich an einen Ausflug zu einigen „Tausendjährigen Eichen" und wie er sich damals vorgestellt hatte, dass diese Bäume wohl schon zu Zeiten der Kreuzzüge wuchsen. Dann fragte er sich, wie viele Patienten wohl schon, wie er jetzt gerade, aus diesem Fenster geblickt haben mochten und ebenfalls gegen eine Krankheit ankämpfen mussten, deren Ausgang ungewiss war. Er war mittlerweile 43 Jahre alt und hatte vor längerer Zeit bereits einen guten Freund durch Krankheit verloren. Oft hatte er sich damals gefragt, nach welchen Kriterien das Schicksal seine Entscheidungen traf, wenn es für einen so wertvollen Menschen wie seinen Freund einen frühen Tod und für in seinen Augen verachtungswürdige Menschen ein offenbar langes und erfülltes Leben bereithielt. Überhaupt hatte er in den Ungerechtigkeiten des Lebens oft einen Sinn zu entziffern versucht. Bei ihrer Geburt sind schließlich alle Menschen gleich, doch kurz darauf beginnt das Schicksal schon die noch jungen Leben in verschiedene Bahnen zu lenken, wobei eine entscheidende Rolle spielt, ob man während seiner Kindheit eine gute oder schlechte Sozialisation erfahren hat, ob man finanziell gut oder schlecht ausgestattet war, ob man gesund oder mit einer Behinderung zur Welt gekommen ist.

Während der Schulzeit hatte sich Thomas Leitner im Philosophieunterricht intensiv mit solchen Fragen befasst, motiviert durch seinen Lehrer Sartorius, der ihn nicht nur eindringlich von der Notwendigkeit stabiler Wertvorstellungen überzeugte, sondern ihm im Laufe der Jahre auch Freund und Ratgeber in lebenspraktischen Angelegenheiten wurde. Er unterstützte ihn während des letzten Schuljahres vor dem Abitur beispielsweise bei der Abfassung seiner schriftlichen Kriegsdienstverweigerung und der entsprechenden Ausformulierung der Gewissensgründe, die damals, während der letzten Jahre des Kalten Krieges, noch erforderlich war. Sartorius war ihm stets ein Beispiel dafür, wie ein Mensch an Format und Größe gewinnen kann, sobald ein scharfer Verstand und eine großmütige Gesinnung zusammentreffen. Leitner kam in den Sinn, wie ihm Sartorius damals eine umfangreichere Ausarbeitung zu den Phasen des Umgangs mit dem unmittelbar bevorstehenden Tod aufgegeben hatte, die eine amerikanische Ärztin nach zahlreichen Interviews mit todkranken Patienten erarbeitet hatte: Nichtwahrhabenwollen – Zorn – Verhandeln – Depression – Akzeptanz. Er erinnerte sich auch an die intensiven Diskussionen zur aktiven Sterbehilfe und spürte, wie ihn erneut Übelkeit befiel.

Leitner ließ sich erschöpft auf einen Stuhl sinken. Mit voller Wucht realisierte er nun, dass er einen Kampf mit ungewissem Ausgang werde ausfechten müssen. Er ging ins Badezimmer, um sich im Spiegel zu betrachten. Aus einem dicken Pflasterverband sah er den Katheter herausragen, der einer kleinen Antenne ähnelte, an deren Ende morgen die Infusion mit der ersten Chemotherapie angeschlossen werden würde. Sein Gesicht wirkte eingefallen und müde. Er würde sich jetzt zusammenreißen müssen, wenn er nicht verzweifeln wollte. Noch im Bad vor dem Spiegel stehend, konnte er hören, wie im Zimmer das Tablett mit dem Nachmittagskaffee auf seinem Tisch abgestellt wurde und sich eine Stimme, die er nicht zuordnen konnte, erkundigte, ob mit ihm alles okay sei. „Ja!", rief er und kam dann langsam aus dem Bad. Am Tisch genoss er den Duft des frisch gebrühten Kaffees und sah ein Stück Pflaumenkuchen auf dem Teller liegen. Er öffnete die Kaffeesahne, rührte um, aß langsam seinen Kuchen und überlegte sich, wann er seinen Freund Christian anrufen sollte. Er würde die nächsten Tage nichts aus seiner Wohnung benötigen und wollte sich zunächst die richtigen Worte zurechtlegen, denn er wollte nun kein überschwängliches Mitleid, sondern einen ruhigen Begleiter, der ihm von Zeit zu Zeit half, die Einsamkeit zu ertragen, die er in diesem acht Quadratmeter großen Krankenzimmer jetzt schon empfand. Vielleicht sollte er noch warten, bis in einer Woche das Ergebnis der Chromosomenuntersuchung vorliegen würde, das notwendig war, um eine abschließende Therapiestrategie festzulegen.

Allmählich kam Leitner wieder etwas zur Ruhe. Er versuchte, sich dazu zu zwingen, dem morgigen Beginn seiner Therapie positiv entgegenzusehen. Auch fühlte er sich bei Dr. Papadakis, Schwester Brigitte und auch den anderen Pflegekräften in guten Händen; selbst den seltsamen Köhler werde er leicht ertragen können. Er beschloss also, seinen Freund Christian erst anzurufen, wenn das Ergebnis der Chromosomenuntersuchung vorliegen würde, und ließ dann das Aufklärungsgespräch mit Köhler noch einmal Revue passieren. Gegen Übelkeit und Erbrechen gäbe es gute Medikamente, hatte Köhler ihm versichert, aber die Schleimhautzellen in Mund und Darm würden angegriffen und es könnten Schmerzen in Mund und Speiseröhre auftreten, besonders beim Schlucken – und er würde durch die Chemotherapie seine Haare verlieren. Das zumindest waren die Fakten, an die Leitner sich noch erinnern konnte. Er versuchte, sich vorzustellen, wie er wohl ohne Haare aussehen würde. Aber das war wohl das geringste Übel.

Dann kam ihm die jährliche Spendengala eines bekannten Sängers in den Sinn, der auf der Höhe seines Schaffens an Leukämie erkrankt war und der damals eine einjährige Therapie einschließlich Stammzelltransplantation durchlaufen hatte. Er gründete dann eine Stiftung, die die weitere Erforschung der Leukämie zum Ziel hatte und für die er sich leidenschaftlich engagierte. Das Motiv Eitelkeit schloss Leitner aus bei einem Mann, der als künstlerisches Ausnahmetalent bereits Weltruhm erlangt hatte. Sicherlich wollte er das Thema stärker in die öffentliche Wahrnehmung rücken, wahrscheinlich aber auch seine Dankbarkeit dem medizinischen Team gegenüber zum Ausdruck bringen, das ihn ein Jahr lang betreut hatte, und sicher auch die vielen Wissenschaftler motivieren, die ihre Zeit und ihr Herzblut darauf verwendeten, neue Therapien zu entwickeln. Thomas Leitner hatte deshalb den weiteren Werdegang dieses Mannes verfolgt, wenn er ihn zufällig im Fernsehen sah oder einen Artikel über ihn las. Wenn er auch nicht ermessen konnte, was er während dieses einen Jahres seiner Behandlung an Entbehrungen und körperlichen Strapazen zu ertragen hatte – hin und her geworfen zwischen Hoffnung und Verzweiflung – so war er doch ein Beispiel dafür, dass man eine solche Krankheit überstehen und nach deren Überwindung noch Großes vollbringen konnte.

Thomas Leitner war allerdings kein Weltstar, und obwohl er immer seine Interessen zu definieren wusste, hatte er damals sein zweites juristisches Staatsexamen durch mannigfaltige Nebenbeschäftigungen aufs Spiel gesetzt, sodass er mit Pauken und Trompeten durchgefallen war und sich so eine stringente

Juristenkarriere nachhaltig verbaut hatte. Ein Star war Thomas Leitner also sicher nicht, aber er wusste, dass ein Mann wie Dr. Papadakis diesbezüglich keinen Unterschied machen würde. Langsam wandelte sich dann die dumpfe Niedergeschlagenheit der letzten Tage, die unterbrochen war von Phasen panikartiger Angst, in eine verhaltene Zuversicht. Ein Funken Hoffnung keimte in ihm auf und gab ihm ein gewisses Maß an innerer Stabilität zurück. Er blickte aus dem Fenster in den herbstlichen Himmel und ließ seine Gedanken schweifen. Der Himmel war von schleierhaften Zirruswolken bedeckt und der Tag neigte sich bereits dem Ende zu. Das Zimmer war in ein graues Licht getaucht. Unser Patient ließ den Blick über die Armaturen an seinem Bett schweifen. Er schaltete das Licht an und setzte sich. Gleich würde das Abendessen kommen.

Am Abend nahm sich Thomas Leitner dann vor, während der nächsten Tage das Krankenhaus zu erkunden. Er wollte die Öffnungszeiten des Cafés eruieren und am Krankenhauskiosk einige Zeitschriften kaufen. Gleich am Morgen darauf wollte er sich während der Visite bei Dr. Papadakis erkundigen, ob er gegen kleine Erkundungstouren etwas einzuwenden hat. Vielleicht wäre es ja auch erlaubt, einige Schritte vor die Tür zu treten. Sicherlich gab es auf der Station auch einen Aufenthaltsraum für Patienten, in dem Zeitschriften auslagen und er ein paar Worte mit dem einen oder anderen Mitpatienten wechseln konnte. Das heutige Abendbrot wurde mit einer Schale Silberzwiebeln und einem Heidelbeerjoghurt zum Nachtisch gereicht. Komische Zusammenstellung, dachte er, und sein Blick fixierte erneut die Sauerstoffanschlüsse über seinem Bett. Für kurze Zeit flackerte die Angst wieder auf, dann schien sein Bewusstsein die gesamte Umwelt auszublenden. Er spürte wieder die bleierne Schwere und Erschöpfung, saß trotzdem noch eine ganze Weile an seinem Tisch und schlief während der Nacht erstaunlicherweise tief und gut.

Am nächsten Morgen wollte er der Visite möglichst gefasst begegnen. Nach dem Frühstück saß er vielleicht noch eine halbe Stunde lang am Tisch, um sich dann zu duschen und zu rasieren. Selbst diese banalen Alltagsverrichtungen strengten ihn mittlerweile körperlich an. Dazu kam, dass er während des Duschens versuchen musste, das Pflaster an seinem Hals zu schonen, was auch beim Rasieren nicht ganz einfach zu bewerkstelligen war. Er war an diesem Tag weit mehr als eine Stunde lang im Bad beschäftigt und erwartete dann auf dem Bett liegend das Eintreffen der Visite.

Als Dr. Papadakis dann gemeinsam mit Schwester Gabi und Köhler sein Zimmer betrat, schob Schwester Gabi einen Ständer auf Rollen vor sich her, an dem ein Infusionsgerät von der Größe eines Schuhkartons befestigt war, in das eine große Spritze eingelegt werden konnte, die Köhler zusammen mit dem Infusionsschlauch in einer Nierenschale aus Pappe in der Hand hielt. Dr. Papadakis blickte Thomas Leitner aufmerksam an, nachdem er sich erkundigt hatte, wie es seinem Patienten ging. Da ihm zufolge die körperliche Schwäche im Wesentlichen auf den niedrigen Wert der roten Blutkörperchen zurückzuführen war, werde er morgen zwei Blutkonserven und gegebenenfalls auch ein Thrombozytenkonzentrat verabreichen, je nach Stand der Blutwerte. Dann werde sich Thomas Leitner nicht mehr ganz so schwach fühlen, versicherte ihm Dr. Papadakis. Herr Köhler werde nun die Infusionsspritze in das Gerät einlegen und die Einlaufgeschwindigkeit so einstellen, dass morgen früh um die gleiche Zeit die Spritze gegen eine neue ausgetauscht werden könne. Dr. Papadakis und Schwester Gabi verließen das Zimmer und Köhler begann mit dem Einlegen der Spritze in das Gerät. Der Infusionsschlauch wurde mit dem Ende seines Katheters verbunden und das Gerät auf zwei Milliliter pro Stunde eingestellt. Köhler hatte sein Stethoskop in der Art um den Hals geschlungen, wie die Schauspieler in amerikanischen Arztserien. Dann erklärte er dem Patienten noch, dass er sich zusammen mit dem Infusionsständer innerhalb des Krankenhauses frei bewegen könne, und verließ ebenfalls das Zimmer.

Thomas Leitner betrachtete skeptisch das Infusionsgerät, mit dem er nun für längere Zeit verbunden sein würde. Dann lehnte er sich zurück und ließ seine Gedanken abschweifen. Er versuchte sich darüber klar zu werden, warum er Köhler eigentlich nicht mochte. Am ehesten war seine Antipathie darauf zurückzuführen, dass er den Eindruck hatte, Köhler verstecke sich hinter Arztkittel und Stethoskop, anstatt mit seiner Unsicherheit offen und transparent umzugehen. Dazu kam sein duckmäuserhaftes Verhalten Dr. Papadakis gegenüber, als er zum Beispiel ohne nachzufragen oder intensiveres Ausprobieren die geeignete Stelle für die Durchführung der Knochenmarkpunktion an seinem Beckenknochen abnickte.

Thomas Leitner stellte sich vor, wie ihn wohl Sartorius jetzt ermahnen würde, grundsätzliche Urteile nicht auf flüchtigen Wahrnehmungen basierend zu fällen. Sicherlich gab es einige Züge an Köhler, die ihm nicht sympathisch waren, aber vielleicht kämen diese ja in anderen Lebenszusammenhängen nicht zum tragen. Außerdem stand Köhler erst am Anfang seiner Karriere und änderte sich mit der Zeit vielleicht, wenn er erst einmal in seine Rolle als Arzt gefunden haben würde. Aber wie entstehen eigentlich Charaktereigenschaften? Diese Frage hätte Thomas Leitner seinem damaligen Lehrer gern gestellt, freilich nicht ohne sie gehörig in Gestalt einer hypothetischen Aussage zu präzisieren: Sollte es zutreffen, dass bei Geburt alle Menschen gleich sind und nach dem Tod wieder gleich werden, so wäre die Persönlichkeit aus Erbeigenschaften und in Lernprozessen erworbenen Erfahrungen zusammengesetzt, deren Verteilung und Prägung dann mehr oder weniger zufällig wäre, sodass es am Ende reines Glück wäre, wie die Entwicklung eines Menschen verlaufe, wenn es nicht so etwas wie eine bleibende Seele gäbe, einem jeden einzelnen Menschen urhaft. Thomas Leitner sah Sartorius vor sich, wie der gelassen lächelte, um nach einer gewissen Denkpause – über die sich Leitner in späteren Jahren gern lustig gemacht hatte – zu erwidern: Diese Frage, lieber Thomas, ist so alt, wie die Philosophie selbst. Laut Sartorius' Lieblingsphilosophen Immanuel Kant würde die Antwort auf diese Frage die Möglichkeit der Vernunft überschreiten, weshalb Kant die menschliche Seele zu den sogenannten transzendentalen Ideen rechnete, abgeleitet von transcendere, dem lateinischen Wort für überschreiten. Demnach war die Individualität des Menschen aus philosophischer Sicht durch die Vernunft nicht bis ins Letzte erklärbar.

Mit seiner zugewandten und gewinnenden Art hatte Sartorius ihn damals für Kant begeistern können, obwohl die entsprechende Lektüre anfangs alles andere als leichte Kost für ihn war. Er erinnerte sich an die Mühen, die es ihn gekostet hatte, Kants Methodenlehre nachzuvollziehen, mittels derer der Verstand unter Benutzung sogenannter Kategorien, die wie mathematische Funktionen einzusetzen waren, von Sinneseindrücken zu Urteilen gelangen konnte, die auch für andere Menschen überprüfbar waren. Er erinnerte sich an die Faszination, die er empfand, als er Kants Gedankengebäude nachvollzogen und verstanden hatte, was mit Kants transzendentalen Ideen gemeint war, denen sich der menschliche Verstand nicht nähern konnte, ohne sich in Widersprüche zu verwickeln. Gott, Seele, Freiheit waren damals große Worte für Thomas Leitner, aber Kant hatte einen für ihn nachvollziehbaren Schnitt vollzogen zwischen dem, was man wissen und dem, was man eben nur glauben konnte.

Er erinnerte sich mit einem Hauch von Wehmut an eine Philosophiestunde, während der sich Sartorius einmal sehr leidenschaftlich über dieses Thema ausgelassen hatte, und sah ihn wieder vor sich, seinen Lehrer, der ihm damals im Laufe der Jahre ein väterlicher Freund geworden war. Die Kategorienlehre habe es schon bei Aristoteles gegeben, dozierte Sartorius damals. Thomas Leitner kamen die aristotelischen Syllogismen in den Sinn, anhand derer man von Prämissen zu weiterführenden Aussagen gelangen konnte. Er probierte eine der Schlussformen aus: Alle Ärzte sind Menschen. – Köhler ist Arzt. – Also ist Köhler ein Mensch – wenn auch ein schnöselhafter. Unser Patient schmunzelte in sich hinein, zumal ihm einfiel, dass Köhler sein Abschlussexamen wohl noch würde ablegen müssen. Wenn Köhler also noch kein vollständiger Arzt war, so war er demnach auch noch kein vollständiger Mensch …

Thomas Leitner merkte, dass er zwischenzeitlich kurz eingenickt sein musste. Auf dem Tisch stand das Tablett mit seinem Mittagessen. Er setzte sich noch ein wenig benommen an den Tisch und aß lauwarmen Blumenkohlauflauf. Bis jetzt verspürte er noch keine Nebenwirkungen der Therapie, nur diese Müdigkeit, die von Tag zu Tag zuzunehmen schien. Nach dem Essen legte er sich wieder hin und schlief relativ schnell ein. Seine Krankheit forderte zusammen mit den Anstrengungen der letzten Tage ihren Tribut, und er wachte erst einige Stunden später wieder auf.

Auf dem Tisch stand sein Nachmittagskuchen, der Kaffee war längst eiskalt geworden. Als er den Kuchen aufgegessen hatte, stellte er sich samt Infusionsständer vor sein Fenster. Es wurde bereits langsam dunkel. Er ließ den Tag noch einmal Revue passieren, den ersten Tag seiner Chemotherapie, ließ noch einmal Sartorius, Kant und Köhler vor sein geistiges Auge treten und drehte die Heizung höher, weil er immer intensiver fror. Hoffentlich würde die von Dr. Papadakis für morgen anberaumte Bluttransfusion eine Besserung seiner Beschwerden bringen. Dann könnte er endlich den Aufenthaltsraum der Station und die Krankenhaus-Cafeteria in Augenschein nehmen und somit seinen Aktionsradius ausdehnen.

Das Abendessen bescherte an diesem Tag als kleine Zusatzbeigabe einen gemischten Salat und Thomas Leitner brachte nach dem Abendessen, genau wie am Vortag, wieder geraume Zeit im Bad zu. Zusätzlich zu dem riesigen Pflaster an seinem Hals war nun auch der dünne Infusionsschlauch beim Waschen und Zähneputzen hinderlich und Thomas Leitner musste aufpassen, dass er sich nicht verheddere oder vergaß, sein Infusionsgerät hinter sich herzuziehen beziehungsweise vor sich her zu schieben, wenn er sich mehr als einen Schritt von der Stelle bewegte. Es war für ihn unvorstellbar, wie viele Menschen permanent von medizinischen Geräten oder Maschinen abhängig waren, denen also nichts anderes übrig blieb, als sich in ihr Schicksal zu fügen und die mit der Behandlung verbundenen Unannehmlichkeiten in Kauf zu nehmen. Aber das war bei ihm ja nicht der Fall. In zwei Wochen würde die Knochenmarkpunktion zeigen, wie er auf die Chemotherapie ansprach und auch das weitere Vorgehen würde dann mit ihm besprochen werden, wenn zusätzlich das Ergebnis der Chromosomenuntersuchung vorlag.

Am nächsten Tag verabreichte ihm Köhler zwei Blutkonserven und ein Thrombozytenkonzentrat, was ihn dazu zwang, mehr oder weniger den ganzen Tag in seinem Zimmer zu verbringen. Er beobachtete, wie ein Blutstropfen nach dem anderen in das Sichtfenster des Infusionsschlauches tropfte, und brach erst am späten Nachmittag zu seiner ersten Erkundungstour auf. Den Ständer mit dem Infusionsgerät schob er dabei seitlich vor sich her, wobei er registrieren musste, dass die Räder seines Infusionsständers leicht quietschten. Am Ende des Flurs befand sich der Aufenthaltsraum für Patienten, der mit einigen Tischen und Stühlen ausgestattet war. Auf einem Tisch lagen Zeitschriften und einige Gesellschaftsspiele, allerdings waren keine Patienten da. Wahrscheinlich saßen alle in Erwartung des Abendessens auf ihren Zimmern. Er bemerkte beim Gehen eine Besserung seiner Schwäche und glaubte sogar, auch eine Rötung seiner bisher blassen Hautfarbe wahrzunehmen. Im Vergleich zu den letzten Tagen fühlte er sich beinahe so, als könnte er Bäume ausreißen. Aus Mangel an Gesellschaft machte er sich samt quietschendem Infusionsständer auf den Rückweg und schaltete nach dem Abendessen zum ersten Mal den Fernseher ein, um Nachrichten zu sehen.

An den folgenden drei Tagen sollte im Zuge der Chemotherapie zusätzlich zur permanenten Infusion ein weiteres Medikament verabreicht werden. Des Weiteren hatte Dr. Papadakis für den Tag darauf den Besuch des Chefarztes Prof. Hohlfeld angekündigt, sodass Thomas Leitner der nächsten Visite mit einer gewissen Neugier entgegensah. Als sich an diesem Morgen dann der Tross in seinem Zimmer einfand, erblickte unser Patient einen hochgewachsenen, kräftigen Mann Mitte fünfzig mit spärlichem Haarwuchs, der sich während des Eintretens ins Zimmer grob gestikulierend und sehr laut sprechend mit Dr. Papadakis unterhielt: „Heute den ersten Tag Daunorubicin bei Herrn Leitner – ja ja." Prof. Hohlfeld blickte dem Patienten nur kurz und flüchtig in die Augen und wandte sich an Köhler, der die schon vorbereitete Infusionsflasche holen und während der Visite gleich anschließen sollte. „Und vorher noch das Mittel gegen Übelkeit, Herr …" „Köhler", ergänzte Dr. Papadakis. Köhlers Hände zitterten merklich bei der gesamten Prozedur, während Prof. Hohlfeld sehr laut und polternd Dinge wiederholte, die Dr. Papadakis am ersten und zweiten Tag von Leitners Aufenthalt bereits erklärt hatte. Dabei nestelte der Professor mit seinen Fingern herum, die wie Bockwürste an den riesigen Handflächen aufgereiht waren. „Da müssen Sie dann ein bisschen aufpassen – ja ja." Thomas Leitner war ob des Auftritts von Prof. Hohlfeld einigermaßen perplex, weil die Grobschlächtigkeit des Professors sowie sein gesamtes Auftreten überhaupt nicht zu dem Bild passen wollten, das er sich im Vorfeld der Visite vom Chefarzt der Abteilung gemacht hatte. Das Gebaren des Prof. Hohlfeld würde eher zu einem Verkäufer landwirtschaftlicher Maschinen oder vielleicht einem für die Rinderzucht zuständigen Tierarzt passen, aber zu einem Universitätsprofessor? Der Patient suchte den Blickkontakt mit Dr. Papadakis, der seine Mundwinkel nur minimal zu einem dezenten Lächeln verzogen hatte – und verstand.

Als Leitner wieder allein war, beobachtete er lange das Einlaufen der klaren kirschroten Flüssigkeit, die ihn um seine Haare bringen und wahrscheinlich noch für eine Reihe weiterer Nebenwirkungen verantwortlich sein würde. Bislang spürte er aber Gott sei Dank keine, sodass er sich das Mittagessen auf seinen Nachttisch stellen ließ und sich zum Essen zwang, weil er nicht noch mehr Gewicht verlieren wollte. Er beschloss, diesen Tag auf seinem Zimmer zu verbringen und betrachtete immer wieder die wässrig-rötlichen Tropfen, die einer nach dem anderen in das Plastikreservoir des Infusionsbestecks tropften. Er stellte sich vor, wie das Medikament in seinem Körper die ihm zugewiesene Arbeit verrichtete und dachte an den berühmten an Leukämie erkrankten Sänger. Nach dem Essen nickte er ein und erwachte erst, als Schwester Brigitte die leere Plastikflasche und den Infusionsschlauch entfernte. Sein weiteres Dahindösen unterbrach dann erst der Geruch des Nachmittagskaffees. Ihm fiel auf, dass seine frische Wäsche allmählich zur Neige ging und er beschloss, nun endlich Christian anzurufen, um ihn zu bitten, aus seiner Wohnung einige Dinge herzubringen. Noch immer schlaftrunken aß Leitner das Stück Kuchen, das neben dem Kaffee auf dem Tablett stand, und spürte wieder eine leichte Müdigkeit in sich aufsteigen, die aber gut zu ertragen war.

3. Ein alter Freund

Die Freundschaft zwischen Thomas Leitner und Christian Talbach bestand nun schon seit über zwanzig Jahren, obwohl die Treffen zuletzt immer seltener wurden, einerseits, weil Christian beruflich extrem eingespannt war und wenig Zeit hatte, andererseits aber auch weil sich beide, wenn sie sich denn wieder trafen, einander nicht mehr so viel zu erzählen hatten wie früher. Das große Gemeinschaftsgefühl ihrer Studienjahre hatte sich abgeschwächt, aber interessanterweise war der Kontakt niemals ganz abgerissen und ihre Beziehung war immer noch von gegenseitigem Vertrauen und einem aufrichtig empfundenen Freundschaftsgefühl geprägt.

Nach ihrem zweiten Staatsexamen, das Christian mit Bravour bestanden hatte, während Thomas Leitner dafür einen zweiten Anlauf brauchte – und auch beim zweiten nicht gerade glänzen konnte –, schlugen beide verschiedene Wege ein. Seitdem traten sie einander oft mit einer Art unterschwellig empfundenem Mitleid gegenüber. Thomas empfand Mitleid gegenüber seinem Freund Christian Talbach, weil sich dieser nie von dem Zwang befreien konnte, fast seine gesamte Energie der Karriere zu widmen. Schon als Referendar war er in eine renommierte Kanzlei eingestiegen und hatte sich dort innerhalb weniger Jahre unabkömmlich gemacht. Seine damalige Freundin Claudia hatte ihn anfangs auch unterstützt, bis kurze Zeit nach ihrer Hochzeit Claudias Stimmung umschlug und sie nicht mehr bereit war, eine Ehe mit einem Mann zu führen, der in der Woche nur wenige Stunden Zeit für die Partnerschaft aufbrachte und bei den spärlichen gemeinsamen Aktivitäten zumeist völlig übermüdet war. Thomas Leitner war Trauzeuge bei Claudias und Christians Hochzeit gewesen und hatte oft versucht, zwischen beiden zu vermitteln, weil er im Grunde Claudias Position teilte und es, abgesehen von der Beziehung zwischen den beiden, grundsätzlich bedauerlich fand, dass Christian nie Zeit hatte, etwa um ein gutes Buch zu lesen oder sich einer Freizeitaktivität zu widmen, die regelmäßiges Engagement erforderte. Er war über die Jahre zum Sklaven seines Prädikatsexamens geworden und als Teilhaber der Kanzlei war es in der Tat irgendwann fast unmöglich, kürzer zu treten.

Die Ehe zwischen Claudia und Christian wurde nach nur vier Jahren geschieden und Thomas Leitner musste mit ansehen, dass Christian selbst nach der Trennung nicht in der Lage war, seinen Lifestyle zu korrigieren, sondern sich im Gegenteil noch intensiver in die Arbeit stürzte und sogar an den Wochenenden kaum noch über private Zeit verfügte. Seit Christians Scheidung waren nun vier Jahre vergangen und beide trafen sich seitdem noch seltener. Christians Leben spielte sich damals nur noch in einem Hamsterrad ab, das aus beruflichen Verpflichtungen und Zwängen bestand. Zwar verdiente er mehr als doppelt so viel wie Thomas, musste dafür aber fünfmal so viel arbeiten und hatte zehnmal so viel Stress und Ärger. Thomas fragte sich häufig, wozu Christian sich eigentlich so aufrieb, denn er selbst führte so etwas wie ein spiegelbildliches Leben. Seine Arbeit forderte ihm nämlich schon lange nichts mehr ab und er war jeden Nachmittag um fünf Uhr zu Hause. Sein Einkommen war für ihn mehr als ausreichend und er hatte die Langeweile, die durch die Tristesse seines Büroalltags verursacht war und die von Zeit zu Zeit in Überdruss umschlug, stets mit Aktivitäten zu füllen gewusst, die ihm Spaß machten. Er liebte weitläufige Wanderungen durch die Natur, ein gutes

Buch und exotische Reisen. Materialist war er noch nie, dazu hatten ihn die Gespräche mit Sartorius zu sehr geprägt und davon überzeugt, dass die wahren Werte im Leben nicht im Materiellen zu finden waren. Wie konnte Sartorius damals ins Schwärmen geraten über die Fähigkeiten des menschlichen Geistes, Großes und Erhabenes zu schaffen. Und für Thomas Leitner waren auch die Natur, die bescheidenen Freuden eines einfachen und genügsamen Lebens, ein gutes Essen, ein guter Freund oder eine Partnerschaft Werte, um die man sich bemühen und die man sich erhalten sollte, wenn sie einem vergönnt waren.

Aus all diesen Gründen sah er in Christians Martyrium keinen Sinn. Der rieb sich nur sinnlos auf für seine Karriere, verdiente mehr Geld, als er benötigte, und schien dabei nicht zu realisieren, dass er immer mehr vereinsamte. In dieser Selbstbezogenheit gefangen, verlor er sich von Jahr zu Jahr immer mehr, bis als letztes Lebensmotiv nur sein Ehrgeiz noch übrig blieb. Dieser Ehrgeiz war Christian Talbach bereits in die Wiege gelegt worden. Sein Vater war Richter am Oberlandesgericht und bekleidete nebenberuflich noch einige Ehrenämter. Oft hatte Christian während seiner Studienjahre davon erzählt, wie sehr er früher unter Vernachlässigung und der Entfremdung von seinen Eltern gelitten hatte, was ihm später besonders deutlich während der Ferien bewusst wurde, die er mit seinen Eltern verbrachte. Hierbei hatte er oft das Gefühl, seine Zeit mit Menschen zu verbringen, die ihm nicht wirklich zugewandt waren, die sich nicht für seine Vorlieben und Neigungen interessierten und die den Anschein erweckten, sie hätten damals nur eine Familie gegründet, weil die zum Leben nun mal dazugehört. Auch Christians Mutter war als Leiterin der Anlageabteilung einer Bank beruflich sehr eingespannt. Christian wuchs als Einzelkind in einer ansehnlichen Villa mit Pool auf; er verfügte in seinem Elternhaus über jeglichen Luxus, den man sich nur vorstellen konnte, entbehrte aber – was für ihn viel wichtiger gewesen wäre – Zuwendung und menschliche Wärme. Dennoch entwickelte sich Christian Talbach zu einem differenzierten Menschen, der kontaktfreudig und jedermann offen zugewandt war.

So hatten sich Christian Talbach und Thomas Leitner vor über zwanzig Jahren an der Universität kennengelernt, verbrachten viel Zeit und sogar einige Urlaube miteinander. Nach Christians Durchmarsch an der Uni mit abschließendem Prädikatsexamen stieg er erfolgreich im Beruf ein, der ihm nach einigen Jahren die Teilhaberschaft einer renommierten Kanzlei bescherte, die sich auf Immobilienrecht spezialisiert hatte. Zu seinen beruflichen Verpflichtungen kam dann noch die Präsenz an den Wochenenden im hiesigen Golfklub, die für Pflege und Ausbau seiner geschäftlichen Kontakte erforderlich war. Claudia wurde Christians Lifestyle mit den Jahren immer mehr verhasst. Sie mochte sich während ihrer kurzen Ehe mit Christian Talbach wohl oft so gefühlt haben, wie Christian während seiner Kindheit und Jugend – bis zu dem Zeitpunkt, an dem ihr dieses Leben im goldenen Käfig unerträglich wurde.

Nach der Trennung waren auch die Treffen von Christian und Thomas von Jahr zu Jahr seltener geworden. Zwar betonte Christian dann oft, er beneide ihn um die viele Freizeit, die er ohne Verpflichtungen verbringen konnte, wie er wollte, aber im Grunde war Thomas für ihn auch der große Verlierer eines Spiels, das dieser tatsächlich nie aus vollem Herzen mitgespielt hatte. Leitner verlor schon während des Studiums die Lust, Gesetzestexte auswendig zu lernen und hatte schon früh seine berechtigten Zweifel an der Auslegung derselben, insbesondere dann, wenn die übelsten Verbrecher bei geschicktem Manövrieren durch den Paragrafendschungel plötzlich Opfer von widrigen Lebensumständen sind und überdies zum Tatzeitpunkt auch noch für vermindert straffähig erklärt werden. Christian teilte diese Auffassung nicht. Für ihn war das Studium eine Art Pflichtübung, die ohne kritische Reflexion zu absolvieren war. Ihre unterschiedlichen Grundeinstellungen führten dann auch mehr oder weniger zwangsläufig zu verschiedenen Ergebnissen.

Thomas Leitner jedenfalls war, durch seinen Bürojob bedingt, jeden Tag zeitig zu Hause und hatte sich mit dieser öden Anstellung, die weder Abwechslung noch Gestaltungsmöglichkeiten bot, als Privatperson arrangiert. Bei schönem Wetter verbrachte er oft viele Stunden in der freien Natur. Auch hatte er sich über lange Zeit hinweg selbst dazu erzogen, im vermeintlich Alltäglichen stets das Neue und Besondere zu sehen, sodass er insgesamt der viel zufriedenere Mensch von beiden war. Thomas stellte sich manchmal vor, wie Sartorius wohl Christian Talbachs Lebensführung kritisiert haben würde. Nach Immanuel Kant hätte Christian wohl zwischenzeitlich seine Maximen auf den Prüfstand stellen sollen, die Grundprinzipien seines Wollens also hinterfragen müssen. Warum war ihm seine Karriere immer wichtiger als alles andere? Warum fühlte seine Frau Claudia damals kein aufrichtiges Bemühen seinerseits, mehr Zeit in die Partnerschaft zu investieren? Die Antwort auf beide Fragen wäre gewesen, dass es dafür einfach keinen vernünftigen Grund gab. Christian lebte eine Art Automatismus, der durch blinden Ehrgeiz angefeuert wurde und in den er sich immer wieder flüchtete, wenn die Sprache auf Dinge kam, die er eben dadurch zu entbehren hatte, wie längere Urlaubsreisen, das Pflegen von Freundschaften oder die Verfolgung außerberuflicher Interessen. Thomas erinnerte sich daran, wie Sartorius einmal den Ehrgeiz als eine Eigenschaft charakterisierte, die Menschen genauso zugrunde richten konnte wie die Faulheit, indem die Zeit – nur durch flüchtige Genüsse noch unterbrochen – in sinnlosen Verrichtungen träge herumgebracht wurde. „Je höher die Stellung, desto größer die Knechtschaft", zitierte Sartorius den Philosophen Seneca. Aber trotz allem war Christian Talbach immer ein wichtiger Begleiter und Freund für Thomas Leitner geblieben. Nach dem Abendessen würde er ihn anrufen und begann schon einmal sich die passenden Worte zurechtzulegen. Bis acht Uhr wollte er noch warten, damit Christian nach seiner anstrengenden Woche zumindest für eine halbe Stunde zur Ruhe käme.

„Ich bin im Krankenhaus, weil bei mir eine Knochenmarkerkrankung festgestellt wurde, die über längere Zeit stationär behandelt werden muss", eröffnete Thomas Leitner das Gespräch und bat Christian Talbach darum, ihn von Zeit zu Zeit mit dem Nötigsten zu versorgen. „Was für eine Knochenmarkerkrankung?", fragte Christian überrascht und schwieg lange, während ihn Leitner über die Diagnose und die anstehende Behandlung informierte. Er schwieg, ohne Verlegenheitsfloskeln zu stammeln und Leitner ertrug das Schweigen, bis ihn Christian mit leiser aber gefasster Stimme fragte: „Genügt es, wenn ich übermorgen, also Sonntagnachmittag komme?" Er würde Thomas' Wäsche in die Wäscherei bringen, die seit vielen Jahren die Wäsche für ihn wusch und sie ihm im Laufe der nächsten Woche zusammen mit anderen Dingen bringen, die er aus seiner Wohnung benötigte. Leitner erklärte Christian, auf welcher Station er lag und war froh, dass der Freund es ihm durch sein abwartendes und besonnenes Verhalten leichter gemacht hatte, als er dachte.

Thomas spürte, wie die Chemotherapie ihm zusetzte, und nahm sich vor, die nächsten beiden Tage so viel wie möglich auszuruhen, damit er am Sonntag mit Christian zusammen wenigstens die Krankenhauscafeteria besuchen konnte. Er wollte dann zumindest kurz der beklemmenden Enge seines Krankenhauszimmers entfliehen. Trotz des spärlichen Kontakts der letzten Jahre war er froh, in dieser Situation jemanden zu haben, der ihn unterstützte. Oft hatte Leitner sich gefragt, wie er sich selbst wohl entwickelt hätte, wenn er Christians Kindheit und Jugend hätte durchleben müssen. Er hatte Christians Eltern nur zweimal während ihrer gemeinsamen Studienzeit getroffen und erinnerte sich an ein Gartenfest, zu dem er damals im Jackett erschienen war und auf dem er sich vollkommen deplatziert fühlte – einerseits wegen des teuren und vornehmen Hauses, andererseits wegen der anwesenden Gäste, die allesamt oberflächlich und nichtssagend auf ihn wirkten. Ihm kam die Begegnung mit einer Frau etwa gleichen Alters in den Sinn – eine entfernte Cousine Christians –, die ihn in einen langweiligen und zähen Small Talk über ihre letzten Golfferien in einem französischen Badeort verwickelte, dessen Namen er nach zwei Minuten schon wieder vergessen hatte, und er erinnerte sich gut daran, wie sehr er sich zusammenreißen musste, um nicht unhöflich und abweisend zu wirken. Ihr Kleidungsstil, das aufgesetzte Verhalten und ihr inhaltsleeres Gerede befremdeten ihn und er fragte sich, wie Christian es gelang, in dieser Umgebung so halbwegs normal zu bleiben, wie es für Leitner zumindest den Anschein hatte. Während des Gesprächs mit dieser

Cousine dachte er kurz an seine eigenen Ferien, die er als Rucksacktourist in Mittelamerika verbracht hatte, wo er in T-Shirt und kurzen Hosen schweißtreibende Exkursionen zu den kulturellen Stätten der Azteken und Mayas unternommen hatte.

Leitners Befremden ließ sich auch dadurch begründen, dass er es sich einfach nicht vorstellen konnte, zwei Wochen lang mit Menschen wie Christians Cousine auf einem Golfplatz zu verbringen, sich Abende lang in Jackett und Krawatte bei vermeintlich vornehmen Galadiners zu langweilen, während er selbst während seiner Reisen mit fast schon spartanischen Unterkünften vorlieb nahm. Doch selbstverständlich ließ sich die Begegnung mit einer untergegangenen Hochkultur kaum mit der gepflegten Langeweile einer saturierten Golfrunde vergleichen. Oft hatte sich Leitner für die fremdartige Architektur und das für die damalige Zeit enorme astronomische Wissen begeistert, das zum Beispiel nötig war, eine Pyramide zu erbauen, bei der an den Tagen der Sonnenwende durch ein Licht- und Schattenspiel der Eindruck erweckt wurde, eine Schlange krieche die Pyramide herab, an deren Basis ein riesiger steinerner Schlangenkopf den optischen Effekt zusätzlich noch verstärkte. In Vorbereitung seiner Reisen hatte Leitner die Literatur Alexander von Humboldts verschlungen und war berührt von der unvoreingenommenen und respektvollen Haltung, die Humboldt der indigenen Bevölkerung entgegenbrachte. Ihn beeindruckte auch, wie viele Entbehrungen durch Krankheit, Insektenstiche und körperliche Erschöpfung infolge widriger Witterungsverhältnisse wie Hitze und Regen Humboldt während seiner Reisen ertragen hatte. Wie viel Mühe und Zeit muss es ihn gekostet haben, sich auf so verschiedenen Wissensgebieten wie Astronomie, Geologie und Völkerkunde zu bilden und umfangreiche Texte in verschiedenen Sprachen zu verfassen? Ähnlich wie die Familie von Christians Cousine, war auch die Familie Humboldt vermögend, aber was für eine starke und überzeugende Persönlichkeit war wohl nötig, dieses Vermögen in die Wissenschaft zu investieren, anstatt seine Lebenszeit mit der Ausübung unnützer Ämter zu verschwenden und ein träges, bequemes Leben zu führen. Was hätte ein Alexander von Humboldt wohl mit Christian Talbachs Cousine zu besprechen gehabt?

Die nächsten beiden Tage verbrachte Thomas Leitner fast ausschließlich im Bett. Am Sonntag freute er sich, als ihm mittags die Infusionsflasche mit der roten Flüssigkeit abgenommen wurde. Am Mittwoch darauf würde er auch das Infusionsgerät mit der Chemospritze los sein. Zum nächsten Wochenende würden seine Blutwerte dann im Keller und er sehr infektanfällig sein. Wenn sich seine Blutwerte in der übernächsten Woche dann wieder erholt haben würden, könne Dr. Papadakis die Knochenmarkpunktion durchführen, die Aufschluss darüber gäbe, ob die Chemotherapie bei ihm angeschlagen hatte oder nicht. Seit einigen Tagen fühlte sich Leitner wie aufgedunsen von den Medikamenten und er litt unter einer Art Völlegefühl, das mit gelegentlichen Durchfällen einherging. Aber der für den Nachmittag angekündigte Besuch von Christian Talbach war für ihn eine Art Fixpunkt. Er freute sich, seinen alten Freund wiederzusehen, auch wenn er sich dafür gern andere Umstände wünschte.

Um zwei Uhr klopfte es dann an seine Zimmertür und Christian betrat das Zimmer mit einer Geschenktüte, die zwei Flaschen bayrisches Bier und eine gelungene Auswahl an Obst und Süßigkeiten enthielt. Sie umarmten einander freundschaftlich und Thomas kleidete sich an für ihren gemeinsamen Gang in die Cafeteria. Christian erkundigte sich, wie die Therapie bisher verlaufen ist, während sie einen längeren Flur durchquerten, um zum Eingang der Cafeteria zu gelangen. Sie bestellten Getränke und Christian erzählte ihm, dass er einige Zeit brauchte, um den Schock nach Thomas' Anruf zu verarbeiten. Er werde mit ihm zusammen dem Ergebnis der anstehenden Knochenmarkuntersuchung entgegenfiebern und wünsche ihm dafür alles erdenklich Gute. Zwischen ihnen herrschte eine ungewöhnlich entspannte Gesprächsatmosphäre und beide merkten, dass die alte Vertrautheit sich langsam wieder einstellte, die sie als junge Männer so intensiv miteinander verbunden hatte. Thomas erzählte Christian, dass ihm seltsamerweise die Unterhaltung mit dessen Cousine im Garten von Christians Eltern, die mittlerweile fast zwanzig Jahre zurücklag, in den Sinn gekommen war, und Christian erzählte, diese Cousine sei nun schon geraume Zeit mit einem Investmentbanker verheiratet, mit dem sie zusammen inzwischen eine gewisse Leidenschaft für Pferderennen entwickelt hatte. Thomas habe ja schließlich die Vorzüge seiner Cousine damals nicht hinreichend zu schätzen gewusst, bemerkte Christian mit einem ironischen Lächeln und beide mussten laut lachen. So verging die Zeit mit Christian wie im Fluge und es war schon fast dunkel, als beide wieder auf der Station ankamen. Dann machte sich Christian mit Leitners Wäsche wieder auf den Weg. Noch lange dachte Thomas Leitner an diesem Abend an seinen Freund und viele gemeinsame Erinnerungen kamen ihm wieder in den Sinn. Er freute sich, dass die alte Freundschaft für ihn wieder spürbar geworden war.

Die nächsten beiden Tage schonte sich Thomas. Es ging ihm körperlich schlecht und er versuchte, seine Kräfte zu sammeln für das, was noch vor ihm lag. Viel Zeit verbrachte er damit, auf seinem Bett liegend in den Himmel zu blicken und die Gedanken schweifen zu lassen. Jeden Morgen wechselte Köhler die Infusionsspritze und auch die Visiten von Dr. Papadakis gestalteten sich an diesen Tagen recht kurz. Am Mittwoch wurde der Infusionsständer dann ganz entfernt und der erste Zyklus Chemotherapie war vorüber. Abends klopfte Christian an seine Zimmertür, während er an seinem Tisch sitzend zu Abend aß, was mittlerweile ebenfalls geraume Zeit in Anspruch nahm, weil seine Mundschleimhaut durch die Chemotherapie angegriffen war. Auch das Schlucken fiel ihm nicht leicht und er musste darauf achten, jeden Bissen sorgfältig zu kauen, bevor er ihn herunterschluckte. Christian stellte die große Reisetasche mit frischer Wäsche auf den Boden. Sie enthielt auch sein blaues Basecap, das er aufsetzen wollte, wenn seine Haare ausgefallen sein würden. Er hatte sich nämlich vorgestellt, man würde sich mit Glatze irgendwie nackt fühlen. Christian spürte, dass Thomas geschwächt war und mit sich selbst genug zu tun hatte. Also verabschiedete er sich nach einer Viertelstunde mit dem Versprechen, sich am Wochenende wieder zu melden.

An den darauffolgenden Tagen bemerkte unser Patient dann, wie sich allmählich beträchtliche Haarbüschel in seiner Haarbürste sammelten. Am Samstag wachte er frühmorgens schweißgebadet und dennoch frierend auf. Zum ersten Mal während seines Aufenthalts musste er nach einer Schwester klingeln, weil er eine zusätzliche Decke benötigte. Es war morgens gegen halb fünf, als Schwester Gabi bei ihm Fieber maß: 39,2 °C. Er habe neutropenisches Fieber, teilte sie ihm mit, während sie eine zweite Decke über ihn breitete. Sie werde rasch den diensthabenden Arzt anrufen, der ihm Blut abnehmen und die Einnahme von Antibiotika anordnen würde. Nach etwa einer Viertelstunde erschien ein sichtlich verschlafener und entsprechend einsilbiger junger Arzt, der ihm Blut abnahm, zwei Antibiotikafläschchen anhängte und so schnell wieder verschwand, wie er gekommen war. Schwester Gabi brachte dann noch ein fiebersenkendes Mittel, das Thomas schluckte, bevor er wieder einschlief und erst gegen zehn Uhr vormittags erwachte. Das Fieber war zwar gesunken, aber er fühlte sich wie gerädert und beschloss Christian anzurufen, damit der seinen Besuch bis auf Weiteres verschob. Nachmittags wurden dann wieder sowohl Blut als auch Blutplättchen verabreicht und Leitner verbrachte fast das gesamte Wochenende im Bett liegend, von Zeit zu Zeit dösend. Zwischendurch versuchte er sich mit Fernsehsendungen abzulenken. Seinen Bruder hatte Thomas noch immer nicht über seinen Zustand informiert und er beschloss nun, das nicht länger aufzuschieben. Sein Bruder war ihm mittlerweile so fremd geworden, dass er sich nicht ausmalen konnte, wie er auf seinen Anruf wohl reagieren würde. Während ihres Telefonats reagierte der Bruder überraschend nüchtern auf die Mitteilung der Diagnose und versprach, Thomas am kommenden Wochenende in der Klinik zu besuchen.

Am Montag fühlte sich Leitner dann wieder etwas besser und betrachtete sein von Tag zu Tag schütterer werdendes Haar. Er beschloss, Schwester Gabi zu bitten, zumindest am Hinterkopf die verbliebenen Haare zu entfernen, die er selbst nicht rasieren konnte. Die Vorarbeit dazu wollte er vor dem Spiegel zuerst selbst verrichten. Nachdem er am nächsten Morgen also über eine Stunde damit zugebracht hatte, seinen Kopf vorderseitig zu rasieren, glich sein Spiegelbild dem Schatten seiner selbst.

Sein Gesicht war blass und eingefallen und seine Augen schienen tiefer zu liegen, als jemals sonst. Er klingelte nach Schwester Gabi, die kurze Zeit später mit einer grünen Unterlage im Zimmer erschien. Während er im Bett auf der Seite lag, spürte er den Rasierer immer wieder über seinen Hinterkopf gleiten. Er schätzte Schwester Gabis Natürlichkeit und Unbefangenheit. Sie war immer freundlich und zugewandt, ohne Mitleid zu verströmen oder aufgesetzt zu wirken. Darüber hinaus war sie eine attraktive Frau Ende zwanzig mit sportlicher Figur und angenehm riechendem Parfum mit einer leichten Vanillenote, das sein Zimmer – im Gegensatz zu Köhlers aufdringlichem Aftershave – auf angenehme Weise aromatisierte, und das noch lange, nachdem sie es verlassen hatte.

Thomas Leitner spürte wieder die Angst in sich aufsteigen, als er seinen kahlen Kopf im Spiegel ansah, denn am nächsten Tag würde erneut eine Knochenmarkprobe entnommen werden und Dr. Papadakis würde ihn dann am Tag darauf über das Ergebnis informieren. Das Wetter hatte sich während des Wochenendes gebessert und zwischen langsam ziehenden Kumuluswolken lugte dann und wann die Sonne hervor und erhellte das Zimmer, in dem Thomas Leitner nun schon zwei Wochen verbracht hatte. Er betrachtete lange die alte Eiche am Parkeingang und stellte fest, dass auch die Bäume in der Zwischenzeit Federn gelassen hatten und wesentlich entlaubter waren, als noch vor zwei Wochen bei seiner Aufnahme. Oft hatte Thomas Leitner seine Seele früher durch ausgiebige Wanderungen in der Natur wieder ins Gleichgewicht gebracht und es war ein Genuss für ihn, sich in die Beobachtung von Naturphänomenen zu versenken. Viele Erlebnisse waren ihm von seinen Reisen in lebhafter Erinnerung geblieben und er sah immer noch den Sonnenaufgang über dem Atlasgebirge in Nordafrika vor seinem inneren Auge, den er vor über zwanzig Jahren während der Fahrt in einem Überlandbus erleben konnte. Einen Pass überquerend sah er damals, wie die Berggipfel und Täler in ein rotgoldenes Licht getaucht wurden, das von Minute zu Minute ihre Konturen leicht veränderte. Während dieser Stunde spürte er eine rührende Erhabenheit der Natur, die auch ihn hervorgebracht hatte und der auch er zugehörig war. Ein ähnlich intensives Empfinden hatte er während seiner Mittelamerika-Reise, als er auf einer Pyramide im Dschungel von Guatemala stehend einen Sonnenuntergang erlebte, der sich im Vergleich zu den europäischen Breiten wesentlich schneller vollzog und mit einer abrupten Änderung der Geräuschkulisse einherging, die durch den Wechsel der akustischen Dominanz von tag- zu nachtaktiven Tieren zu erklären war. Er erinnerte sich an den Schwarm grüner Papageien, der damals kreischend an ihm vorbeiflog, und hörte im Geist wieder das Gebrüll der Affen in den Bäumen. Aber auch in seiner Heimat konnte er durch eine Wanderung am Strand stets zu seiner inneren Ruhe zurückfinden, wenn er sich dem Rauschen der Brandung hingab oder während einer Wanderung im Wald bewusst dem Gesang der Vögel lauschte. An diesem Herbsttag jedoch musste er sich mit dem Anblick der alten Eiche begnügen, die irgendwann einmal während eines Sturmes oder infolge eines Blitzeinschlages ihre Krone verloren hatte und dennoch weiterlebte. Über ihr segelten die Wolken dahin und Thomas Leitner beobachtete lange deren sich ständig verändernde Konturen.

Am nächsten Morgen fanden sich Köhler und Dr. Papadakis mit dem Metallkörbchen in seinem Zimmer ein, das die Materialien für eine Knochenmarkpunktion enthielt. Thomas Leitner war äußerst überrascht, als er Köhler anstelle von Dr. Papadakis die Punktion vorbereiten sah. Köhler zog eine Ampulle mit Betäubungsmittel in einer Spritze auf und bat ihn, sich auf die Seite zu drehen. Dann tastete er an seinem Beckenknochen herum, während Dr. Papadakis versuchte, beruhigend auf unseren Patienten einzuwirken. Thomas Leitner spürte den gleichen brennenden Schmerz wie beim ersten Mal und nahm noch intensiver den Geruch des penetranten Aftershave wahr. Kurze Zeit später vollführte Köhler eine bohrende Bewegung mit der Punktionsnadel und verschloss die Punktionsstelle anschließend mit einem Klebepflaster. Köhler wirkte erleichtert und unser Patient war ebenfalls froh, als er wieder seine Ruhe hatte.

Immer wieder flackerte an diesem Tag die Angst in Thomas auf und er überlegte, ob er sich abends noch einmal eine Schlaftablette geben lassen sollte, wie vor zwei Wochen im Marienkrankenhaus. Da fiel ihm ein, er könne genauso gut die Schwestern bitten, eines seiner Biere für den Abend einkühlen zu lassen. Er ging also vor zum Stationszimmer und sah, wie sich Schwester Gabi angeregt mit Köhler unterhielt. Beide lachten von Zeit zu Zeit und Leitner ertappte sich dabei, einen Anflug von Eifersucht zu verspüren. Als Schwester Gabi ihn dann fragte, ob sie etwas für ihn tun könne, schämte er sich ein bisschen wegen seines Anliegens aber Schwester Gabi entschärfte die Situation mit dem ihr eigenen Charme, nahm die Flasche nach einem „Aber nur ausnahmsweise, Herr Leitner!" an sich und sicherte ihm die Rückgabe zum Abendbrot zu. Thomas dankte ihr und tröstete sich mit dem Gedanken, Schwester Gabi würde sich nur mit Köhler unterhalten, weil sie sich aus dienstlichen Gründen dazu verpflichtet fühlte.

Der Genuss des kalten Bieres am Abend erleichterte ihm dann tatsächlich das Einschlafen. Erst am nächsten Morgen kehrte seine Angst zurück. Nervös erwartete er das Eintreffen der Visite und versuchte, noch bevor Dr. Papadakis zu sprechen begann, aus dessen Gesichtsausdruck zu schließen, ob er positive Nachrichten erwarten könne oder nicht. In der Tat erlöste ihn Dr. Papadakis von seiner Anspannung. Er freue sich, dass die Chemotherapie sehr gut angeschlagen habe. Fast alle Leukämiezellen seien aus dem Knochenmark verschwunden und nächste Woche werde man ab Mittwoch mit der Chemotherapie fortfahren. Auch das Ergebnis der Chromosomenuntersuchung läge mittlerweile vor und habe ein Ergebnis erbracht, das hinsichtlich seiner Aussagekraft nicht hundertprozentig einzuschätzen sei. Aus diesem Grund habe man das weitere Vorgehen sehr intensiv diskutiert und sich überlegt, dass nach dem nächsten Chemotherapiekurs noch drei weitere folgen sollten und dass man dann, um eine wirklich dauerhafte Heilung zu erzielen, eine sogenannte Blutstammzelltransplantation durchführen wolle. Dazu müsse allerdings zuerst ein Fremdspender identifiziert werden, im besten Fall ein Verwandter, der, wenn er sich als geeignet erweisen sollte, über mehrere Tage hinweg ein Medikament unter die Haut gespritzt bekäme, durch das die Stammzellen aus dem Knochenmark herausgeschwemmt und dann mittels einer speziellen Maschine aus dem Blut herausgefiltert würden. Diese Zellen würde man Thomas Leitner dann wie eine Bluttransfusion verabreichen, nachdem man sein eigenes Knochenmark zuvor durch eine spezielle Behandlung abgetötet habe. Durch die Gabe der fremden Stammzellen werde sich dann ein neues funktionstüchtiges Knochenmark aufbauen, das sowohl rote, wie auch weiße Blutkörperchen und Blutplättchen bilden könne. Allerdings werde Thomas Leitner dann dauerhaft Medikamente nehmen müssen, um die Abstoßung des fremden Knochenmarks zu verhindern.

Dr. Papadakis ließ seinem Patienten einen Augenblick lang Zeit, die vielen Informationen erst einmal zu verarbeiten. Er hatte registriert, dass ihm Thomas die ganze Zeit über gefasst zugehört hatte, und fragte schließlich, ob er denn Geschwister habe, die für eine Stammzellspende infrage kämen. „Mein Bruder kommt mich am Wochenende besuchen", erwiderte sein Patient. „Das trifft sich insofern gut", führte Dr. Papadakis weiter aus, „als ich am Wochenende Dienst habe und in der Klinik verfügbar bin. Ich werde die Schwestern bitten, mir Bescheid zu geben, wenn ich auf Station kommen kann, um die Blutentnahme bei Ihrem Bruder vorzunehmen." Thomas Leitner erkundigte sich dann wie aus einem ihn umgebenden Nebel heraus, wie lange die Behandlung insgesamt dauern würde und Dr. Papadakis rechnete im Stillen, bis er meinte, die Transplantation werde voraussichtlich Mitte März erfolgen und die Entlassung aus der Klinik dann etwa vier bis sechs Wochen später. Zur Erholung werde sich dann noch die Heilbehandlung in einer Rehabilitationsklinik anschließen, die aber wirklich nur als Kur anzusehen wäre und während der gegebenenfalls noch die Medikamentendosen der das Immunsystem unterdrückenden Medikamente verändert beziehungsweise angepasst würden. Die Zeiträume würden sich natürlich verändern, wenn – an dieser Stelle zögerte Dr. Papadakis – zunächst kein geeigneter Spender identifiziert werden könne. In diesem Fall aber bestünde die Möglichkeit, einen sogenannten Fremdspender aus internationalen Knochenmarkspenderkarteien zu identifizieren. Hiernach schwiegen beide einvernehmlich, nickten einander zu und Dr. Papadakis beendete die Visite.

Noch lange hallten die Worte des Doktors in Leitners Gedächtnis nach. Er freute sich, dass die Kontrolluntersuchung ein gutes Ansprechen auf die Chemotherapie zeigte und dass er voraussichtlich schon in einem halben Jahr die gesamte Therapie durchlaufen und hoffentlich gut überstanden haben würde, denn er hatte sich innerlich schon auf einen Zeitraum von etwa einem Jahr eingestellt. Allerdings bereitete ihm die Einbeziehung seines Bruders in das Therapiekonzept einiges Kopfzerbrechen. Besonders irritierte ihn die Tatsache, dass ihm sein Bruder als genetisch nächster Verwandter wesentlich fremder war, als beispielsweise sein Freund Christian. Übermorgen würde er mit seinem Bruder zusammentreffen und es war ihm irgendwie unangenehm, seinen Bruder um die Blutentnahme und im weiteren Verlauf gegebenenfalls noch um eine Stammzellspende bitten zu müssen. Trotzdem wollte er versuchen, ihr Zusammentreffen so angenehm und ergiebig wie möglich zu gestalten, insbesondere vor dem Hintergrund, dass die Zahl der weiteren Zusammenkünfte limitiert sein könnte. Während des Mittagessens malte er sich aus, wie das Treffen mit seinem Bruder wohl verlaufen würde. Dabei kam ihm auch Christian wieder in den Sinn und er entschied, sich im Laufe des Tages noch einmal bei ihm zu melden.

Am Nachmittag versuchte sich Thomas mental auf das ihm noch Bevorstehende einzustellen. Es war ein klarer Herbsttag. Nur einige Zirruswolken verschleierten den Himmel und Thomas Leitner betrachtete wieder einmal die alte Eiche, die ihm im Laufe der Zeit so etwas wie ein stummer Begleiter geworden war. Nach dem Abendessen rief er dann Christian an und erzählte ihm von der sich nun klarer abzeichnenden Therapie, auch dass er sich darüber freue, dass der Krankenhausaufenthalt nun voraussichtlich sogar kürzer ausfallen würde, als er zu Beginn seiner Therapie geglaubt hatte. Er erzählte ihm auch, dass am Samstag sein Bruder käme, der voraussichtlich am Sonntagmittag schon wieder nach Hause zurückkehren werde. Christian Talbach äußerte dann die spontane Idee, beide könnten am Sonntagabend zusammen italienisch essen, vorausgesetzt, Leitners Blutwerte hätten sich bis dahin wieder komplett erholt. Thomas wandte ein, wegen des in seiner Halsvene liegenden Katheters dürfe er das Krankenhaus nicht verlassen. Daraufhin schlug Christian ihm vor, dann werde er das Essen eben zu ihm ins Krankenhaus bringen. Leitner solle deshalb das Abendessen bei der Stationsleitung für diesen Abend abbestellen. Er habe sich im Internet informiert und gelesen, dass es bei Leukämie sehr effektive Behandlungsmöglichkeiten und gute Heilungschancen gäbe und dass auch er sich werde testen lassen, falls sich Thomas' Bruder als Stammzellspender ungeeignet erweisen sollte – und das müsse gefeiert werden. Er werde sich also am Sonntagabend um halb sieben in der Klinik einfinden. An diesem Abend jedoch fand Leitner längere Zeit keinen Schlaf und es fiel ihm die zweite Flasche Bier ein, die noch von Christians letztem Besuch übrig war. Die trank er dann am späten Abend ungekühlt und die erhoffte Wirkung ließ tatsächlich nicht lange auf sich warten.

Den nächsten Tag vertrieb sich unser Patient, indem er sich zum zweiten Mal in den Patientenaufenthaltsraum begab, den er allerdings wieder leer vorfand. Also kaufte er sich am Krankenhauskiosk einige Zeitschriften, mit denen er sich in sein Zimmer zurückzog. Zum Nachmittagskaffee gab es diesmal Aprikosenkuchen, den er mit Appetit verzehrte. Dann ruhte er sich aus und sah dem Besuch seines Bruders entgegen, der am nächsten Vormittag um elf Uhr an seine Zimmertür klopfte. Sie gaben einander nüchtern die Hand und sein Bruder versuchte, das von Zeit zu Zeit einsetzende Schweigen durch Floskeln des Bedauerns und etwas steif wirkende Aufmunterungen zu durchbrechen. Nach dem Mittagessen bat Thomas Leitner Schwester Brigitte, Dr. Papadakis zu informieren, dass sein Bruder jetzt für die geplante Blutentnahme zur Verfügung stünde. Als dieser dann kam und seinen Bruder begrüßte, erklärte er noch einmal das geplante Vorgehen, nämlich dass sein Bruder im Falle einer Übereinstimmung hinsichtlich bestimmter Zellmerkmale über mehrere Tage ein Medikament unter die Bauchhaut gespritzt bekäme und dass eine Maschine die Stammzellen aus seinem Blut filtern würde, sobald diese dort in ausreichender Menge nachweisbar wären. Anschließend nahm Dr. Papadakis dann das Blut ab und die beiden Brüder begaben sich in die Krankenhauscafeteria, wo sie eine Weile lang über gemeinsame Erinnerungen sprachen, allerdings ohne dadurch eine größere Nähe herstellen zu können. Dennoch war Thomas zufrieden, dass nicht längere Zeit ein bedrückendes Schweigen über den beiden hing. Sein Bruder verabschiedete sich dann am frühen Abend, wollte aber am nächsten Vormittag noch einmal vorbeischauen. Aber auch der sonntägliche Besuch gestaltete sich vergleichsweise kurz. Man wolle nun, was die Ergebnisse seiner Blutmerkmale anging, das Beste hoffen. Nachdem sich die beiden voneinander verabschiedet hatten, ließ Thomas die Begegnung mit seinem Bruder noch etwas nachklingen. Sie war alles in allem besser verlaufen, als er erwartet hatte, aber dann spürte er immer mehr Vorfreude in sich aufsteigen auf das gemeinsame Abendessen mit seinem alten Freund Christian.

Christian Talbach kam abends mit einer Styroporbox und einem Stoffbeutel, sodass er beim Betreten des Zimmers regelrecht mit den Gegenständen manövrieren musste. Er stellte die Box auf einen Stuhl und umarmte seinen Freund herzlich – eine Geste, die während ihrer Studentenjahre gang und gäbe war, die sich im Laufe der Zeit aber zu einem distanzierten Händedruck gewandelt hatte. Christian holte lächelnd eine weiße Stofftischdecke aus dem Beutel, legte sie auf den Tisch, steckte eine blaue Kerze in einen silberfarbenen Kerzenhalter und entkorkte eine Flasche Chianti. Thomas hatte das Deckenlicht ausgeschaltet, sodass nur seine wesentlich schwächere Bettbeleuchtung das Zimmer in ein eigentümliches Licht tauchte. Der Krankenhausgeruch – das penetrante Gemisch aus Reinigungs- und Desinfektionslösungen – wurde vom Geruch des Essens überlagert, als Christian den Deckel der Styroporbox öffnete. Thomas' Lieblingsessen, bestehend aus Saltimbocca und Gemüse, wurde ihm auf einem Campingteller serviert. Anschließend füllte Christian zwei Plastikbecher mit Rotwein. Dann versteckte Thomas die halbleere Flasche im Schrank, denn die diensthabende Schwester Brigitte würde den kleinen Ausschweifungen ihres Patienten nicht mit so großer Toleranz begegnen, wie Schwester Gabi, die ihm beim Einkühlen des Bieres behilflich war. Beide aßen und mussten lachen über den surrealen Charakter ihres Treffens in der ungewohnten Umgebung des Krankenzimmers mit dem Krankenbett, der Leiste mit Sauerstoffanschlüssen und dem Infusionsständer. Es war, als hätte das Schicksal einen ganz besonderen eigentümlichen Ort erdacht, um die beiden wieder zusammenzubringen. Thomas Leitner spürte rasch die Alkoholwirkung, obwohl er nur wenige Schlucke Wein getrunken hatte, und er gab sich ganz der gelassenen Stimmung hin, die Christian dadurch verstärkte, dass er von einer gemeinsamen Campingreise zu erzählen begann.

Vor zwanzig Jahren waren beide mit Rucksäcken in Griechenland unterwegs und Christian erzählte von der Besichtigung des antiken Delphi. Der Ort war damals durch die tief stehende Nachmittagssonne in ein mystisches Licht getaucht, und während Christian erzählte, tauchte das Bild der Zypressen und vereinzelt stehenden antiken Säulen auch in Thomas' Erinnerung wieder auf. Offenbar trug die Wirkung des Rotweins dazu bei, dass er sich gleich auch die orakelnde Pythia vorstellte, die sich damals an ethylenhaltigen Gasen berauscht hatte, die aus einer Felsspalte austraten. An diesem Abend des Erinnerns hätte Thomas das Orakel wohl befragt, wie die nächsten Monate seines Lebens verlaufen würden, damals aber hatte er sich darüber amüsiert, dass die Menschen der Antike die wirren Ausführungen der berauschten Priesterin für bare Münze nahmen und selbst weitreichende Entscheidungen vom Ausgang des Orakels abhängig machten. Christian verteilte den restlichen Rotwein auf die beiden Plastikbecher und ließ das Corpus Delicti in Gestalt der leeren Flasche in der Styroporbox verschwinden.

Nun war Thomas derjenige, der den gemeinsamen Faden der Erinnerung aufnahm und vom Besuch des alten Amphitheaters in Epidauros erzählte. Die Akustik des Bauwerks war unübertroffen. Man konnte das Klingeln einer fallenden Münze und sogar ein leises Flüstern deutlich bis zum letzten Rang hören. Beide hatten damals lange die feierliche Stimmung genossen, die dem Ort durch die herrliche landschaftliche Lage zu eigen war. In ihrer Erinnerung tauchte der ferne Gebirgszug wieder auf, den man von den Rängen des Amphitheaters aus sehen konnte und vor dem sich mediterrane Bäume und Pflanzen als Silhouetten abhoben. In diesem Moment schien die Vergangenheit wieder lebendig zu werden, das Erstaunlichste aber war, dass Christian während des Erzählens zu seiner früheren Offenheit und Herzlichkeit zurückfand, als sei die immense Last für einige Zeit abgelegt worden, die er sich durch seinen Ehrgeiz selbst aufgebürdet hatte. Christian schien sich wieder freuen zu können, war wieder fähig zu Begeisterung und strahlte eine Lebendigkeit aus, die Thomas seit vielen Jahren vermisst hatte. Nachdem Christian die Aluminiumteller und Plastikbecher in der Styroporbox verstaut hatte, verabschiedeten sie sich voneinander und Christian bekräftigte, dass auch er sich auf jeden Fall testen lassen würde, wenn sein Bruder als Stammzellspender nicht infrage kommen sollte. Dann verließ er eilig die Station, um Schwester Brigitte nicht in die Arme zu laufen. Obwohl es erst halb neun war, hatte dieser ereignisreiche Tag Thomas völlig erschöpft. Er stand vor dem Fenster und seine Gedanken verloren sich noch eine Zeit lang in der Weite des Sternenhimmels.

Noch den gesamten nächsten Tag klang die Begegnung mit seinem alten Freund Christian in ihm nach, und das Wunderbare dabei waren nicht die alten Erinnerungen, die lebendig wurden, sondern der Wandel von Christians Gesinnung. Nicht einmal das Scheitern seiner Ehe hatte ihn damals von seinem Lebenswandel abbringen können – einem Leben, das sich schlussendlich im Abarbeiten selbst auferlegter Pflichten erschöpfte. Er hatte zwar eine einwandfreie Karriere vorzuweisen, war über die Jahre hinweg an Emotionalität und Ideen aber immer ärmer geworden. Beides wäre erforderlich gewesen sowohl zur Aufrechterhaltung einer lebendigen Partnerschaft mit seiner Frau, als auch zu einer gelassenen und Sinn gebenden Lebensgestaltung. Oft hatte er während der letzten Jahre angedeutet, dass er Thomas im Grunde darum beneidete, dass der neben seiner beruflichen Tätigkeit hinreichend Zeit hat, seinen Interessen nachzugehen und seine Hobbys zu pflegen, während er selbst auch während der Wochenenden oft lange damit beschäftigt ist, Klententermine nach- und Gerichtstermine vorzubereiten. Doch immer, wenn die Rede darauf kam, es gäbe doch genug Möglichkeiten beruflich kürzer zu treten, machte Christian einen Schritt zurück und wechselte das Thema. Denn sein Vater war stolz auf ihn – und das, obwohl die Ehe seines Sohnes gescheitert war und ihm dessen zwischenzeitig eingetretene soziale Isolation nicht entgangen sein dürfte. In Leitners Wahrnehmung hatte Christian die letzten zehn Jahre seines Lebens damit verbracht, sich seinen eigenen goldenen Käfig zu errichten, in dem er sich dann zunehmend verbarrikadierte – verarmt an menschlichen Empfindungen jedweder Art. Umso mehr erschien Thomas der gestrige Abend wie eine Zeitreise zurück in die Studentenzeit und das Erfreulichste daran war, dass Christian Talbach sich an diesem Abend nicht verstellt hatte, sondern seine alte geistige Frische und Originalität zurückgekehrt zu sein schien, die Thomas an ihm früher so bereichernd fand.

4. Ein neuer Freund

Erst abends vergegenwärtigte sich Leitner, dass schon am übernächsten Tag sein zweiter Kurs Chemotherapie beginnen würde und dass er nun schon drei Wochen in der Klinik verbracht hatte. Irgendwie hatte er den Eindruck, dass die Tage begannen, immer schneller an ihm vorbeizuziehen. Am darauf folgenden Tag, als er auf dem Rückweg vom Zeitungskiosk einen Blick in den Aufenthaltsraum der Station warf, fand er diesen zum ersten Mal nicht leer vor. Ein Mann Mitte dreißig saß im Sportanzug an einem der Tische und vertrieb sich die Zeit damit, gegen sich selbst Schach zu spielen. Sie grüßten einander kurz und Leitner war gerade dabei, den Raum wieder zu verlassen, als sein Mitpatient ihn ansprach: „Sie sind auch Patient hier auf der Station?" „Ja", erwiderte Thomas und lenkte das Gespräch auf das Schachspiel. „Stellen Sie eine bestimmte Partie nach?", fragte er. „Nein. Ich spiele einfach nur gegen mich selbst", sagte sein Mitpatient und stellte sich vor: „Stefan Steinmann." Auch Leitner stellte sich vor. Die Frage, ob er mit Steinmann eine Partie Schach spielen würde, lag vom Beginn ihrer Begegnung an in der Luft. Leitner bekundete allerdings ein schlechter Schachspieler zu sein und erinnerte sich, dass Christian sich früher oft über ihn lustig gemacht hatte, wenn dieser schon nach wenigen Minuten das Spiel dominierte und dann meist auch mit Leichtigkeit gewann.

Stefan Steinmann war ein schlanker kräftiger Mann, der die Wintermonate eigentlich dazu nutzen wollte, sein Wohnmobil für den nächsten Sommer umzubauen. Dann wollte er im Sommer mit seiner Frau und seinen beiden Kindern endlich die Ferien nachholen, die sie über die letzten Jahre aus Kostengründen immer wieder verschoben hatten. Vor einigen Wochen habe er dann eine Schwellung an seiner linken Halsseite bemerkt und sein Hausarzt hatte ihn zur weiteren Abklärung in die Ambulanz der hämatologischen Uniklinik überwiesen. Dort habe man eine Probe entnommen und es sei Lymphknotenkrebs festgestellt worden, den man nun mit sechs Kursen Chemotherapie behandeln müsse. Der erste Zyklus habe gerade begonnen und in vier Tagen könne er die Klinik wieder verlassen. Dann müsse er in drei Wochen erst zum nächsten Zyklus wiederkommen. Leitner hatte während Steinmanns Ausführungen auf dem Brett bereits die ersten Verluste von Bauern hinnehmen müssen. Von Beruf sei Steinmann Maschinenschlosser und seine Firma habe einige Wochen gebraucht, seinen Arbeitsausfall zu kompensieren, der zunächst auf ein Dreivierteljahr geschätzt worden war. Seinen Urlaub werde er jetzt wieder um ein Jahr verschieben müssen, aber es würde schließlich Schlimmeres geben. Bei diesem schwachen Trost stand Leitner bereits zum ersten Mal im Schach und hatte längst einen Läufer und einen Springer eingebüßt.

Thomas bemerkte Steinmanns verwunderten Blick, als er erzählte, er habe keine Familie und derzeit auch keine Freundin. Umso befremdlicher kam es Steinmann vor, als Leitner ihm sagte, er arbeite als angestellter Jurist für eine Immobilienfirma. Wahrscheinlich wunderte er sich, weil er dachte, dass ein Akademiker mit guten Verdienstmöglichkeiten eigentlich eine bessere Partie für eine Frau sein müsse als ein Handwerker. Dann erzählte er von seiner Familie. Seine Frau arbeite halbtags als Zahnarzthelferin, seine ältere Tochter werde wahrscheinlich nächstes Jahr ihr Abitur machen und seine jüngere Tochter habe gerade eine Lehre als Krankenschwester begonnen. Sie wolle sich dann später zur Intensiv- oder OP-Schwester weiterbilden. Er fände es interessant, von seinen Töchtern so viele neue Einblicke in andere Bereiche außerhalb seiner Industriemaschinen zu bekommen, allerdings verbrächte seine ältere Tochter gerade sehr viel Zeit mit Lesen, was seine Sache niemals gewesen sei. Dafür habe er sein handwerkliches Geschick zu nutzen gewusst und beim Innenausbau seines Hauses sehr viel in Eigenarbeit vorangebracht, was über viele Jahre zugleich auch so etwas wie sein Hobby gewesen sei. Ohne diese erbrachten Eigenleistungen hätte er sein Haus sonst niemals finanzieren können. Umso mehr hatte er sich nun auf einen gemeinsamen Urlaub mit seiner Familie gefreut, aber die paar Monate Therapie wären ja wohl auch schnell vorüber. Nach diesem Satz schlug Stefan mit einer geschickten Handbewegung Leitners Turm: „Schach!" Thomas hatte mittlerweile reichlich Federn gelassen und trug sich mit dem Gedanken, die Partie aufzugeben. Doch er tat noch ein paar unüberlegte Züge und war im Nu schachmatt. Nach dem Spiel plauderten die beiden dann noch ein wenig über Gott und die Welt und beschlossen, sich am nächsten Tag nach der Visite wieder auf ein oder zwei Spiele im Aufenthaltsraum zu treffen, um sich die Langeweile zu vertreiben.

Zurück auf seinem Zimmer, dachte Thomas Leitner noch eine Weile an seinen neuen Bekannten. Beide hätten, was die Ausrichtung ihres Lebens anging, nicht unterschiedlicher sein können. Bisher war Thomas ohne eigene Familie allerdings nicht unglücklich gewesen. Er hatte es zwar immer genossen, wenn er eine Freundin hatte, fühlte sich aber auch ohne Partnerin durchaus wohl. Eine wirkliche Lebenspartnerschaft hatte sich bei ihm bis jetzt einfach nicht ergeben. Aber abgesehen vom unterschiedlichen Familienstatus hätte sich Thomas Leitner im

Gegensatz zu Stefan Steinmann ein Leben ohne intellektuelle Herausforderungen und kulturelle Bezüge nicht vorstellen können. Zu sehr war er seit seiner Schulzeit – geprägt durch Sartorius – darum bemüht, seinen geistigen Horizont zu erweitern, sich zu bilden und was die materiellen Belange anging, ein eher genügsames und bescheidenes Leben zu führen. Aber war nicht auch das Leben von Stefan Steinmann reichhaltig und lebenswert? War nicht anders herum Thomas Leitner in den Augen von Stefan Steinmann ein sonderbarer Eigenbrötler?

Schon oft hatte Thomas versucht, in Gedanken in die Haut eines Menschen zu schlüpfen, dem er begegnet war oder der ihm nahe stand. So hatte er beispielsweise Christians Motivation damals zu verstehen versucht, sich derart intensiv mit seiner Kanzlei zu beschäftigen, dass sein Privatleben über viele Jahre hinweg ein Schattendasein führte. Als Christians Ehe damals an dessen blindem Ehrgeiz zerbrach, hätte Sartorius wohl Kant zitiert und Christian geraten, er möge seine Maximen, also die Grundprinzipien seines Wollens, auf den Prüfstand stellen. Thomas jedenfalls war Christians Ehrgeiz in dieser Ausprägung immer ein Rätsel geblieben. Er hatte einfach nicht nachvollziehen können, was seinen Freund antrieb, seine besten Jahre ausschließlich der Karriere zu widmen. Dazu kam, dass sich mit der Zeit immer neue Verpflichtungen aus Christians übertriebener Geschäftigkeit ergaben, sodass in der Tat dessen ganze Kraft und Zeit erforderlich waren, um dieses labile und überdimensionierte Kartenhaus der Karriere vor dem Einsturz zu bewahren. Wie konnte man sich nur in diesem Ausmaß ausschließlich durch seine berufliche Stellung definieren? Schließlich war ja auch die Freundschaft zwischen ihnen Christians Geschäftigkeit beinahe zum Opfer gefallen.

Ähnlich befremdlich wirkte auf Thomas aber auch das Leben von Stefan Steinmann, dessen intellektuelle Entwicklung nach der Lehrzeit offenbar stagnierte, der in der Fürsorge für seine Familie aber ein erfülltes Leben zu führen schien. Stefan Steinmann war für ihn beileibe kein Idiot, sondern ein vielleicht etwas einfach strukturierter aber liebenswerter Mensch, der ihm immerhin ohne jegliche Anstrengung vernichtende Niederlagen im Schach zufügen konnte und der offensichtlich auch ohne die transzendentale Logik Kants und die Syllogismen des Aristoteles bestens auszukommen schien. Leitner zog in Erwägung, dass Steinmann vielleicht all jene philosophischen Prinzipien, die ihm selbst bei der Orientierung im Leben oft geholfen hatten, irgendwie intuitiv anwandte. In Steinmanns Perspektive wäre Leitners Wissensdrang dann vielleicht eine Art Beschäftigungstherapie, die ihm dazu verhalf, die innere Leere zu füllen, die er als Alleinstehender mit einer beruflichen Tätigkeit, die ihn nicht gebührend forderte, zwangsläufig empfinden musste.

Als Köhler am nächsten Tag nach der Visite Thomas Leitner wieder an die Dauerinfusion angeschlossen hatte, die unseren Patienten während der nächsten zehn Tage wieder an den Infusionsständer fesseln würde, war zwischen Köhler und ihm eine Art Waffenruhe eingetreten. Köhler wirkte mittlerweile in der Handhabung der Infusionsschläuche und der übrigen medizinischen Gerätschaften wesentlich entspannter, was wohl dem Zugewinn an Routine und teilweise auch dem Umstand geschuldet war, dass Leitner seine Aversionen gegen Köhler weitestgehend abgebaut hatte. Er hatte versucht, sich in die Lage von Köhler zu versetzen, der gerade von der Universität kommend noch über wenig praktische Erfahrung verfügte und ständig Dinge tun musste, die er nicht perfekt beherrschte, noch dazu unter den Augen von Dr. Papadakis. Der wiederum hatte auch während dieser Visite kein Wort über das Ergebnis der Blutentnahme bei seinem Bruder verloren und Leitner hatte ihn auch nicht danach gefragt. Er begab sich also nach der Visite mit seinem Infusionsständer wieder zum Aufenthaltsraum, der leider leer war, und setzte sich mit einer Zeitschrift ans Fenster.

Nach etwa zwanzig Minuten entschloss sich Thomas an der Zimmertür seines Schachpartners zu klopfen – keine Antwort. Beim zweiten Versuch nahm er dann ein verschlafenes „Ja bitte" wahr und schob seinen Infusionsständer langsam in das Zimmer voran. Stefan Steinmann setzte sich schlaftrunken am Bettrand auf und entschuldigte sich für das Versäumnis ihrer Verabredung, während Leitner den Blick durch dessen Zimmer schweifen ließ. Am Bettgalgen war ein kleines Stofftier befestigt und auf dem Nachttisch stand ein Foto von Steinmanns Frau und den beiden Töchtern. Seltsamerweise empfand Leitner in diesem Augenblick ein flüchtiges Gefühl von Einsamkeit, als er sich zusätzlich vergegenwärtigte, dass Christian Talbach derzeit wohl der einzige Mensch war, mit dem er sich intensiver verbunden fühlte. Sein Schachpartner nahm dann das Brettspiel aus einem Fach seines Nachttisches und beide machten sich auf den Weg in den Aufenthaltsraum.

Draußen nieselte es leicht und Thomas drehte die Heizung etwas höher, während Stefan sich über die Wärme und die stickige Luft auf der Station beklagte. Schnell waren die Figuren aufgebaut und die ersten Verluste einiger Bauern ließen bei Thomas nicht lange auf sich warten. Übermorgen würde man Stefan entlassen, dann habe er den ersten Zyklus seiner Therapie absolviert und müsse sich regelmäßig nur zu Blutbildkontrollen in der hämatologischen Ambulanz vorstellen. In drei Wochen würde er dann wieder stationär aufgenommen und man wolle danach entscheiden, ob er die letzten vier Zyklen auch in der Ambulanz erhalten und nach jeder Chemotherapie gleich nach Hause fahren könne. Wieder spürte Thomas dieses lähmende Gefühl der Einsamkeit in sich aufsteigen, denn er hatte im Stillen gehofft, für die nächsten Monate einen Begleiter gefunden zu haben, mit dem er sich von Zeit zu Zeit unterhalten und über die Strapazen der Chemotherapie austauschen konnte.

Stefan hatte inzwischen so plastisch von seiner Familie und dem Grundstück zu erzählen begonnen, dass Thomas das Einfamilienhaus samt Garten, um den sich seine Frau so leidenschaftlich kümmere, regelrecht vor Augen sah, denn Stefan musste sich keinen Augenblick lang wirklich konzentrieren, um seinen Gegner auf dem Spielfeld zu attackieren. Er erzählte, wie sehr er sich vor fast zwanzig Jahren um den Kredit hatte bemühen müssen, da sowohl seine Frau als auch er noch sehr jung waren und so gut wie über kein Eigenkapital verfügten. Mit etwas Glück hatte er schließlich den Kredit erhalten, dessen Bedienung allerdings wenig Raum für Reisen oder Luxusgüter bot, was mitunter durchaus zu Konflikten vor allem mit den Töchtern führte. Mittlerweile aber seien sie jetzt fast stolze Besitzer eines Eigenheims, das ihn in all den Jahren so viel Schweiß und Tränen gekostet habe, da der Kredit in wenigen Jahren abbezahlt sei. Bald könnten seine Frau und er all die Urlaube nachholen, die sie während der letzten Jahre entbehren mussten. Er ging nämlich davon aus, dass seine Krankheit nach dem Ende der Chemotherapie dauerhaft überwunden sein würde. Wenn dann seine Töchter aus dem Haus wären, würde er damit beginnen, sich einen Hobbyraum einzurichten, in dem er all sein Werkzeug nebst Werkbank unterbringen könne, also alle Dinge, die derzeit aus Platzmangel auf dem Speicher und in der Garage untergebracht sind. Dann warf er Thomas wieder den gleichen mitleidigen Blick zu, wie am Tag zuvor, als er den Kontrast zwischen seinem und Thomas' Leben realisierte – ein Blick, der Thomas nicht angenehm war. Kurz darauf nahm er dessen Dame vom Brett und der mitleidige Blick wich dem eines überlegenen Siegers. Wenige Züge später war Thomas erneut mattgesetzt.

Obwohl er mittlerweile schon die Lust am Schachspielen verloren hatte, setzte Leitner dem Wiederaufbau der Figuren nichts entgegen und erzählte seinerseits, wie er während seiner Studienjahre die Freiräume genossen hatte, um die Welt zu erkunden und welch weitläufige exotische Reisen er seitdem unternommen hatte. Zwar habe er damals kaum Geld gehabt aber er könne gut improvisieren und habe außerdem noch nie Wert auf Luxus gelegt. Dann habe er mit seinem jetzigen Job begonnen, die Frau fürs Leben habe er aber noch nicht kennengelernt. Steinmann warf ihm zum ersten Mal einen verständnisvollen Blick zu, während er seinen Turm schlug, als wollte er sagen, so ein abenteuerliches Leben habe er sich auch manchmal gewünscht, während er neben seinem regulären Job noch ganze Wochenenden mit dem Innenausbau seines Hauses oder dessen Renovierung und Instandhaltung beschäftigt war, aber er war nun einmal eben sehr früh Familienvater geworden und habe für die Familie Verantwortung übernehmen müssen. Dann setzte er Leitner mehrere Male hintereinander ins Schach und auch die zweite Partie des Tages war nach wenigen Minuten verloren. Es ging langsam auf die Mittagszeit zu und beiden stieg der eigentümliche Geruch der Krankenhausspeisen in die Nase. Am Nachmittag erwartete Stefan Steinmann Besuch von seiner Familie, während Thomas Leitner den Nachmittag verbrachte, indem er einige Zeitschriften durchblätterte. Am nächsten Vormittag würde er seinen ungleichen Mitpatienten noch einmal treffen, bevor dieser am Freitag nach Hause entlassen würde. Mittlerweile wurde es schon wesentlich früher dunkel, als zur Zeit seiner Aufnahme vor über drei Wochen.

Am Morgen darauf gestaltete sich die Visite wieder kurz und Dr. Papadakis verlor abermals kein Wort über die ausstehenden Laborwerte von Thomas' Bruder. Nach der Visite trat Thomas dann auf den Flur hinaus, wo ihn Stefan bereits erwartete und ihm mit dem zusammengeklappten Schachspiel siegessicher zuwinkte, was bei seinem Gegenspieler ein gewisses Maß an rebellischem Zorn wie bei einem trotzigen Kind hervorrief. Thomas nahm sich fest vor, die heutigen Partien nicht schon im Vorfeld aufzugeben. Er versuchte, sich an die Standarderöffnung zu erinnern, die er als Kind meist aus Mangel an Alternativen gespielt hatte, und konnte in der Tat die Verluste seiner ersten Figuren um einige Minuten hinauszögern, bis sich das Schauspiel der letzten beiden Tage wiederholte und er innerhalb kurzer Zeit über keinerlei strukturierten Spielaufbau mehr verfügte. Auch während der zweiten Partie dieses Tages hatte Thomas nicht den Hauch einer Chance und die beiden Männer verbrachten die verbliebene Zeit bis zum Mittagessen mit Small Talk, bei dem Stefan erzählte, dass die diesjährigen Weihnachtsvorbereitungen wegen seiner Erkrankung wohl ausschließlich bei seiner Frau hängen blieben und dass er inständig hoffe, er könne die Weihnachtsfeiertage mit seiner Familie zu Hause verbringen. Seine Schwiegereltern seien über die Weihnachtstage zu Gast und man habe schon vor langer Zeit eine Gans bestellt, die seine Frau traditionell mit Rot- und Grünkohl zubereiten werde. Dann stockte Stefan, weil er glaubte, sich Thomas gegenüber taktlos verhalten zu haben, weil dieser die Weihnachtsfeiertage wohl oder übel allein im Krankenhaus verbringen müsse. Thomas löste die Situation auf, indem er Stefan aufmunternd zuzwinkerte.

Wenig später nahmen die beiden Abschied voneinander und gingen zum Essen jeweils auf ihre Zimmer, Stefan Steinmann, der nachmittags Besuch von seiner Familie erwartete und Thomas Leitner, der den Nachmittag dösend auf dem Bett lag und sich innerlich darauf einzustellen versuchte, dass er während der nächsten zwei Wochen wieder vermehrt die Nebenwirkungen seiner Therapie zu erwarten hatte, denn die nächsten drei Tage über würde wieder diese kirschrote Flüssigkeit verabreicht werden, die ihm zu seiner Glatze verholfen und seinem Magen-Darm-Trakt einige Unannehmlichkeiten bereitet hatte. Am Morgen darauf verabschiedete sich Stefan Steinmann und kurz danach meldete sich Thomas' Bruder, der wissen wollte, ob zu seiner Blutuntersuchung schon ein Ergebnis vorläge. Die beiden unterhielten sich nur kurz, denn Thomas fühlte sich nicht gut und war froh, seine Ruhe zu haben. Auch das Wochenende verbrachte er abgeschirmt in seinem Zimmer. Als Christian Talbach dann am Sonntag anrief, verabredeten sich die beiden vage für das nächste Wochenende, je nachdem, wie sich bis dahin die Blutwerte nach dem zweiten Zyklus der Chemotherapie verändert haben würden. Thomas Leitner fühlte sich wieder genauso aufgedunsen, wie nach der ersten Therapie. Er spürte wieder die gleiche Müdigkeit und das gleiche Völlegefühl. Nur ab und zu stand er auf, ging einige Schritte zum Fenster und versenkte sich in den Anblick der alten Eiche am Parkeingang, die mittlerweile fast vollständig entlaubt war. Er wunderte sich, wie schnell die Zeit vergangen war und wie er zwischendurch auch völlig das Zeitgefühl verloren hatte, was der Monotonie des Krankenhausalltags geschuldet war. Oft stellte er sich vor, was Stefan Steinmann oder sein alter Freund Christian Talbach wohl jetzt gerade tun mochten. Wahrscheinlich hatte Stefan seiner Frau mittlerweile von diesem bemitleidenswerten Patienten erzählt, der alleinstehend war und ein in seinen Augen unerfülltes Leben führen musste, während Christian sich vielleicht wieder mit seiner Arbeit betäubte, um der weiteren ernsthaften Konfrontation mit sich selbst einen Aufschub zu gewähren.

Thomas erinnerte sich, dass Sartorius einmal gesagt hatte, man müsse versuchen, eben das Leben zu leben, das sich gerade bot, anstatt sich ständig zu wünschen, anders zu sein, als man eben war. Zu viele Dinge im Verlauf unseres Lebens entzögen sich unserer Kontrolle und je größer das Aufbegehren gegenüber dem Unvermeidlichen war, desto größer werde der Leidensdruck. Und nun lag er, Thomas Leitner, in einem Krankenbett und hatte selbst einen Schicksalsschlag zu verarbeiten, der ihn an die Grenzen seines Verstandes führte. Worin lag der Sinn eines solchen Lebenseinschnitts und wie konnte man dem Hin- und Hergeworfensein zwischen Hoffnung und Angst am Besten begegnen? Er konnte auf seine Situation keinerlei Einfluss nehmen, außer dass er sich bewusst für die Hoffnung und für das Leben entscheiden konnte und dafür, sich nicht von der Angst und der Niedergeschlagenheit überwältigen zu lassen. In seinem Bekanntenkreis waren einige Menschen sehr früh durch Krankheit oder Unfall verstorben und er hatte über die Jahre hinweg auch von einigen Menschen erfahren, die versucht hatten, sich das Leben zu nehmen, aber worin bloß war der Sinn solcher Entwicklungen zu sehen? Ob diese schicksalhaft vorgegeben waren oder sich zufällig ereigneten, spielte für deren Bewältigung allerdings keine Rolle. Nur das Akzeptieren und eine konstruktive Verarbeitung konnten einen vermeintlichen Schicksalsschlag in eine Chance verwandeln, über sich selbst und seinen bisherigen Horizont hinauszuwachsen. Zu lange und zu intensiv hatte sich Thomas während seines Lebens mit solchen Fragen beschäftigt, weil er sich ihnen gegenüber eben nie verschlossen hatte. Warum kamen manche Kinder krank und andere gesund zur Welt? Auch die Frage nach Ort und Zeitpunkt der Geburt hatte ihn früher oft beschäftigt. Warum wurden manche Menschen in eine Zeit geboren, die von Krieg oder Entbehrungen gekennzeichnet war und andere nicht? Wie auch immer die Antworten auf all diese Fragen lauten mochten, entscheidend für die Bewältigung jeder Lebenslage war die jeweilige mentale Ausrichtung der Menschen, die darüber entschied, ob man an einer belastenden Situation verzweifelte oder daran wuchs. Aus diesem Grund hatte Thomas bisher kein unglückliches Leben geführt und er erinnerte sich nicht ungern an seine Vergangenheit.

Auch die nächsten beiden Tage hing Thomas Leitner solcherlei Gedanken nach. Am Dienstag wurde er dann von seiner Dauerinfusion befreit und bei der Visite am Mittwoch bemerkte er an Dr. Papadakis sofort den veränderten Gesichtsausdruck, als dieser zusammen mit Schwester Gabi und Köhler das Zimmer betrat. Leitner war von einer Sekunde auf die andere hellwach und setzte sich in seinem Bett aufrecht. Dr. Papadakis erklärte ihm, das Ergebnis der Blutuntersuchung seines Bruders läge nun vor und dieser käme als Stammzellspender für ihn leider nicht in Betracht. Daraufhin habe man eine Anfrage an eine Spenderdatei gestellt, die europaweit die Daten von potenziellen Stammzellspendern erfasst und die Antwort erhalten, dass eine Studentin aus Belgien fast einhundertprozentig geeignet sei, was einem kleinen Wunder gleichkäme. Man habe in der Zwischenzeit zu der Frau Kontakt aufgenommen und sich erkundigt, ob sie zum vorgesehenen Termin im März des kommenden Jahres zu einer Stammzellspende bereit sei. Sie habe ohne Zögern zugesagt, sich Anfang des Jahres den erforderlichen Voruntersuchungen zu unterziehen. Also könne man die weitere Therapie nun dahin gehend planen, dass man ihm nach drei weiteren, etwas intensiveren Chemotherapiezyklen als den jetzigen, die Spenderzellen der Frau wie eine Bluttransfusion verabreichen werde, nachdem man zuvor noch einmal eine Bestrahlung durchgeführt und eine weitere Chemotherapie verabreicht habe. Diese Behandlung habe zum Ziel, auch noch die letzte in Leitners Körper verbliebene Leukämiezelle abzutöten und im Knochenmark Platz für die neu einwachsenden Spenderzellen zu schaffen. Dadurch würde man die Chance auf eine dauerhafte Heilung wesentlich erhöhen, weil die Zellen der Spenderin nicht nur neue Blutkörperchen bilden, sondern aufgrund immunologischer Mechanismen auch eine Rückkehr der Erkrankung verhindern würden. Also werde er Dr. Papadakis und seinem Team noch für einige Monate als stationärer Patient erhalten bleiben. Nach dieser zwiespältigen Nachricht verließen seine Besucher das Zimmer und Leitner spürte noch lange dem im Raum verbliebenen Hauch von Vanille nach …

Thomas' Ahnung, dass mit dem Ergebnis der Blutprobe seines Bruders irgendetwas nicht stimmte, hatte sich bewahrheitet.

Aber die gute Nachricht von der passenden Fremdspenderin wirkte erleichternd und löste in ihm die Anspannung der letzten Tage. Am Abend rief er seinen Bruder und auch Christian an, und obwohl zu erwarten war, dass seine Blutwerte sich bis Sonntag noch nicht wieder erholt haben würden, verabredete er sich mit Christian für den Sonntagnachmittag. Er hatte das Bedürfnis, mit einer ihm vertrauten Person zusammen zu sein. Die nächsten Tage hatte er dann massiv mit den Nebenwirkungen der Therapie zu kämpfen. Am Freitag verabreichte man ihm wieder zwei Blutkonserven. Außerdem hatten sich wieder Durchfälle und die Schmerzen beim Schlucken eingestellt, weil seine Schleimhäute von den aggressiven Medikamenten in Mitleidenschaft gezogen wurden. Man hatte ihn kurz nach seiner Aufnahme auf die Station darauf aufmerksam gemacht, dass seine Besucher sich auf jeden Fall beim Betreten des Zimmers die Hände waschen sollten, und gegebenenfalls – je nach Anzahl seiner weißen Blutkörperchen – auch einen Mundschutz anlegen sollten.

Dies war dann am Sonntag auch der Fall und so kam es, dass Christian Talbach maskiert neben dem Bett seines Freundes saß. Er hatte eine kleine Flasche Champagner bei sich, um mit Thomas auf die Stammzellspenderin aus Belgien anzustoßen. Leider konnte der aufgrund seiner Schmerzen nur wenige kleine Schlucke davon trinken. Auch an einen Besuch der Krankenhauscafeteria war noch nicht zu denken. Christian hatte alte Fotos aus der Studienzeit dabei, um Thomas ein wenig die Zeit zu vertreiben. An diesem Nachmittag fragte Christian seinen Freund auch, ob er nächstes Jahr, wenn die gesamte Therapie überstanden sein sollte, mit ihm in die Ferien fahren wolle. Sie könnten sich zum Beispiel ein Ferienhaus in Südfrankreich oder Italien teilen. Auch Christian könne eine Auszeit gut vertragen, denn er suche derzeit nach einer Möglichkeit, beruflich kürzer zu treten, um mehr freie Zeit zu haben. Schon lange spüre er sich selbst nicht mehr und könne sich kaum erinnern, wann er das letzte Mal einen freien und unbeschwerten Tag verbracht hatte, ohne in Gedanken dann doch mit der Kanzlei beschäftigt zu sein. Thomas freute sich, dass Christians Sinneswandel von nachhaltiger Natur zu sein schien. Als der sich dann verabschieden wollte, fragte er noch beiläufig, ob er ihm beim nächsten Mal etwas zum Lesen mitbringen solle, und Thomas gab spontan ein Schachbuch in Auftrag, in dem die Grundzüge eines strukturierten Spielaufbaus leicht nachvollziehbar dargestellt sind. Thomas wolle versuchen, sich in den nächsten Monaten zumindest geistig zu beschäftigen und er erzählte von seiner Begegnung mit Stefan Steinmann, den er im Schach zwar nicht schlagen könne, den er zumindest aber so sehr fordern wolle, dass er nicht mehr allzu deutlich unterliegen werde. Christian nickte etwas verwundert, weil er während der letzten Jahre seinen Freund niemals hatte Schach spielen sehen oder davon reden hören. Dann überließ er ihn wieder der Ruhe seines Krankenzimmers.

Zwei Tage später hatten sich Thomas' Blutwerte wieder etwas erholt und er verspürte auch eine Besserung seiner angegriffenen Schleimhäute. Die Schmerzen im Mund sowie seine Durchfälle ließen langsam nach. Am Mittwoch erschienen dann Dr. Papadakis, Köhler und Schwester Brigitte in Begleitung von Prof. Hohlfeld, der mit donnernder Stimme und ausladender Gestik im Wesentlichen das wiederholte, was ihm in der Woche zuvor Dr. Papadakis hinsichtlich der weiteren Therapieplanung bereits erklärt hatte. Auch diesmal glaubte Thomas im Gesicht von Dr. Papadakis ein dezentes Grinsen zu erkennen, während Prof. Hohlfeld sprach. In der folgenden Woche werde man mit dem ersten Zyklus Konsolidierungstherapie beginnen. Er werde dann am Mittwoch, Freitag und Sonntag jeweils zweimal täglich das gleiche Medikament erhalten, das ihm während der ersten beiden Zyklen schon als Dauerinfusion verabreicht worden war, nur diesmal wesentlich höher dosiert. Daher werde diese Therapie eine jeweils um eine Woche verlängerte Erholungsphase nach den jeweiligen Zyklen erfordern. Abschließend ließ sich Prof. Hohlfeld in grober Rhetorik über die schicksalhafte Fügung aus, die für Leitner eine passende Fremdspenderin bereithielt, die seine Chancen auf eine dauerhafte Heilung nach den Strapazen der Therapie wesentlich erhöhen würden. Dann vollzog er eine plumpe Körperdrehung um die eigene Achse, verabschiedete sich kurz und verließ das Zimmer. Dr. Papadakis sah Thomas noch einmal freundlich an, lächelte vielsagend und verließ zusammen mit Köhler und Schwester Brigitte ebenfalls das Zimmer.

Nachmittags rief Christian an und kündigte für Samstag seinen Besuch an, um das Schachbuch vorbeizubringen. Sie könnten dann am Nachmittag in die Cafeteria gehen. Es wäre vielleicht ganz gut, wenn Thomas für einige Stunden täglich sein Zimmer verließe. In der Tat war dessen Welt während der vergangenen Wochen weitestgehend auf die wenigen Quadratmeter seines Krankenzimmers reduziert. Bisher war er nur einmal mit Christian in der Cafeteria und einige Male mit Stefan Steinmann im Aufenthaltsraum der Station gewesen. Die darauffolgenden Tage versuchte er also, sich ein wenig Bewegung und Abwechslung zu verschaffen und er nutzte die Gelegenheit, ohne den Infusionsständer im Schlepptau einige Male den Stationsflur auf und ab zu gehen. Das Tageslicht hatte sich im Laufe der Adventszeit nochmals verkürzt und die Langeweile des Krankenhausalltags begann Thomas zuzusetzen. Umso ernsthafter nahm er sich vor, sich selbst eine Aufgabe zu geben und mittels Lektüre des Schachbuches für die nächsten Wochen sein eigener Beschäftigungstherapeut zu werden.

Am frühen Nachmittag des Samstags besuchte ihn dann Christian mit dem Schachbuch und einigen Süßigkeiten. Sie begaben sich auf den Weg in die Cafeteria, wo sich Christian eine Currywurst und ein Bier kaufte, während sich Thomas auf das Bier beschränkte, dessen Wirkung er bereits nach wenigen Minuten verspürte. Er genoss es, dass seine Mundschleimhaut nicht mehr bei jedem Schluck schmerzte, und dachte nur ungern daran, dass seine Erholungsphase in der nächsten Woche schon wieder vorüber sein und er abermals mit den Nebenwirkungen der Chemotherapie zu kämpfen haben würde. Umso mehr wollte er deshalb die folgenden Tage genießen, während der er weitestgehend ohne körperliche Einschränkungen seine Zeit verbringen konnte. Christian erzählte, er werde zusammen mit seinem Kompagnon in zwei Wochen ein Interview mit einem jungen Juristen führen, der wegen seines Weiterbildungsprofils gut in die Kanzlei passen würde und zunächst für einige Jahre als Angestellter und – je nach weiterer Auslastung der Kanzlei – später sogar auch als Teilhaber der Kanzlei infrage käme. Denn Christian wolle sich zunächst teilweise aus der täglichen Routine zurückziehen und im weiteren Verlauf auch eine Auszeit von einigen Monaten gönnen, da er im Grunde schon vor langer Zeit gemerkt habe, dass er sich selbst in seinem Leben nicht mehr wiederfand. Besonders habe ihn im Nachhinein erschreckt, dass er sogar nach dem Scheitern seiner Ehe noch viele Jahre genauso weiter gelebt hatte, wie vorher, als sei die jahrelange Beziehung zu seiner Frau Claudia eine Episode in seinem Leben gewesen, die wie ein langwieriger Gerichtsprozess verlaufen war und schließlich, wie ein juristischer Fall, mit einem Aktenvermerk ihr Ende fand. Nicht selten habe er sich vergegenwärtigt, dass auch er durch einen Schicksalsschlag, wie zum Beispiel einen Herzinfarkt oder Verkehrsunfall, zu einer Neuausrichtung seines Lebens gezwungen werden könnte und genau aus diesem Grund sei die Nachricht von Leitners schwerer Erkrankung der Auslöser dafür gewesen, sein Vorhaben in die Tat umzusetzen. Sein Geschäftspartner war schnell einverstanden, da die finanziellen Ressourcen vorhanden waren und die Einarbeitung eines neuen Kollegen auch ihn selbst von allerlei Routineaufgaben entlasten würde. Im weiteren Verlauf wolle sich Christian dann beruflich so einrichten, dass er wieder ein normales Leben führen könne, das ihm ausreichend Zeit für eine befriedigende Freizeitgestaltung bot. Ihm sei stets bewusst gewesen, dass die Verantwortung für das Scheitern seiner Ehe bei ihm lag, doch damals konnte er einfach nicht aus seiner Haut. Dann stockte Christian und nestelte mit den Fingern nachdenklich an einem Adventsgesteck, das aus künstlichen Tannenzweigen und einer elektrischen Kerze bestand.

Beide schwiegen einige Minuten lang und kamen dann auf die wundersame Wandlung zu sprechen, die Thomas zu seiner vermeintlich neu entdeckten Leidenschaft geführt hatte, dem Schachspiel. Er berichtete von seiner Begegnung mit Stefan Steinmann und dem Schachspiel, das die Verbindung zwischen ihnen herstellte. Er erzählte von der unbedarften Art, in der Steinmann mit seiner Erkrankung umging sowie den Prioritäten von Familie und Eigenheim, was den Leben, die sowohl er selbst als auch Christian führten, diametral entgegengesetzt war. Vielleicht führte Steinmann sogar ein Leben, für das die beiden alten Studienfreunde einfach zu verschroben waren – jeder auf seine eigene Art und Weise. Thomas berichtete von der beeindruckenden Leidenschaft und Authentizität, die Steinmann an den Tag legte, wenn er von seiner Familie erzählte, und von der Selbstlosigkeit, mit der er seine gesamte Freizeit am Wohl der Familie ausrichtete. Stefan Steinmann war kein eloquenter Redner, wie Christian Talbach, und kein Grübler, wie Thomas Leitner, und dennoch wirkte er eigentlich immer zufrieden und ausgeglichen.

Christian war unterdessen recht schweigsam geworden und schlug einen kleinen Spaziergang durch die Klinikflure vor, wahrscheinlich um die Situation irgendwie aufzulösen. Im Foyer der Klinik wurde gerade eine große Fichte geschmückt, denn am nächsten Tag war bereits der erste Advent und den beiden stieg der intensive Duft des Baumharzes in die Nase. Christian griff das Thema auf und fragte, ob er am Heiligen Abend kommen dürfe. Er würde sich freuen, ihn zusammen mit Thomas verbringen zu können. Der freute sich auch über das Angebot und beide schlenderten zurück zur Station, wo ebenfalls gerade ein großer Adventskranz an der Decke befestigt wurde. Vor der Zimmertür verabschiedete sich Christian in einer Art und Weise, die Thomas von früher kannte. Christian hatte soeben in der Krankenhauscafeteria sein Herz ausgeschüttet und sich vielleicht sogar von einer Last befreit, die er schon seit Jahren mit sich herumtrug und er brauchte vermutlich jetzt seine Ruhe, um mit sich und der Welt wieder ins Reine zu kommen.

Thomas Leitner wartete anschließend im Zimmer am Tisch sitzend auf sein Abendbrot und versuchte die Tragweite der Entscheidung zu erfassen, die sein Freund getroffen hatte. Seit über zehn Jahren versuchte er, auf seinen Freund Einfluss zu nehmen, ihn davon zu überzeugen, sich wieder mehr dem Leben zuzuwenden – und nun war sein eigener Schicksalsschlag offenbar Auslöser für dessen Sinneswandel, der längst überfällig war und der Thomas zuinnerst berührte. Auch dieser Tag war also schon wieder vorüber, denn es war bereits dunkel geworden und sein Abendessen würde jeden Moment gebracht werden. Thomas aß an diesem Abend in Gedanken versunken und vergegenwärtigte sich die groteske Situation, dass er seinen Freund einst bemitleidet hatte wegen dessen engem Denken, während Christian ihn bemitleidet hatte wegen seiner missglückten Karriere als Jurist, und beide bemitleideten sie Stefan Steinmann, der ohne große intellektuelle Ambitionen das Leben eines einfachen Arbeiters führte, dabei allerdings durchaus zufrieden wirkte.

Am nächsten Morgen dann war Thomas zeitig wach und nahm sich die Lektüre des Schachbuches vor, dessen erste fünfzig Seiten er sich nach dem Frühstück zu Gemüte führte. Er nahm sich daraufhin vor, die nächsten Partien mit Stefan Steinmann sizilianisch zu eröffnen und realisierte, dass er nach zehn Buchseiten bereits das Interesse verloren hatte. Da er sich aber nicht vorstellen konnte, dass Steinmann durch das ermüdende Studium von Fachliteratur zu seinem Können gelangt war, musste der wahrscheinlich über ein ausgeprägtes natürliches Talent verfügen, das sich über die Jahre hinweg durch fortwährendes Training zu dieser bemerkenswerten Fähigkeit weiterentwickelt hatte. Steinmann erfasste intuitiv die Zusammenhänge und entwickelte aus dem Bauch heraus die daraus folgenden strategischen Spielzüge. Leitner kam spontan eine Rede in den Sinn, die Albert Einstein zum sechzigsten Geburtstag von Max Planck gehalten hatte. Darin erklärte er seine eigenen intuitiven und weitreichenden Gedankengänge allein durch die Fähigkeit des Einfühlens in die eigenen Erfahrungen. Leitner war die Bedeutung der Individualität von Denkprozessen schon lange bewusst und auch Sartorius würde wohl angemerkt haben, dass Stefan Steinmann eben einfach als Naturtalent im Schach angesehen werden müsse, wogegen kein Kraut gewachsen war, und dass sich aus diesem Grund die Serie von Leitners Niederlagen aller Wahrscheinlichkeit nach fortsetzen werde.

Den Nachmittag verbrachte Thomas Leitner dann damit, eine Zeit lang über die Flure zu spazieren und zu versuchen, sich mental auf die anstehende Therapierunde einzustellen. Die Nebenwirkungen der ersten beiden Zyklen waren schon unangenehm genug und er wusste, dass die größten Strapazen noch vor ihm liegen würden. Dann dachte er an seinen Freund Christian und hielt auch im Nachhinein noch dessen Entschluss, eine nachhaltige Veränderung seines Lebensstils herbeizuführen, für sehr überraschend und erfreulich. Er malte sich in Gedanken aus, wie es nach so langer Zeit wohl wäre, mit Christian zu verreisen und fragte sich, ob beide nach einigen Tagen der Gewöhnung aneinander wieder an die damalige Zeit würden anknüpfen können. Hätten sich beide nach so langer Zeit genauso viel zu sagen wie früher? Dann malte Thomas sich aus, womit Christian sein neu gewonnenes Leben wohl ausfüllen werde. Sicherlich würde er zuerst einige Reisen unternehmen und sich dann vielleicht intensiv um eine neue Partnerschaft bemühen, denn schließlich war er ja mit Anfang vierzig noch kein alter Mann. Auf jeden Fall standen nun beide Freunde jeweils vor Umbruchphasen in ihrem Leben. Thomas dachte dann auch zum ersten Mal seit Beginn seines Krankenhausaufenthalts an den Wiedereinstieg in das Berufsleben nach der Therapie. Vor dem nächsten Sommer würde er allerdings wohl kaum in die Firma zurückkehren können. Und dann spürte er wieder die Angst in sich aufsteigen und war froh, dass er an diesem Abend dennoch in einen erholsamen Schlaf fiel.

Zwei Tage später klopfte Stefan Steinmann unvermittelt an Leitners Zimmertür und überreichte ihm eine verbeulte Blechdose mit selbst gebackenen Weihnachtskeksen, verbunden mit den besten Genesungswünschen seiner Familie. Sowohl seine Frau als auch seine beiden Töchter würden auch ihm fest die Daumen drücken und seine jüngere Tochter hatte ihm an diesem Morgen die Dose mit den Keksen gegeben, die ausdrücklich für den Mitpatienten ihres Vaters bestimmt waren. Thomas bedankte sich, und als er den Deckel öffnete, entstieg der Dose ein wunderbarer Duft. Er war sichtlich gerührt von der Anteilnahme der Familie Steinmann. Stefan wollte am Nachmittag nach seiner Chemo wieder vorbeischauen, vielleicht könnten sie dann zusammen einen Kaffee trinken. Thomas betrachtete lange die Keksdose und konnte sich nicht erinnern, wann er das letzte Mal ein so persönliches Geschenk erhalten hatte. Er spürte einen Hauch von Wehmut, weil er alleinstehend war, tröstete sich dann aber damit, dass bei seinen früheren Partnerschaften eine Familiengründung zu keinem Zeitpunkt ernstlich im Raume stand. Thomas nahm sich vor, Kräfte für den Kampf zu sammeln, den sein Körper mit der Erkrankung und den aggressiven Medikamenten auszutragen hatte, die er während der nächsten Wochen erhalten würde. Er merkte, dass seine Laune sich besserte und die Zuversicht allmählich wieder die Oberhand gewann.

Stefan Steinmann, der am frühen Nachmittag an Leitners Zimmertür klopfte, hatte zu dessen Glück sein Schachspiel zu Hause vergessen, und so machten sich beide auf den Weg in die Cafeteria, wo sie sich bei Kaffee und Kuchen geraume Zeit unterhielten. Stefans Therapie schien keinen Einfluss auf dessen Appetit zu haben und er erzählte, dass er auch bei seinem ersten Zyklus kaum unter Nebenwirkungen zu leiden hatte. Am Samstag werde er wieder entlassen, und man habe ihm in der Zwischenzeit mitgeteilt, dass sein gutes Ansprechen auf die Therapie schon dadurch offensichtlich sei, dass die Lymphknotenschwellungen am Hals bereits nach dem ersten Zyklus nicht mehr zu ertasten waren, und dass man nach vier Zyklen wieder eine Computertomografie durchführen wolle, anhand der man ein komplettes Verschwinden auch der inneren Lymphknotenschwellungen erwarte nachweisen zu können. Wieder sprach Stefan mit einer solchen Unbefangenheit und Zuversicht von seiner Erkrankung, dass sich Thomas für seine anstehenden Therapien an dessen Einstellung ein Beispiel nahm.

5. Ein Entschluss wird gefasst

Am nächsten Tag nach dem Frühstück schloss Köhler also die erste Chemo an, die Thomas Leitner über drei Stunden lang verabreicht wurde. Nach dem Mittagessen gab es ein kurzes Treffen mit Stefan und nachmittags erfolgte dann die zweite Infusion. Nach einem Tag Therapiepause gab es dann wieder zwei Infusionen, wiederum gefolgt von einem Tag Pause, und am Tag darauf gab es die vorläufig letzten beiden Infusionen – es war mittlerweile der zweite Adventssonntag. Nur kurz hatte sich Thomas während dieser Tage mit Stefan treffen können, der sich am Samstagnachmittag verabschiedet und fest versprochen hatte, in zwei Wochen auch dann wieder vorbeizuschauen, wenn seine Therapie ambulant fortgeführt würde.

Thomas hatte Christian am Telefon erzählt, dass ihm die Therapie derzeit wieder schwer zusetzte und ihn gebeten, ihn deshalb erst am nächsten Wochenende wieder zu besuchen. Thomas war bemüht, sich auf sich selbst zu konzentrieren und spürte, dass sich sowohl die Schmerzen im Mund wie auch die Durchfälle wieder einstellten. Aufgrund der aggressiven Medikamente würde nun auch sein Blutbild von Tag zu Tag wieder schlechter werden, sodass er abermals Blut- und Thrombozytentransfusionen benötigen würde. Dr. Papadakis hatte ihm erklärt, dass damit zwischen dem zehnten und zwanzigsten Tag der Behandlung gerechnet werden müsse. An den auf die Transfusion folgenden Tagen würden sich die Blutwerte dann wie zuvor ganz von selbst erholen. Thomas wusste, dass während dieser Phase auch die Werte der weißen Blutkörperchen wieder stark sinken würden und er daher gegen Infektionen äußerst empfindlich wäre. In der Tat wurde sein Blutbild nun von Tag zu Tag schlechter und die Schmerzen im Mund nahmen deutlich zu. Das war dadurch zu erklären, dass die Chemotherapie all die Zellen und Gewebe besonders angriff, die eine hohe Teilungsrate aufwiesen, wie zum Beispiel Haarfollikel, die Zellen der Mund- und Darmschleimhaut und eben auch die blutbildenden Knochenmarkzellen. So waren laut Dr. Papadakis die entsprechenden Nebenwirkungen Haarausfall, Schmerzen im Mund, Durchfall und eben auch der Abfall der Blutzellen zu erklären.

Also versuchte Thomas neue Kräfte zu mobilisieren, denn die körperlichen Beeinträchtigungen und sein tristes Krankenhauszimmer setzten ihm immer mehr zu. Er wusste, dass das Ende seines Therapiemarathons noch lange nicht erreicht war. Die nächsten Tage schonte er sich also und schöpfte Kraft aus der wiederbelebten Freundschaft mit Christian Talbach, während er sich häufig in den Anblick der alten Eiche am Parkeingang versenkte, deren Silhouette sich vom milchigen Grau der Dezembertage abhob. Früher hatte er sich in Phasen der Melancholie oft klar gemacht, dass es Lebenssituationen gibt, die wesentlich schwieriger zu bewältigen waren, als die, in der er sich selbst gerade befand. Dadurch war es ihm meistens gelungen, seiner Seele wieder neuen Schwung zu geben, sich sozusagen wieder zufrieden zu denken – und jetzt starrte er auf einen knorrigen alten Baum und wusste, dass er nun die schwerste Herausforderung seines bisherigen Lebens wird bestehen müssen. Was hätte er nicht alles dafür gegeben, sein altes Leben fortsetzen zu können, aus dem er plötzlich herausgerissen worden war und an das er sich, trotz einiger Phasen des Überdrusses, nicht ungern zurückerinnerte. Er wusste, dass er nun vor einem Scheideweg stand und dass er, um ein neues ungewisses in alle Richtungen offenes Leben zu erhalten, einen großen Kampf zu bestehen hatte. Gern hätte er nun einige Monate weit in die Zukunft geblickt und er überlegte sich an diesen Tagen oft, wie die nächsten Jahre seines Lebens wohl verlaufen mochten. Während der vergangenen Jahre hatte er sich manchmal gefragt, ob er in seinem Leben noch einmal etwas Neues beginnen würde, etwas, in dem er einen tieferen Sinn sehen und durch das er sich in gewisser Weise auch selbst verwirklichen konnte. Oft hatte er früher den Wunsch nach einer kreativen Tätigkeit verspürt, und dieser Wunsch wurde mit den Jahren umso stärker, je mehr sein langweiliger Bürojob ihn anödete. Gern hätte er sich dadurch anderen Menschen mitgeteilt und etwas schaffen wollen, von dem andere Menschen in irgendeiner Weise profitieren konnten. Im sozialen Bereich hatte er sich früher in gewisser Hinsicht schon abgearbeitet, weshalb ihm nun ein anderes Betätigungsfeld vorschwebte, etwa im künstlerischen oder publizistischen Bereich, doch stets hatte ihm der entscheidende Impuls gefehlt, sich auf ein neues Terrain zu begeben und die dazu erforderliche Energie aufzubringen, dieses Terrain auch zu erkunden. Und nun, da seine Lebenszeit durch diese Krankheit möglicherweise limitiert wurde, verspürte Thomas Leitner eine Art Drang, die noch vor ihm liegenden Lebensaufgaben für sich selbst zu definieren und umzusetzen. Als Jugendlicher hatte er sich eine Zeit lang in den bildenden Künsten ausprobiert, aber er war kein begnadeter Zeichner oder Maler, und während er beim Betrachten der alten Eiche an Sartorius dachte – der ihm oft erklärt hatte, dass nur Ideen, die schriftlich niedergelegt werden, die Chance bekommen, nachhaltig auf andere Menschen zu wirken –, keimte langsam der Gedanke in ihm, er könne doch all die Dinge, die ihm jetzt entweder in Erinnerung kamen oder die er derzeit bündelte und zusammenfasste, in einem Buch festhalten und so vielleicht dazu beitragen, dem einen oder anderen Menschen bei der Bewältigung einer Lebenskrise behilflich zu sein. Er hatte sich überlegt, dass er so wahrscheinlich mehr Menschen erreichen konnte, als durch das Engagement in einer Selbsthilfegruppe für Leukämie- und Lymphomkranke. Er empfand durch seine Erkrankung ein intensives Zurückgeworfensein auf seine pure Existenz und er profitierte von dem Wissen, das er sich über mehrere Jahrzehnte hinweg angeeignet hatte und dessen Urheber Sartorius war.

Der hatte Thomas schon früh mit der Endlichkeit des menschlichen Seins konfrontiert und in dessen Bewusstsein die Reflexion darüber ausgelöst. Ihm fiel ein, er hatte mit Sartorius einst über die Gelassenheit diskutiert, die bedeutende Philosophen wie Sokrates oder Seneca gegenüber ihrem Tod an den Tag gelegt hatten. Damals hatte Thomas noch argumentiert, dass solche Menschen wohl in einer persönlichen Lebenskrise steckten und aus diesem Grund dem Tod gegenüber aufgeschlossen waren, heute aber, wo er selbst über ein nicht unerhebliches Maß an Lebenserfahrung verfügte, war ihm bewusst, dass einerseits die Verdrängung des Todes eine Art Schutzmechanismus der Natur war, eine Art Selbsterhaltungstrieb, dass aber andererseits die Endlichkeit der eigenen Existenz nicht gedacht werden konnte. Und eben das sich Hineinfühlen in diese Gegebenheiten bildete ein Kernstück der Philosophie, an die Sartorius ihn einst herangeführt hatte. Thomas fühlte allmählich eine Art Gewissheit in sich aufsteigen und an Kraft gewinnen, die seinen Entschluss bekräftigte, nach der Behandlung ein Buch zu schreiben – ein Buch, in dem er all seine Gedanken zum Ausdruck bringen wollte, die er für wesentlich erachtete. Er war so gefesselt von dieser Idee, dass die nächsten Tage wie im Fluge vergingen. Während dieser Phase erhielt er wegen seines schlechten Blutbildes mehrere Blutkonserven und Thrombozytenkonzentrate aber er bekam glücklicherweise kein Fieber. Als Christian Talbach ihn am dritten Adventssonntag besuchte und sein Zimmer nur nach gründlicher Händedesinfektion und mit Mundschutz betreten durfte, spürte Thomas trotz seiner schlechten Blutwerte, der Schmerzen und Durchfälle eine Kraft in sich, die er seit Stellung der Diagnose vor zwei Monaten nicht mehr gespürt hatte. Es war nun ein Entschluss gereift, in dem er einen tieferen Sinn sah. Nicht zuletzt erfüllte ihn ob dessen auch ein Gefühl von Stolz und Gelassenheit.

Christian hatte ihn an diesem Tag mit einer neuen Wäschelieferung versorgt und freute sich, seinen Freund in einer augenscheinlich besseren Verfassung zu sehen, als bei seinem letzten Besuch. Christian wirkte aufgeregt und fast ein wenig euphorisch, als er von dem Interview zu erzählen begann, das er und sein Partner zwei Tage zuvor mit einem jungen Kollegen geführt hatten, der gern in der Kanzlei einsteigen würde und während des Interviews nicht nur mit fachlicher Kompetenz, sondern auch mit versierter Rhetorik und gewandtem Auftreten gepunktet hatte. Sowohl er als auch sein Partner seien sich schnell darin einig geworden, den Bewerber zum ersten Januar einzustellen, sodass Christian auf jeden Fall mit Thomas eine mehrwöchige Reise werde antreten können, wenn dessen Therapie abgeschlossen sei. Außerdem habe er sich vorgenommen, sich endlich aktiv mit seinem Hauptproblem auseinanderzusetzen, nämlich dem Zwang, alle beruflichen Belange stets über die privaten zu stellen, genau der Eigenschaft, die er an seinem Vater immer verabscheut hatte. Dieser habe ihn während seiner

Kindheit und Jugend immer wieder gedrillt und in Christian eine Entwicklung angestoßen, die ihm zwar nach Jahren der Anstrengung den beruflichen und finanziellen Erfolg beschert, ihn aber im Laufe der Zeit auch immer mehr in die Vereinsamung getrieben habe. Selbst als seine Ehe bereits darunter litt, sei dieser Zwang in ihm noch stärker gewesen, als alles andere und er habe wie ein Außenstehender mit angesehen, dass die Beziehung zu seiner Frau von Jahr zu Jahr mehr abkühlte, bis sie sich einander schließlich wie Fremde begegneten. Nach der Scheidung habe er anfangs sogar eine Art Erleichterung empfunden, habe sich noch intensiver als zuvor in die Arbeit gestürzt, ohne über diesen Bruch nachzudenken und überhaupt jemals seinen bisherigen Lebensweg zu reflektieren, bis er während der letzten Jahre bemerkte, dass er der Welt gegenüber blind geworden war und nur noch ein Programm lebte, das ihn mit der Zeit immer weiter von sich selbst entfernte. Christian erzählte, wie er während der vergangenen Jahre oft nach Dienstschluss vor seinem Designerschreibtisch in der Kanzlei saß und seine eigene Vergangenheit wie ein Unbeteiligter als eine Art Film betrachtete, völlig ohne Emotionen und bar der Fähigkeit, daraus Schlüsse für die Zukunft zu ziehen. Sein Leben schien auf eine rein beruflich in Gang gehaltene Mechanik reduziert zu sein und mit den Jahren hatte er auch jegliches Zeitgefühl verloren. Nur während der gelegentlichen Treffen mit Thomas hatte er in Gedanken an eine Vergangenheit anknüpfen können, in der er emotional noch mitschwingen und Ideen zu einer privaten Lebensgestaltung entwickeln konnte, die nicht in Zusammenhang mit seiner beruflichen Laufbahn standen. Er war in seiner Jugend ein guter Gitarrist und hatte sich während des Studiums sehr für moderne Kunst interessiert, besuchte sogar Seminare und Veranstaltungen der Kunstfakultät. Doch heute empfand er sich selbst als gefühlskalten Menschen, der in zwischenmenschlichen Begegnungen nur noch ein Mittel zum Zweck seiner Juristentätigkeit sah. Dabei wirkte er auf andere Menschen keineswegs unangenehm, aber er hatte jegliche Bindungsfähigkeit und jegliches Interesse am Schöngeistigen verloren. Er gestand Thomas, dass für ihn das Schlimmste dabei war, diesen Zustand zwar seit Längerem realisiert zu haben, jedoch keinerlei Ideen entwickeln zu können, wie sich eine Veränderung herbeiführen ließe. Schon waren wieder einige Monate oder sogar ein ganzes Jahr ins Land gegangen, angefüllt mit geschäftlichen Terminen – bis ihn die Nachricht von Thomas' Erkrankung wie ein Paukenschlag aus der Lethargie riss. Mit einem Mal verspürte er einen unersättlichen Hunger nach Leben, nach Reisen, Literatur und sozialen Bindungen. Er brauchte dann nicht mehr lange, um auf die Idee mit dem neuen Juniorpartner zu kommen, zumal er während der letzten zehn Jahre weit mehr Geld verdient hatte, als erwartet. Der gemeinsame Urlaub mit seinem alten Freund sollte nun einen Wendepunkt in seinem Leben markieren. Thomas kannte zwar die Eloquenz seines Freundes, hatte ihn aber seit Jahren nicht mehr so lange in einem Zug und derart begeistert reden gehört. In einer kurzen Pause des Schweigens bemerkte er, dass Christian Tränen in den Augen standen. Noch nie hatte er ihn in all den vielen Jahren weinen gesehen und nun war er, Thomas Leitner, offenbar der Auslöser einer tief greifenden Veränderung im Leben des Christian Talbach. Thomas folgte einem spontanen Impuls und umarmte seinen Freund. Während er ihn an sich drückte, hörte er Christian noch einige Sekunden lang in sich hineinschluchzen.

Inzwischen war es später Nachmittag und es dämmerte bereits, als sich die beiden Freunde auf den Weg in die Krankenhauscafeteria begaben. Während des Marsches über die langen Flure schwiegen beide, fast so, als wollten sie durch ihr Schweigen den gemeinsam beschlossenen Neubeginn würdigen. Auch in der Cafeteria wechselten sie nur wenige Worte. Thomas benötigte dort einige Minuten, um sich von der Anstrengung des kurzen Fußmarsches zu erholen. Dann kündigte Christian ihm an, er wolle sich jetzt langsam um die Planung des Heiligen Abends bemühen und Thomas möge dafür das Klinikessen wieder abbestellen. Christian käme dann am späten Nachmittag zu ihm und würde sich um alles kümmern. Die Zuwendung seines Freundes und die Gewissheit, in dieser Situation nicht allein zu sein, tat Thomas gut. Erst als er abends allein auf seinem Zimmer war, spürte er wieder die Erschöpfung, die sich selbst nach den kleinsten Anstrengungen einstellte. Er wusste, wenn die Werte der weißen Blutkörperchen in den kommenden Tagen ihren Tiefstand erreichten, würde er die intensivsten Beschwerden auszustehen haben. Dr. Papadakis hatte ihm einmal erklärt, die weißen Blutkörperchen würden auch für die Heilung der Schleimhäute sorgen, sodass ihr Mangel diese besonders stark in Mitleidenschaft zieht. Also würde sich Thomas während der nächsten Tage ganz bewusst schonen.

Am Montag verabreichte ihm Köhler wieder jeweils ein Erythrozyten- und ein Thrombozytenkonzentrat und am Mittwochabend meldete sich sein Bruder, um sich nach ihm zu erkundigen. Am Donnerstag schließlich klopfte Stefan Steinmann an seine Tür, um ihm mitzuteilen, dass die CT-Ergebnisse ein fast vollständiges Verschwinden seiner Lymphknotenvergrößerungen ergeben hatten und dass seine Therapie nun ambulant fortgesetzt würde. Er könne aber von Zeit zu Zeit vorbeischauen und auch seine Familie lasse ihn herzlich grüßen. In der Zwischenzeit döste Thomas Leitner viele Stunden des Tages vor sich hin und las lustlos das Schachbuch zu Ende, das Christian ihm besorgt hatte. Es ging nun schon auf das vierte Adventswochenende zu und die Blutwerte hatten sich noch immer nicht merklich erholt, erst am darauffolgenden Montag taten sie einen Sprung nach oben und pünktlich zum Heiligen Abend erreichten seine Werte fast den Normbereich. Wieder korrelierte die Erholung der Blutwerte mit der Abnahme seiner körperlichen Beschwerden und am Mittag des vierundzwanzigsten Dezember war er sogar weitestgehend beschwerdefrei.

In der Nacht hatte es leicht geschneit. Es war ein freundlicher stimmungsvoller Wintertag und Thomas freute sich auf seinen nachmittäglichen Besuch. Während der Visite am Morgen hatten ihm Dr. Papadakis und die Pflegekräfte noch alles Gute zu Weihnachten gewünscht und nach dem Mittagessen stand Thomas lange vor seinem Fenster und blickte auf den angrenzenden Park. Die wenigen Zentimeter frisch gefallenen Schnees ließen den Park in einem funkelnden Glanz erstrahlen und die Konturen der alten Eiche hoben sich majestätisch vor diesem Hintergrund ab. Der winterliche Park wirkte hingegossen, wie auf einem Gemälde und Thomas geriet langsam in feierliche Stimmung. Es stieg fast schon so etwas, wie eine kindliche Vorfreude auf Weihnachten in ihm auf. Er war gespannt auf das, was Christian sich ausgedacht haben würde und bedauerte, das Krankenhaus nicht verlassen zu können, um durch den Park zu spazieren und die klare Schneeluft einzuatmen. Draußen auf dem Flur war es ruhig geworden und Thomas Leitner genoss die Vorfreude auf den anstehenden Abend. Er empfand eine gewisse Dankbarkeit, dass er diesen nicht allein verbringen musste.

Als Christian Talbach dann gegen Abend an seine Tür klopfte, war er regelrecht aufgeregt. Wieder balancierte Christian eine Styroporbox ins Zimmer und trug zusätzlich noch zwei Taschen, die er zunächst auf dem Tisch abstellte. Nach der obligatorischen Händedesinfektion umarmte er seinen Freund und bat ihn, sich auf das Bett zu setzen, während er den Weihnachtstisch deckte. Dabei zog Christian alle Register: Der Raum wurde mit einem Weihnachtsduft von Nelken und Orangen aromatisiert, indem er einige Tropfen ätherisches Öl auf ein Papiertaschentuch tropfen ließ und dieses über dem Heizkörper deponierte. Ein Mini-CD-Spieler wurde angeschlossen, um das Zimmer mit altertümlicher Weihnachtsmusik zu beschallen und über den Tisch wurde ein weißes Tuch gebreitet. Dann wurde die Vorspeise serviert, bestehend aus Räucherlachs, feinem Baguettebrot und Champagner – von Papptellern und aus Plastikbechern eingenommen. Wie beim ersten Mal vor einigen Wochen mussten sie aufgrund dieser grotesken Situation von Zeit zu Zeit lachen und nach kurzer Zeit bereits verspürten beide die belebende Wirkung des Alkohols. Thomas fühlte sich wie erlöst von der Enge und Bedrängnis der letzten Wochen. Er ließ sich in die angenehme Atmosphäre fallen, die meist nur eine sehr vertraute Person herbeizuführen in der Lage ist, und aß und trank mit großem Appetit. Der Hauptgang, den Christian bei einem renommierten Feinkostladen vorbestellt hatte, bestand aus einem Gänsebrustfilet mit Orangensoße, Wirsinggemüse und Kartoffeln, zu dem Christian eine Flasche extrem schmackhaften Rotwein entkorkte. Zum Nachtisch gab es schließlich noch eine Marzipanmousse, von der beide allerdings nur noch eine kleine Menge probieren konnten. Den Rest verpackte Thomas in Aluminiumfolie und verstaute ihn im Schrank. Dann holte Christian einen Stapel Reiseprospekte hervor und geriet ins Schwärmen: „Wie wäre es mit einer Städtereise nach New York oder Hongkong?" – Der Abend verging wie im Fluge und Thomas Leitner konnte zum ersten Mal seine Erkrankung für mehrere Stunden vergessen. Nachdem Christian sich verabschiedet hatte, blickte er noch lange in den sternenklaren Nachthimmel und fiel dann in einen angenehmen und erholsamen Schlaf.

Am nächsten Morgen war er hellwach und freute sich, als Stefan Steinmann und sein Bruder am späten Vormittag anriefen, um frohe Weihnachten zu wünschen. Spontan kam ihm die Idee, den päpstlichen Weihnachtssegen im Fernsehen zu verfolgen und er empfand einen Moment der Beklemmung und Rührung zugleich, als der Papst ausdrücklich die Kranken in seine Weihnachtswünsche einbezog. Ihm ging durch den Kopf, dass die Fürsorge für die Kranken und Schwachen in fast allen Weltreligionen eine zentrale Bedeutung hat, genauso wie auch die anderen Grundwerte, wie Nächstenliebe und Gewaltverzicht in fast allen Religionen zu finden sind. Er hatte sich oft überlegt, dass nur diejenigen, die die Schriften allzu wörtlich auslegten, Anlass und Gelegenheit fanden, Unterschiede hochzuspielen, obwohl es im Sinne eines friedlichen Miteinanders weiterführender war, Gemeinsamkeiten zu betonen. Obwohl er kein religiöser Mensch war, war er aus der Kirche nicht ausgetreten, weil er das Gefühl hatte, dass die Kirchen, trotz aller Kritik, die man üben konnte, ihren Beitrag dazu leisteten, die Menschen zusammenzubringen und gesellschaftliche Missstände zu thematisieren.

Thomas ließ den Vorabend noch einmal Revue passieren und war froh, dass er aus der menschlichen Zuwendung, die er derzeit durch Christian erfuhr, in den nächsten Monaten viel Kraft werde schöpfen können. Er erinnerte sich, wie sein Lehrer Sartorius einst die philosophische Schule der Epikuräer erläuterte, deren Leitsatz es war, die Seele durch eine gewisse Abschirmung gegenüber der hektischen Außenwelt in eine Art Ruhezustand zu versetzen, so zum Beispiel durch einen schönen Garten, in dem man mit Freunden zusammentraf, die allein schon durch ihre Gegenwart ein gewisses Wohlbefinden erzeugen konnten. Und aus dieser Ruhe heraus konnten die Epikuräer die Welt dann in vollen Zügen genießen. Als Thomas dann die von Christian mitgebrachten Reisekataloge durchblätterte, malte er sich aus, mit ihm durch Manhattan zu streifen, auf das Empire State Building zu fahren und das Museum of Modern Art zu besichtigen.

Während der folgenden Tage konnte sich Thomas also durch seichte Zerstreuungen ein wenig vom Dauerstress der letzten zwei Monate erholen. Er brauchte diese Erholung auch, denn am Mittwochmorgen bereits erschien Köhler mit der ersten Dosis seiner zweiten Konsolidierungstherapie. Thomas gelang es diesmal, die Tage der Chemotherapie relativ leicht zu ertragen, während der es nun auf Silvester zuging. Er verbrachte viel Zeit damit, seine Vergangenheit zu reflektieren, sich Gedanken über die Zukunft zu machen, und er versuchte ein möglichst stabiles inneres Gleichgewicht zu erreichen, um für die in zwei Monaten anstehende Stammzelltransplantation gerüstet zu sein. Er erinnerte sich nicht ungern an seine Vergangenheit, denn er hatte ein im Rahmen seiner Möglichkeiten zufriedenes Leben geführt. Basierend auf seiner Philosophie, dasjenige Leben zu führen, das man zu einem jeweiligen Zeitpunkt eben hatte, war es ihm gelungen, die Freiräume zu nutzen, zu denen ihm sein Bürojob verhalf, der ihm geistig nicht viel abverlangte und der stets ohne Überstunden zu bewältigen war. Er hatte die Fügung des Schicksals hinsichtlich seiner vermeintlich verfehlten Karriere genutzt und viele Dinge verwirklicht, die Christian in den nächsten Jahren vermutlich nachholen würde. Er hatte viel Zeit mit seiner größten Leidenschaft, der Literatur verbracht und all die Reisen unternommen, die er sich als Student früher nicht leisten konnte, denn er wusste, dass man schnell einige Jahre durch Trägheit verschwenden konnte. Oft hatte ihn Sartorius an den Vorsatz erinnert: „Carpe diem. – Nutze den Tag." Natürlich, sagte ihm Sartorius damals, würde man im Leben auch viel Zeit verlieren, indem man verschiedene Dinge ausprobierte, die langfristig vielleicht nicht befriedigend waren. Aufgrund falscher Lebensentscheidungen könne man sich somit auch verzetteln, aber viele Dinge könne man eben auch wieder korrigieren und durch eine bewusst überlegte Entscheidung einen Neubeginn herbeiführen. Thomas erinnerte sich auch an Sartorius' Bemerkung, dass selbst ein so genialer Kopf wie Goethe lange Zeit damit verbracht hatte, sich darüber klar zu werden, ob er Maler oder Dichter werden sollte. Aus diesem Grund solle man die Zeit nicht nur als etwas ansehen, was einem zwischen den Fingern zerrinnt und unwiederbringlich verloren ist, sondern auch als etwas, das erforderlich ist, eine gewisse innere Reife zu erlangen und eine undeutliche Ahnung oder Vorstellung zu konkretisieren. Natürlich müsse man immer wieder aufs Neue im Leben seine Maximen auf den Prüfstand stellen, hätte Sartorius mit Hinweis auf den großen Kant geraten. Nur so könne man eine Antwort auf eine der wichtigsten philosophischen Grundfragen finden: „Was soll ich tun?" Die Antwort auf diese Frage würde sich im Laufe der Zeit unter den verschiedensten Lebensumständen sicherlich ändern, aber das ständige Stellen dieser Frage sei an sich ein Garant dafür, die stets drohende Erstarrung des Denkens wieder aufbrechen zu können. Schließlich sei es die Freiheit im Denken, die man auch als Bedingung für Kreativität ansehen kann. Hätte Thomas seine jetzige Lebenssituation also nicht zum Anlass genommen, sein bisheriges Leben zu reflektieren, wäre er nicht zu der Überzeugung gelangt, dass er anderen Menschen eine Stütze sein könnte, wenn er all seine Gedanken ordnen und in einem Buch zusammenfassen würde. Und jetzt hatte er tatsächlich seit vielen Jahren wieder ein wirkliches Ziel, einen konkreten Hafen, den er ansteuern konnte. Er spürte, dass diese Idee von Tag zu Tag präsenter wurde und ihm zunehmend Auftrieb gab, obwohl gleichzeitig eine potenziell todbringende Krankheit fast seine gesamte Lebensenergie in Anspruch nahm. Und gleichzeitig realisierte er auch den radikalen Wandel seines Freundes Christian und war gespannt darauf, welche Ideen er in näherer Zukunft umsetzen würde.

Am Silvesternachmittag riefen dann sowohl sein Bruder als auch Stefan Steinmann an und wünschten ihm einen guten Rutsch in das neue Jahr. Am frühen Silvesterabend erschien dann Christian mit Champagner, Lachs und Kaviar. Thomas trank nur ein Glas zum Anstoßen auf das neue Jahr und trotzdem unterhielten sich die beiden Stunden lang über Gott und die Welt. Allerdings kämpfte er den ganzen Abend über tapfer gegen seine Erschöpfung an, denn er spürte wieder stark die schwächende Wirkung der vielen aggressiven Medikamente, die er in der Woche zuvor erhalten hatte, und war deshalb froh, dass sein Freund die entstehenden Pausen mit lustigen Anekdoten und alten gemeinsamen Erinnerungen zu überbrücken wusste. Christian brachte ihn sogar während des Abends öfter zum Lachen. Er hatte sich einen Mundschutz umgebunden, weil Thomas' Blutwerte wieder im Fallen begriffen waren. Während der nächsten zwei Wochen würde er also wieder Blutprodukte benötigen und hoffentlich keine Fieberepisode durchstehen müssen. In einem ernsten Moment während des gemeinsamen Silvesterabends schnitt Thomas dann kurz ein Thema an, das er Christian gegenüber bis jetzt noch nicht angesprochen hatte. Er bat ihn, ein Testament aufzusetzen, in dem er seinen Bruder und eine gemeinnützige Stiftung zu gleichen Teilen als Erben seines Besitzes einsetzte. Christian erschrak kurz, nickte dann aber verständnisvoll und sie wechselten wieder das Thema. Um Mitternacht betrachteten beide schweigend das Feuerwerk, das über der Stadt aufleuchtete, und wünschten einander für das kommende Jahr alles Gute.

Als Christian dann gegangen war, stand Thomas noch lange am Fenster und betrachtete in Gedanken versunken den sternenklaren Nachthimmel. Schon als Kind hatte ihn die unendliche Weite des Weltraums mit einer gewissen Ehrfurcht erfüllt und oft hatte er damals versucht, sich diese Unendlichkeit vorzustellen. Der Blick zum Himmel hinauf hatte deshalb von jeher eine beruhigende Wirkung auf Thomas, weil er dabei seine eigene endliche Existenz als vernachlässigbar klein und vergleichsweise unbedeutend erlebte. Erstaunlicherweise war es genau dieses Gefühl, das ihm dann immer wieder ein Trost gewesen war, denn es war auch mit der Gewissheit verbunden, Teil von etwas Großem und Erhabenem zu sein. Dieses Gefühl war es, das ihn von der Existenz eines übergeordneten, alles durchdringenden Weltprinzips überzeugt hatte. In diesem Gefühl wurde auch der

Wunsch nach Gott lebendig, dessen Existenz die geheimnisvolle Schönheit und Kraft der Natur nahelegte, die Menschen aber auch mit der Frage konfrontierte, wie sie mit der Natur umgehen und Orientierung in ihrem eigenen Leben finden sollten. Je mehr sich Thomas in dieser Silvesternacht in den Sternenhimmel und in sich selbst versenkte, desto größer wurden Zuversicht und Gottvertrauen, dass er die Krankheit überwinden und nach seiner Genesung einen Neubeginn setzen würde. Durch sein Buch würde er andere Menschen an seinem Leben teilhaben lassen, denn er glaubte, dass viele Menschen, so wie er selbst und auch Christian Talbach, Anstöße von außen benötigten, um eine Veränderung in die Wege zu leiten. Er wusste, dass es vielen Menschen, die durch Krankheit oder einen anderen Schicksalsschlag getroffen wurden, so erging, wie ihm im Moment, und er war sich dessen sicher, dass es dem einen oder anderen Menschen weiterhelfen würde, wenn er seine Gedanken in einem Buch zusammenfasste. Er wusste, dass er über eine gewisse Stärke im sprachlichen Ausdruck verfügte und einen intuitiven Sinn für das Wesentliche. Aus diesem Grund auch hatte er früher niemals Christian Talbach beneidet, der über einen ungleich größeren materiellen Besitz verfügte als er, sondern hatte versucht, seinen Reichtum an Zeit dazu zu nutzen, sich geistig weiterzuentwickeln und sogar ein gewisses Maß an Dankbarkeit dafür zu empfinden, dass ihm der Zufall damals in Gestalt des schlechten Staatsexamens bei der Entwicklung seines jetzigen Lebensstils behilflich war. Er brauchte sich also nicht zu vergegenwärtigen, dass gerade die Zeit unser flüchtigstes und vergänglichstes Gut war, das so viele Menschen mit in seinen Augen sinnlosen Tätigkeiten verschwendeten, wie dem Anhäufen von Kapital oder dem übermäßigen Konsum von Genussmitteln, wie Alkohol, der die Menschen langfristig träge und tatenlos werden ließ. Er war davon überzeugt, dass man zur Verwirklichung seiner Lebensziele keine übergroße Geldmenge benötigte, aber eine umso größere Hoheit über die eigene Zeit, die während eines geistigen Entwicklungsprozesses zwangsläufig verstreichen musste. Ihm war bewusst, dass ihm erst seine Erkrankung die Vergänglichkeit des menschlichen Lebens vor Augen geführt hatte und dass ihm ohne diesen Einschnitt niemals die Idee gekommen wäre, ein Buch zu schreiben.

In der Silvesternacht konnte er also zufrieden einschlafen und ließ dieses wunderbare Gefühl noch am Neujahrsmorgen nachklingen, während er den Winterglanz des schneebedeckten Parks, die alte knorrige Eiche und die vorbeiziehenden Wolken betrachtete. Jetzt fühlte er sich für den anstehenden Kampf gegen seine Krankheit gewappnet, der sich in den kommenden Wochen noch verschärfen würde. Oft hatte er früher mit Sartorius über die Todesfurcht der Menschen diskutiert, die ein wichtiges Element fast jeder Philosophie ist. Allerdings war der Tod für ihn immer so abstrakt und unvorstellbar geblieben wie die Unendlichkeit des Kosmos. Der Jenseitsgedanke und die Unsterblichkeit der Seele war ja auch ein zentrales Thema der großen Weltreligionen, aber er war eben nicht weiter konkretisierbar. Ihm kam eine Beschreibung des römischen Philosophen Seneca in den Sinn, die den Tod als einen Zielpunkt definierte, eine Vorstellung, die den Aspekt der Erlösung stark betonte, den Tod als elementaren und unausweichlichen Bestandteil der menschlichen Existenz sah und deshalb in der stoischen Philosophie mit Gelassenheit erwartet werden konnte. Thomas Leitner teilte diese Gelassenheit nicht, aber er hatte seine Angst mittlerweile insofern unter Kontrolle, als er sie beherrschen konnte und dadurch die Möglichkeit hatte, sich konstruktiv mit seiner Zukunft zu beschäftigen. Er wusste, dass er die Blutstammzelltransplantation vielleicht nicht überleben würde, aber die Vorfreude auf eine Reise mit Christian und vor allem sein neues Vorhaben, sich als Schriftsteller kreativ zu betätigen, hatten seinen Lebenswillen gestärkt und Hoffnungen geweckt. Jetzt ließen sich auch die starken Nebenwirkungen der Chemotherapie wieder mit Würde ertragen. Die Durchfälle hatten sich schon wieder eingestellt und ihn schmerzte jeder Bissen im Mund. Als am Nachmittag sein Bruder anrief, um ihm ein gutes neues Jahr zu wünschen, hätte Thomas gern ein halbes Jahr weit in die Zukunft geblickt. Die Ungewissheit war nämlich genauso schwer zu ertragen, wie die körperlichen Beeinträchtigungen.

Nach dem Telefonat streifte Thomas' Blick den Einbandrücken des Schachbuchs und er verspürte einen gewissen Widerwillen, als er sich an die Lektüre des Buches erinnerte, denn er wusste ja, dass er sich niemals wirklich für das Schachspiel begeistern konnte. Umso erstaunter war er über seinen festen Entschluss, sich in der Schriftstellerei auszuprobieren, da er ja über keinerlei schriftstellerische Erfahrung verfügte, aber es war ein sicheres und starkes intuitives Empfinden. Er hatte sein Leben reflektiert und den Wunsch verspürt, sich auf kreative Art und Weise mitzuteilen. Noch nie zuvor in seinem Leben hatte er einen derartigen Entschluss gefasst. Zwar hatte er sicherlich ein bewussteres Leben geführt als viele seiner Bekannten aber im Großen und Ganzen war sein Leben während der letzten zehn Jahre eher geruhsam dahingeplätschert und ohne den Einschnitt, der durch seine plötzliche schwere Erkrankung verursacht worden war, wäre sein Leben wahrscheinlich auch weiterhin so verlaufen. Doch nun hatte er zum ersten Mal den Entschluss gefasst, etwas Neues und vor allen Dingen etwas individuell Eigenes zu realisieren.

Nachdem Köhler ihm dann zwei Erythrozyten- und ein Thrombozytenkonzentrat verabreicht hatte, verbrachte Thomas Leitner das Wochenende in der ruhigen Abgeschirmtheit seines Zimmers. Er telefonierte zwar kurz mit Christian Talbach und Stefan Steinmann, aber im Wesentlichen versuchte er sich auf seine Genesung zu konzentrieren und sich durch Schonung einige Reserven für die anstehenden Wochen zu erhalten. Am Montagmorgen sagte ihm Dr. Papadakis, die Werte der weißen Blutkörperchen seien noch im Keller und er müsse sich darauf einstellen, dass es wohl noch einige Tage dauern werde, bis sie sich wieder erholt hätten. Als Thomas dann am Nachmittag gedankenlos in einigen Zeitschriften herumblätterte, stellten sich plötzlich ein starkes Kältegefühl und kurz darauf heftige Kopfschmerzen ein, wiederum etwas später auch noch Schüttelfrost. Eine halbe Stunde später betätigte Thomas den Notfallknopf und die gleiche Prozedur wie bei seinem ersten Fieberschub wiederholte sich: Schwester Brigitte maß Fieber und ermittelte 39,4° C. Dann nahm Köhler Blut ab, das zur Identifikation des Krankheitserregers in vier verschiedene Glasfläschchen mit Nährlösung gespritzt wurde. Köhler erklärte, dass man zwei Fläschchen mit dem Blut aus seinem zentralen Venenkatheter versetzte und zwei weitere Fläschchen mit dem Blut, dass direkt mit einer Nadel aus seiner Vene entnommen wurde. Dadurch könne man zwischen einer lokalen Infektion des Plastikkatheters und der Präsenz von Bakterien im zirkulierenden Blut unterscheiden, erklärte ihm Köhler. Im Falle einer lokalen Entzündung des Katheters würde man diesen dann ersetzen, aber auf jeden Fall würde er wieder Antibiotika erhalten, ohne die sich die Entzündung wegen seiner fehlenden Immunabwehr zu einer Blutvergiftung ausweiten könne. Durch die fiebersenkenden Mittel, die ihm Schwester Brigitte verabreicht hatte, war das Fieber dann gegen Abend zwar gesunken, aber Thomas spürte eine so intensive bleierne Schwere seines Körpers und ein derart ausgeprägtes Schlafbedürfnis, wie noch nie zuvor. Er fühlte sich am Ende seiner Kräfte und musste sich regelrecht zum Essen zwingen und auch dazu, sein durchgeschwitztes T-Shirt zu wechseln. Dann putzte er sich vorsichtig die Zähne, um sein Zahnfleisch zu schonen und fiel in einen schweren und traumlosen Schlaf.

Am nächsten Morgen erwachte er mit starken Kopf- und Gliederschmerzen. Ein Schmerzmittel verschaffte Linderung. Während der Visite erklärte Dr. Papadakis noch einmal die Vorgehensweise beim sogenannten neutropenischen Fieber, also bei Fieber, das durch einen Abfall der weißen Blutkörperchen nach Chemotherapie begünstigt wird. Wenn also nach drei Tagen das Fieber durch die jetzige Antibiotikatherapie nicht gesunken sei, würde man die Therapie umstellen, deshalb solle er mit der Einnahme von fiebersenkenden Mitteln zurückhaltend sein, damit man den Verlauf der Fieberkurve besser abschätzen könne. Außerdem sollte als Routinemaßnahme im Laufe des Tages noch einmal der Brustkorb geröntgt werden, um eine beginnende Infektion der Lunge nicht zu übersehen. Das Fieber war am Morgen leicht auf 38,8° C gesunken aber Thomas fühlte sich dennoch wie erschlagen. Wenig später wurde er dann samt Bett zum Röntgen abgeholt und musste während des Transports wieder einen Mundschutz aufsetzen. Den Rest des Tages verbrachte er dösend im Bett und war zu keinerlei Regungen mehr fähig. Er fragte sich, wie er sich wohl in den kommenden zwei Wochen so weit erholen sollte, dass er auch die nächste Chemotherapie noch ertrug. Er wollte einfach nur seine Ruhe haben. Selbst das Stehen war ihm mittlerweile zu anstrengend und er schleppte sich in das Badezimmer wie ein uralter Greis, indem er versuchte, einen Teil seines Körpergewichts auf den rollenden Infusionsständer zu verlagern. So konnte er sich zum ersten Mal die Beschwerden des Alters ausmalen und verstand ansatzweise die gelassene Einstellung sehr alter Menschen dem Tod gegenüber.

Während der nächsten beiden Tage besserte sich sein Zustand auch nicht wesentlich, woraufhin Dr. Papadakis die Antibiotikatherapie umstellte. Er erklärte Thomas, dass es bei Leukämiepatienten gelegentlich zu einer Lungenentzündung käme, die durch Pilze hervorgerufen wird. Dann müsse man ein spezielles Medikament einsetzen, das speziell gegen Pilzinfektionen wirke. Das käme aber erst in Betracht, wenn sein Fieber in drei weiteren Tagen nicht merklich sinken sollte – was aber Gott sei Dank am Samstagmorgen doch eintrat. Er fühlte sich zwar immer noch schwach, aber er spürte seine Lebensgeister langsam zurückkehren, und am darauffolgenden Montagmorgen war er dann vollständig fieberfrei. Auch die Anzahl seiner weißen Blutkörperchen war wieder im Steigen begriffen und er spürte ein tägliches Nachlassen seiner Schmerzen. Am Mittwoch waren dann seine Blutwerte so weit wiederhergestellt, dass er keine Transfusionen mehr benötigte und auch die Antibiotika abgesetzt werden konnten. Fast die gesamten letzten zehn Tage waren in der Wahrnehmung Leitners ereignislos an ihm vorbeigeflossen. Diese leere und entbehrungsreiche Zeit hatte ihm noch einmal die substanzielle Bedeutung des Begriffs Krankheit vergegenwärtigt. Gleichwohl war ihm die Zuwendung nicht entgangen, die er vonseiten der Pflegekräfte und Dr. Papadakis erfuhr, und er war ihnen äußerst dankbar dafür. Er hatte immer auch an die regenerierende Kraft der Natur geglaubt und den Genesungsprozess der letzten Tage bewusst wahrgenommen, aber er merkte, dass ihm jetzt jeder neue Chemotherapiezyklus mehr zusetzte und ihm körperlich und seelisch immense Kraftanstrengungen abverlangte. Er hatte nun verstanden, was damit gemeint war, wenn in alten Redensarten und Sprichwörtern die Gesundheit als das höchste Gut gepriesen wurde und er wusste im Nachhinein seinen Zustand von vor einigen Monaten, bevor er die Symptome seiner Erkrankung zu spüren bekam, als das größte Glück auf Erden zu schätzen. Zum ersten Mal hatte er den enormen Wert eines Lebens ohne körperliche und seelische Beeinträchtigungen wirklich verstanden.

Er wollte also die eine Woche, die ihm bis zum Beginn seiner nächsten Therapie blieb, wieder möglichst intensiv zu seiner Erholung nutzen und er verspürte ein immenses Verlangen, wieder einmal sein Krankenzimmer zu verlassen und einen Spaziergang durch den nahegelegenen Park zu unternehmen. Er wusste aber, dass er dieser Anstrengung niemals gewachsen gewesen wäre, selbst wenn man ihm aufgrund seines immer noch anliegenden Katheters den Ausgang erlaubt hätte, denn selbst die kürzesten Wegstrecken oder die Verrichtung einfachster alltäglicher Handgriffe kamen riesigen Kraftakten gleich. Also beschränkte sich Thomas darauf, den Rest des Tages seine Gedanken zu ordnen und die Zeit zu genießen, die er mit vergleichsweise geringen körperlichen Beschwerden verbringen konnte. Nach vielen Tagen freute er sich wieder auf ein Stück Kuchen und eine Tasse Kaffee – und tatsächlich war das

Stück Kirschstreuselkuchen an diesem Tag eine kleine Offenbarung für ihn. Dann blätterte er in den Reisekatalogen, die Christian ihm mitgebracht hatte, und aß zum ersten Mal seit Langem wieder mit Appetit zu Abend. Am nächsten Morgen setzte sich Thomas' Freiheitsdrang dahin gehend fort, dass er Dr. Papadakis während der Visite fragte, ob es nicht doch eine Möglichkeit gäbe, trotz des anliegenden Katheters die Klinik für einen Spaziergang im Park zu verlassen. Er würde auch sorgsamen Umgang mit der Situation und eine zeitige Rückkehr in die Klinik geloben. Dr. Papadakis zeigte sich zugänglich. Er könne einer Ausnahme zustimmen, wenn sein Patient den Ausflug im Rollstuhl und in Begleitung unternehmen würde und wenn sein Plastikkatheter, der wie eine Antenne aus seinem Hals hervorragte, mit einem zusätzlichen Pflaster am Hals fixiert würde. In diesem Moment verspürte Thomas Leitner eine ungeheure Vorfreude und sein innerliches Triumphieren schien eine gewisse Außenwirkung dahin gehend zu haben, als dass sich der ganze Visitetross, bestehend aus Dr. Papadakis, Köhler, Schwester Brigitte und Schwester Gabi, einem kurzen Gelächter hingab, etwa so, wie sich Erwachsene freuen, wenn ein Kind seine spontane Begeisterung über ein soeben ausgepacktes Weihnachtsgeschenk kundtut.

Damit war der Weg frei für Thomas Leitners erste Exkursion in die Freiheit nach einem dreimonatigen ununterbrochenen Krankenhausaufenthalt. Es war zwar nur ein kurzer Ausflug in die Freiheit, aber es war eine Exkursion, die sozusagen gegen die offiziellen Krankenhausregeln errungen worden war und Thomas wertete dies auch als Ausdruck des gegenseitigen Vertrauens, das sich mittlerweile zwischen ihm und dem Krankenhauspersonal eingestellt hatte. Er beschloss, am Abend Christian anzurufen und ihn für sein Vorhaben um Unterstützung zu bitten. Zu Hause hatte er einen für Extremtemperaturen geeigneten Schlafsack und andere Winterkleidung, die er jetzt nicht zuletzt wegen seiner zunehmenden Kälteempfindlichkeit benötigte. Er wollte Christian bitten, ihm die Sachen aus seiner Wohnung zu holen und mit ihm zusammen eine Spazierfahrt im Rollstuhl durch den Park zu machen. Die beiden verabredeten sich für den kommenden Sonntag und zum ersten Mal nach all den langen Wochen im Krankenhaus machte sich Thomas Gedanken darüber, wie sich sein Leben nach der Entlassung wohl fortsetzen würde. Wie würde sich das Leben nach einer überstandenen Blutstammzelltransplantation wohl anfühlen und wie würde es ihm in der von Dr. Papadakis angekündigten Rehaklinik ergehen? Er schöpfte nun von Stunde zu Stunde mehr Kraft und freute sich fast schon, dass am nächsten Mittwoch die dritte und letzte reguläre Chemotherapie vor der Stammzelltransplantation beginnen sollte. In zwei Monaten würde dann hoffentlich alles über die Bühne gegangen sein und er würde sich nur noch ein allerletztes Mal von den Folgen der extrem aggressiven Behandlung erholen müssen. Er wusste, dass Dr. Papadakis bald mit ihm über die anstehende Stammzelltransplantation sprechen würde und er war auf die Einzelheiten dieser Behandlung gespannt, die er sich im Detail nicht vorstellen konnte. Aber zunächst stand die Vorfreude auf seinen Wochenendausflug im Vordergrund. Also ließ er die Chefarztvisite am nächsten Tag ohne Nachfragen über die Bühne gehen und sich widerstandslos in eineinhalb Minuten durch den wild gestikulierenden Professor Hohlfeld abfertigen, der durch überlautes Skandieren seine Freude darüber zum Ausdruck brachte, dass sein Patient auch den jüngsten Chemozyklus ohne nennenswerte Komplikationen überstanden hatte.

In der Nacht zum Samstag hatte es wieder geschneit und das Wetter klarte über den Tag zunehmend auf, sodass sich Thomas Leitner am Nachmittag noch einmal an dem Anblick eines strahlenden Wintertages erfreuen konnte. Je näher sein sonntäglicher Ausflug nun rückte, umso größer wurde seine Vorfreude. Diese Vorfreude steigerte sich umso mehr, als am nächsten Morgen die Sonne den Himmel in ein wunderbares Farbenspiel von Rot, Blau und Orange tauchte, um ihn dann den gesamten Tag über in winterlichem Glanz erstrahlen zu lassen. Nach dem Mittagessen klopfte dann Christian an seine Tür, der ihm den Winterschlafsack bereits auf der Sitzfläche eines Rollstuhls ausgebreitet hatte, den er zuvor im Stationszimmer bei Schwester Brigitte organisiert hatte. Das Vermummen des kranken Freundes nahm anschließend noch geraume Zeit in Anspruch und es war ein befremdliches Gefühl für Thomas, im Rollstuhl von Christian über die Krankenhausflure geschoben zu werden. Vor der Tür empfing sie der strahlendste Sonnenschein und Thomas spürte zum ersten Mal seit Monaten wieder die Sonne und den Wind auf seiner Haut. Es herrschten einige Grad Frost an diesem Tag, der Boden war mit einer dünnen Schicht Pulverschnee bedeckt und Christian hatte selbst an eine Sonnenbrille gedacht, um Thomas' Augen vor dem grellen Sonnenlicht zu schützen. Die beiden setzten sich in Richtung Parkeingang in Bewegung und passierten bald die alte Eiche am Eingang. Thomas betrachtete die borkige Rinde, während er im Hintergrund das Geschrei einer Krähe vernahm, die sich an einem Mülleimer zu schaffen machte, der auf der anderen Seite des Weges stand. Dann erreichten beide eine Weggabelung und fuhren weiter zu dem nahegelegenen Teich, an dessen Ufer sich einige Enten und Schwäne niedergelassen hatten. Thomas sah durch das leicht angeschneite Schilf hindurch in der Ferne Kinder spielen und Christian hatte den Rollstuhl halb der Sonne zugewandt, sodass Thomas die Sonne genießen konnte, ohne von ihr geblendet zu werden. Die Schneekristalle funkelten und die gesamte Szenerie wirkte wie arrangiert. Die Flügelfedern der Stockenten schimmerten seidig blau und nach einer Weile ließ sich ein Rotkehlchen auf einem einige Meter entfernten Schilfhalm nieder. Thomas genoss seinen Ausbruch in die Freiheit in vollen Zügen und er vergaß einige Zeit lang alles um sich herum, als sei er eins geworden mit der ihn umgebenden Natur. Er fühlte eine erholsame Ruhe und eine angenehme vollständige Entspannung. Es war, als hole Christian ihn aus einer anderen Welt zurück, als er ihm auf die Schulter klopfte und einen Becher heißen Kakao reichte, den er in einer Thermosflasche mitgebracht hatte. Der Becher verströmte einen betörenden Duft nach Schokolade und einem ordentlichen Schuss Hochprozentigem. Als Thomas mit kleinen Schlucken zu trinken begann, empfand er eine tiefe Dankbarkeit für diesen unvergesslichen Moment. Beide mochten wohl noch eine Viertelstunde am Ufer des Sees zugebracht haben. Als Thomas dann die wärmende Wirkung des Alkohols bemerkte, setzten sie ihren Weg durch den Park fort, wobei sie kaum miteinander sprachen. Thomas hörte die knirschenden Schritte im Schnee und den Gesang der Vögel. Irgendwann bemerkte er, dass die Sonne mittlerweile schon wesentlich tiefer stand, als zu ihrer Ankunft im Park. Das Licht war entsprechend weicher geworden und die Konturen der Bäume und Pflanzen begannen sich langsam als schwarze Strukturen vor dem Horizont abzuheben. Als die beiden wieder in der Klinik ankamen, war es bereits fast dunkel, und als Christian sich dann bis zum nächsten Wochenende verabschiedete, traf schon das Abendessen ein, das Thomas mit enormem Appetit verspeiste. Für ihn war dieser nachmittägliche Ausflug so etwas wie ein Vorgeschmack auf seine Zukunft und er spürte den sehnlichen Wunsch in sich aufsteigen, seine Behandlung möglichst schnell hinter sich zu bringen. Er malte sich aus, wie er im kommenden Frühjahr wohl das Wiedererwachen der Natur genießen würde. Bis dahin aber waren noch zahlreiche Entbehrungen hinzunehmen. Vor allem die Ungewissheit würde ihm noch schwer zu schaffen machen.

6. Auf Messers Schneide: Transplantation der Blutstammzellen

Am nächsten Tag kam Dr. Papadakis dann während der Visite bei Thomas Leitner auf die Stammzelltransplantation zu sprechen. Er verabredete sich mit seinem Patienten für den frühen Nachmittag zu einem umfassenden Aufklärungsgespräch. Im Wesentlichen hatte sich Thomas den Ablauf der Behandlung gemerkt, wie ihn Dr. Papadakis einige Wochen zuvor bereits beschrieben hatte. Sobald er sich von der in dieser Woche anstehenden Chemotherapie erholt haben würde, sei eine Vielzahl von Untersuchungen erforderlich, um die Risiken der Stammzelltransplantation möglichst gering zu halten. So müsse sich Thomas neben einer Vielzahl von Geräteuntersuchungen auch einer zahnärztlichen Kontrolle unterziehen, sodass auch kleinste Entzündungsherde vor der Transplantation entdeckt und gegebenenfalls saniert werden könnten. Denn durch die unmittelbar vor der Transplantation durchgeführte Radiochemotherapie sei sein Immunsystem für zwei bis drei Wochen völlig lahmgelegt und daher extrem anfällig für Infektionen. Deshalb würden alle Mitarbeiter und Besucher sein Zimmer während dieser Zeit nur nach gründlicher Händedesinfektion mit Mundschutz, Haube und Kittel betreten können und auch er selbst müsse sich an peinlich genaue Hygienevorgaben halten, wie zum Beispiel eine spezielle Mundpflege. Auch seien Gespräche mit speziell geschulten Psychologen möglich. Allerdings habe Dr. Papadakis während der vergangenen Wochen den Eindruck gewonnen, dass Thomas eine gute psychische Krankheitsbewältigung betreibe und er sehe auch hinsichtlich seiner körperlichen Konstitution keine Probleme. Allerdings sei die sogenannte Aplasiephase, also das Fehlen von weißen Blutkörperchen über einen Zeitraum von bis zu drei Wochen ein erhebliches Risiko. Auch die Intensität der Nebenwirkungen sei im Vergleich zu der konventionellen Chemotherapie, die er diese Woche zum letzten Mal erhalten werde, größer. Dann erläuterte Dr. Papadakis die nach der Transplantation erforderliche immunsuppressive Therapie mit Medikamenten, die eine Abstoßungsreaktion der transplantierten Zellen verhindern würden. Anschließend werde Thomas in eine spezielle Rehabilitationsklinik an der Nordsee verlegt, in der er sich von den Strapazen des vergangenen Halbjahres erholen könne, wobei er von spezialisierten Ärzten ständig überwacht werde. Während des gesamten Gesprächs hielt Dr. Papadakis Augenkontakt und Thomas war nicht entgangen, dass sein Arzt dieses Gespräch mit einem außergewöhnlichen Maß an Empathie und Sorgfalt führte, sodass er die Möglichkeit hatte, seinen Gesprächsstil jederzeit an die Bedürfnisse seines Patienten anzupassen. Dr. Ambrosios Papadakis bot sich während dieses Gesprächs als ein Mitstreiter seines Patienten während einer extrem schwierigen Krankheitsphase an und vertiefte damit noch einmal die emotionale Verbindung zwischen ihm und Thomas Leitner, der nach dem Gespräch allein im Zimmer zurückblieb mit einer Vielzahl von Aufklärungsbögen und Einverständniserklärungen, die er während der nächsten Tage durchlas.

Am Mittwoch sowie am Freitag und am Sonntag erhielt Thomas dann die letzte konventionelle Chemotherapie, wie von Dr. Papadakis angekündigt. Die sonntäglichen Chemotherapiegaben waren unterbrochen von einem Besuch Christians, der ihn mit frischer Wäsche versorgte und ihm sein unterschriftsreifes Testament vorlegte, in dem Thomas seinen Wünschen gemäß seinen Besitze seinem Bruder sowie einer Leukämie-Stiftung vermachte. Christian schob das Testament nach Unterzeichnung in seine Dokumentenmappe und verabschiedete sich recht schnell vor der zweiten Chemogabe. Den Rest des Nachmittags verbrachte Thomas damit, abwechselnd das Eintropfen des Zytostatikums und den Stapel der unterzeichneten Einverständniserklärungen zu betrachten. Er spürte, dass sich ein unangenehmes Gefühl von Ungewissheit verstärkte und ihn zunehmend beunruhigte.

Die kommenden Tage versuchte sich Thomas Leitner auf sich selbst und seinen Körper einzustellen. Er wusste, dass sich seine Blutwerte zum Wochenende hin immer mehr verschlechtern und erst am Wochenende darauf wieder erholt haben würden. Ihm war auch klar, dass die Erholungsphase vor der Stammzelltransplantation nur kurz und zudem unterbrochen sein würde von den zahlreichen Untersuchungen, die während der Vorbereitung auf diese Transplantation erforderlich sind. Er führte sich vor Augen, dass es vielen Menschen genauso oder sogar schlechter ging, als ihm in diesem Moment, und obwohl er von schweren Erkrankungen auch aus seinem Bekanntenkreis wusste, hatte er einen derartigen Schicksalsschlag für sich selbst niemals in Erwägung gezogen. Er dachte sich, derartige Verdrängungsprozesse lägen wohl in der menschlichen Natur, um das Alltagsleben nicht unnötig durch Ängste zu belasten. Er hatte auch schon oft davon gehört, dass sich Menschen durch derartige Schicksalsschläge sehr verändern würden, weil sie erkennen, wie zufrieden sie vor Eintritt dieser Ereignisse eigentlich hätten sein können. Oft lebten sie dann bewusster aufgrund der neu gewonnenen Überzeugung, dass jeder neue Tag ein Geschenk und keine Selbstverständlichkeit ist. Irgendwann dachte Thomas an diesem Tag auch darüber nach, inwieweit ein Mensch, dessen Persönlichkeit sowohl durch genetische Ausstattung vorgegeben als auch durch seine spezifische Sozialisation geprägt wird, sich überhaupt aktiv verändern kann. Ihm waren spirituelle Erfahrungen durch intensive Naturerlebnisse oder tiefe Entspannungszustände nicht fremd, aber konnte sich das Bewusstsein an sich verändern? Er dachte an seinen Ausflug in den winterlich verschneiten Park und dachte an den meditativen Moment, als er in der Silvesternacht lange in den Sternenhimmel geblickt hatte. Beide Male hatte er eine tiefe innere Ruhe und Verbundenheit mit der Natur empfunden und die Zeit vollkommen vergessen, als sei er Teil von etwas gewesen, das immer schon existiert und wo Zeit ohne Bedeutung ist. Er fragte sich, ob er wohl ein intensiveres Leben führen könnte, wenn er seine Krankheit überwunden haben würde, wie in früheren Jahren? Oft hatte er sich früher gedacht, dass das eigentliche Bewusstsein nicht zu altern schien. War es also möglich, dass man durch vernünftige Entscheidungen oder durch das Verarbeiten eines Schicksalsschlages eine Veränderung seiner Wahrnehmung herbeiführen konnte?

Inzwischen war es draußen deutlich wärmer geworden und der Schnee war vollständig weggetaut. Das Zimmer lag nun tagsüber in einem trüben grauen Licht. Dr. Papadakis hatte inzwischen die zahlreichen unterzeichneten Aufklärungsbögen mitgenommen und Thomas spürte, dass er sich innerlich auf den Endspurt seiner bereits mehrere Monate dauernden Behandlung einstellen musste. Am darauffolgenden Tag erhielt er zwei Bluttransfusionen und er bekam Besuch von Stefan Steinmann, der ihm einen kleinen, selbst gebackenen Kuchen mitbrachte, den sie gemeinsam aßen. Als Stammgast der Station erhielt er netterweise von Schwester Brigitte dazu ein Kännchen Kaffee außer der Reihe. Stefan erzählte, dass er sich schon auf das kommende Frühjahr freue, denn wenn er seine letzte Therapie überstanden habe, könne er sich wieder dem Ausbau seines Campingbusses widmen. Außerdem könne er es kaum abwarten, am Wochenende wieder im Garten zu grillen. Im Sommer würde er Thomas gern zu einem Grillfest in seinem Garten einladen. Der nahm die Einladung dankend an und war aufs Neue davon beeindruckt, mit welcher Gelassenheit Stefan seine Erkrankung ertrug, gerade so, als hätte er sie innerlich bereits überwunden. Stefan hatte sich mental bereits auf einen Neubeginn eingestellt und fieberte nun einer Zukunft ohne Chemotherapien und ständige Blutbildkontrollen entgegen. Als er sich verabschiedet hatte, beschloss Thomas, sich ein wenig von Stefans Leichtigkeit zu eigen zu machen. Er wusste, dass man diese Leichtigkeit in gewisser Weise bei sich selbst zulassen musste und vielleicht sogar trainieren konnte.

Während Thomas am Tag darauf sein Thrombozytenkonzentrat erhielt, entwickelte er, um sich abzulenken, in Gedanken eine Struktur für sein Buch, das er schreiben wollte, sobald er wieder zu Hause sein würde. Er spürte, dass ihm die Erinnerung an seine vertraute Wohnung und die Vorstellung, mit etwas Neuem zu beginnen, enormen Auftrieb gab. Nach dem Abendbrot las er noch einige Artikel in Zeitschriften, die er sich am Kiosk besorgt hatte, und freute sich über den Anruf Christians, der ihm für den nächsten Nachmittag seinen Besuch ankündigte. Thomas war glücklich, einen Freund wie Christian zu haben. Er wusste den Wert der Freundschaft zu schätzen, die für ihn keine Selbstverständlichkeit war. Er kannte viele einsame Menschen und er wusste, dass es nicht leicht ist, soziale

Bindungen aufzubauen und zu pflegen, die so lange währen, wie die zu Christian Talbach. Diese Freundschaft empfand er tatsächlich als Geschenk.

Auch der nächste Tag war verregnet und die vertraute alte Eiche lag in einem dunstigen Grau. Christian desinfizierte sich vor dem Eintreten in das Zimmer gründlich die Hände und setzte sich wieder einen Mundschutz auf, um den immungeschwächten Thomas auch nicht mit vergleichsweise harmlosen Keimen anzustecken, die ihm dann wieder mindestens eine Woche lang Antibiotikatherapie eingebracht hätten. Christian wirkte hellwach, fast schon ein wenig aufgeregt. Nach einer kurzen Weile begann er dann die Neuigkeiten zu berichten, die sich durch die Einstellung des jungen Anwalts in der Kanzlei ergeben hatten. Dieser habe sich in der Kürze der Zeit bereits als ausgesprochen patent erwiesen, indem er die anfallenden Routinearbeiten ohne augenscheinliche Anstrengung bewältigte und es sei schon jetzt eine ausgemachte Sache, dass Christian sich im nächsten Sommer eine Auszeit gönnen und neuen Ufern zuwenden werde. Er habe während der letzten Wochen und Monate viel über sich selbst nachgedacht. Dabei sei ihm klar geworden, dass der Zugang zu seiner eigenen Emotionalität mittlerweile völlig verbaut war. Sicherlich sei er nicht der einzige Mann auf der Welt, der eine gescheiterte Ehe hinter sich habe, aber die Tatsache, dass wenige Monate nach der Scheidung bereits alles, was ihn mit Claudia verbunden hatte, gleichsam wie eingemauert erschien und dass er die ersten Jahre nach der Trennung auch kaum an die gemeinsame Zeit zurückgedacht habe, erschüttere ihn inzwischen immer mehr. Er habe in einer Art Zeitvakuum gelebt. Seine kühle Sachlichkeit habe natürlich ganz wesentlich zu seinem Erfolg als Anwalt beigetragen aber er frage sich nun, ob er überhaupt noch beziehungsfähig ist. Und als ihn vor einigen Monaten die Nachricht von Thomas' Erkrankung wachrüttelte, habe er sich an ihre gemeinsame Vergangenheit und an einen Christian erinnert, der sich für Kunst, Literatur und zwischenmenschliche Begegnungen begeistern konnte. Daraufhin dachte er sich, dass ihm eine außenstehende neutrale Person vielleicht helfen könne, und er habe sich daher zu einer Therapie entschlossen, während der ein Psychologe ihm Rückmeldung geben und ihm so vielleicht helfen würde, sich von seinem selbst auferlegten Panzer zu befreien. In einigen Wochen könne er seine erste Therapiestunde absolvieren. Er sei sehr gespannt, ob dadurch wieder etwas in ihm in Bewegung geraten würde. Außerdem habe er vor Kurzem auf ein Zeitungsinserat geantwortet, in dem eine Obdachloseneinrichtung einen Rechtsanwalt auf ehrenamtlicher Basis suchte. Daraufhin habe er sich gemeldet, weil er glaube, durch eine gemeinnützige Tätigkeit seit Langem wieder das Gefühl zu haben, wirklich gebraucht zu werden. Der gesamte Nachmittag mit Christian war kurzweilig, obwohl fast ausschließlich er sprach, und als Christian sich später verabschiedet hatte, blieb ein erstaunter und nachdenklicher Thomas Leitner zurück.

Die nächsten Tage über war das Wetter regnerisch, aber wichtiger als der ausbleibende Sonnenschein war die Tatsache, dass Thomas während dieses Chemotherapiezyklus kein Fieber bekam und die Zahl der weißen Blutkörperchen schon wieder im Steigen begriffen war. Die letzte Chemo war jetzt genau zwei Wochen her und zum Wochenende hin würde sich sein Blutbild soweit wieder erholt haben, dass ein erneuter Fieberschub extrem unwahrscheinlich war. Er machte sich Hoffnungen, dass in der folgenden Woche bereits die vorbereitenden Untersuchungen zur Stammzelltransplantation beginnen könnten, und er beschloss, sich morgen bei Dr. Papadakis während der Visite nach dem Stand der Dinge zu erkundigen. Der optimistische Blick in die Zukunft seines Mitpatienten Stefan Steinmann und seines Freundes Christian Talbach schien in Thomas eine Art Kampfgeist geweckt zu haben. Dr. Papadakis teilte ihm mit, dass derzeit ein Termin mit seiner belgischen Stammzellspenderin abgestimmt werde. Diese erhalte dann täglich eine Spritze unter die Bauchhaut, die einen Stoff enthielte, der einen Übertritt der Blutstammzellen aus dem Knochenmark in das periphere Blut bewirke. Wenn dann genügend Stammzellen im Blut nachweisbar wären, würden diese mit einer speziellen Apparatur aus dem Blut herausgefiltert, wozu die Spenderin – ähnlich wie bei einer Dialysebehandlung – über mehrere Stunden an diese Maschine angeschlossen bleiben müsse. Momentan seien die weißen Blutkörperchen bei Thomas im Ansteigen begriffen, und wenn die anstehenden Voruntersuchungen keine unerwarteten Ergebnisse lieferten, könne man in drei Wochen mit der vorbereitenden Radiochemotherapie beginnen und in vier Wochen transplantieren. Thomas erkundigte sich, ob er nicht einen Beitrag zum Gelingen der Behandlung leisten könne, indem er vielleicht schon jetzt mit Krankengymnastik beginne, woraufhin Schwester Brigitte zustimmend nickte und versprach, die entsprechenden Termine für ihn zu vereinbaren.

Bereits am nächsten Morgen nach dem Frühstück fand sich Thomas dann in dem Raum ein, den ihm Schwester Brigitte auf einem Zettel notiert hatte und die Krankengymnastin besprach mit ihm das anstehende Trainingsprogramm. Die nächsten zwei Wochen könne sie ihn im Gymnastikraum behandeln, nach der Stammzelltransplantation werde sie aber zu ihm ins

Zimmer kommen und zu gegebenem Zeitpunkt auch einen Mundschutz, eine Haube und einen Kittel überziehen. Dann stünden vor allem Atemübungen auf dem Programm, um seine Lunge durch ausreichende Ventilation vor Infekten zu schützen. Heute wolle sie aber mit Gymnastik und Fahrradfahren beginnen. Gegen Mittag fand sich dann ein völlig erschöpfter Thomas zum Mittagessen auf der Station ein. Er hatte realisiert, dass er nun zum Endspurt seiner Behandlung übergehen musste, sowohl körperlich als auch mental. Also wollte er nun mit seinen Kraftreserven sehr gründlich haushalten. Er lag den Nachmittag nachdenklich auf seinem Bett und betrachtete die Liste mit Untersuchungsterminen für die kommende Woche. Er musste zum Zahnarzt, zum Kardiologen, zur Computertomografie und zur Bestrahlungsplanung in die Strahlenklinik. Dazwischen waren zwei Krankengymnastiktermine eingestreut, auf die sich Thomas als eine Art angenehme Zerstreuung freute. Er war hellwach und vollkommen bei sich, denn er wusste, dass er sich selbst während der nächsten Wochen der beste Freund und Gefährte wird sein müssen. Er war davon überzeugt, dass er den Behandlungs- und Genesungsprozess mit einer gewissen positiven Einstellung günstig beeinflussen konnte. Er überlegte sich, wie wohl die ersten Wochen nach der Transplantation verlaufen mochten, wenn die Spenderzellen sich erst in seinem Knochenmark ansiedeln und fortan funktionstüchtige Blutzellen produzieren würden. Er versuchte sich seine erste Zeit zurück im Leben vorzustellen und verspürte dabei die Vorfreude auf seine Rehabilitation an der Nordsee, während der er am Strand die Sonne und den Wind auf seiner Haut spüren und das Geschrei der Möwen und anderen Seevögel hören würde. Dann würden keine Nebenwirkungen von aggressiven Chemotherapien mehr zu erdulden sein und er hätte mehrere

Wochen lang ununterbrochen Zeit, sich zu erholen. Er würde neue Menschen kennenlernen und hätte Gelegenheit zum Erfahrungsaustausch. Außerdem könne er sich dann bereits auf die Rückkehr in sein altes Leben vorbereiten, das ihm im Moment in eigentümlicher Weise fremd vorkam. Er sah sich in Gedanken an seinem Schreibtisch sitzen, mit seinem Manuskript beschäftigt, dessen inhaltliche Struktur sich aus einem dichten Nebel heraus immer klarer abzuzeichnen begann. Es sollte ein autobiografisches Buch werden, in dem er das Überwinden der Unwägsamkeiten des Lebens beschreiben wollte, und zwar ab dem Tag, als er begann, blutigen Zahnpastaschaum auszuspeien, wodurch ihm plötzlich alles in einem ganz anderen Licht erschien und die Nichtigkeit der vielen kleinen Ärgernisse des Lebens deutlich wurde. Dafür werde er die für ihn nun umso wichtigeren Werte herausarbeiten, wie Freundschaft, Gesundheit und Zufriedenheit mit dem Leben, das man nun einmal führte. Sein alter Lehrer Sartorius würde jetzt wohl einen seiner Lieblingssätze angebracht haben, dass nämlich nicht die Menschen arm sind, die wenig haben, sondern die, die viel wollen. Dieser Satz hatte Thomas Leitner damals besonders beeindruckt, weil er verdeutlichte, dass viele Menschen an ihrer Unzufriedenheit selbst schuld waren, weil sie, durch ihre eigenen Begierden getrieben, niemals wirklich zur Ruhe kamen. Und tatsächlich musste erst ein derartig einschneidender Schicksalsschlag wie seine Leukämie ihm vor Augen führen, wie viel Wahres in diesem Satz lag. Zwar fragte er sich, wie er diesen als Hilfestellung für andere Menschen gedachten Ratgeber ausformulieren sollte, ohne zu weitschweifig oder pathetisch zu werden, aber er kam zu dem Entschluss, dass er sich von seiner Intuition leiten und es einfach auf einen Versuch ankommen lassen werde, denn er kannte niemanden aus seinem Bekanntenkreis, der Erfahrung im Schreiben hatte und ihm zur Seite stehen konnte.

Christian Talbach wunderte sich während seines Besuches am Wochenende über Thomas' Kraft und Entschlossenheit, die ganz offensichtlich dadurch zustande kam, dass er sich innerlich gesammelt und neu ausgerichtet hatte, denn körperlich hatte Thomas nichts mehr zuzusetzen, was dem auch vollkommen bewusst war, denn vor einigen Wochen hatte ihm Dr. Papadakis erklärt, man könne ihm Kalorien auch in Form von Infusionen zukommen lassen, falls dies während oder nach der Stammzelltransplantation erforderlich sein sollte. Thomas hatte den Muskelabbau durch Krankheit und Bewegungsmangel während seiner Physiotherapie auf dem Fahrrad zu spüren bekommen und er fragte sich, wie viele Monate es wohl dauern mochte, bis sich sein Körper zumindest halbwegs von dieser Auszehrung erholt haben werde. Umso mehr wollte er die nächsten Wochen dazu beitragen, möglichst gut durch die vor ihm liegenden Strapazen zu kommen. Zusätzlich zur Physiotherapie wollte er versuchen, vielleicht sogar ein oder zwei Kilogramm an Gewicht zuzulegen. Er nahm sich vor, sein Gewichtsdefizit durch gelegentliche Besuche in der Krankenhauscafeteria wieder ansatzweise auszugleichen. Also saß er nun dort mit Christian an einem kleinen Tisch und sie erinnerten sich daran, dass seit ihrem letzten Treffen hier vor Weihnachten mittlerweile wieder drei Monate vergangen waren. Diesmal weihte Thomas den Freund in seine Zukunftspläne ein und erklärte ihm, dass er seit einiger Zeit seinen Blick wieder nach vorn richte. Dabei fragte er sich auch, ob Christian ihn vielleicht für verrückt halten würde, wenn er von seiner Absicht erzählte, nach seiner Therapie ein Buch zu schreiben. Also dachte er längere Zeit über die richtigen Worte nach und entschloss sich dann, seinen Enthusiasmus nicht durch eine überschwänglich klingende Stimme zu verraten. Dementsprechend nüchtern fiel die Antwort seines Freundes aus, in der er die Verwunderung darüber zum Ausdruck brachte, dass Thomas bei seiner Belesenheit und kreativen Energie nicht schon längst als Autor tätig geworden sei. Thomas schmunzelte etwas verlegen in sich hinein und genoss schweigend sein Stück Kuchen mit Schlagsahne und eine große Tasse heiße Schokolade.

Die Tage wurden mittlerweile schon wieder merklich länger, doch es hatte zuletzt viel geregnet. Allerdings besserte sich das Wetter in der Woche darauf und das deutlich hellere Licht bestärkte Thomas Leitner in seinem Drang, die Untersuchungstermine in Angriff zu nehmen. Die beiden eingestreuten Krankengymnastiktermine bedeuteten dabei in der Tat eine Art angenehme Abwechslung für ihn. Der einprägsamste Untersuchungstermin war der in der Strahlenklinik, weil ihm hierbei nochmals der extreme Eingriff in seine Körperfunktionen vor Augen geführt wurde, der darin bestand, sein Immunsystem durch die der Stammzelltransplantation vorausgehende Kombination aus Strahlen- und Chemotherapie lahmzulegen, um eine Abstoßung der körperfremden Stammzellen zu verhindern und andererseits die noch vorhandenen Leukämiezellen abzutöten. Die Stammzellen ihrerseits haben zusätzlich zum Aufbau eines funktionstüchtigen Knochenmarks ebenfalls die Eigenschaft, ein Wiederaufkeimen der Leukämie zu verhindern. Eingedenk dieser Fakten fungierte die Stammzellspenderin in der Tat als seine potenzielle Lebensretterin. Thomas erinnerte sich an seine Irritation darüber, dass eine nach der Transplantation durchgeführte Chromosomenanalyse an seinen Blutzellen das

Ergebnis eines weiblichen Chromosomensatzes ergeben werde. Oft hatte Thomas Leitner während dieser Tage an seine vermutliche Lebensretterin gedacht. Er hatte versucht, sie sich vorzustellen und er war tief berührt von ihrer Hilfsbereitschaft. Er malte sich aus, wie Sartorius ihr Handeln als ein Beispiel für die von Immanuel Kant so genannten „Handlungen aus sittlich motivierter Freiheit" beschrieben hätte. Der fehlende Eigennutz und die spontane Entscheidung zur Hilfe machten ihre Stammzellspende aus moralischer Sicht so ungemein wertvoll, zumal die Stimulierung ihrer Zellen mit der Gabe eines Hormonpräparats und auch die Zellentnahme selbst mit erheblichen Nebenwirkungen und Unannehmlichkeiten verbunden waren.

Während des Wochenendes ließ Thomas Leitner die zahlreichen Termine der vergangenen Woche noch einmal Revue passieren und betrachtete oft die Liste mit den noch ausstehenden. Mitte der nächsten Woche würde er alle Untersuchungstermine durchlaufen haben, und er war gespannt, ob Dr. Papadakis ihm dann den Therapieplan für die Transplantation mit den entsprechenden Terminen mitteilen würde. Thomas erfassten nun zunehmend Ungeduld und eine nervöse Anspannung. Er wollte seine Therapie so schnell wie möglich hinter sich bringen, und es fiel ihm auf, dass er selbst für Christian kaum noch ein Ohr hatte, der ihm in bemerkenswerter Weise über die letzten Monate hinweggeholfen hatte. Dennoch war er froh, seinen vertrauten Freund bei sich zu haben, denn vielleicht war es das letzte Mal vor seiner Isolation, dass sie so beieinandersaßen. Nach Abschluss der Bestrahlung würde Thomas das Zimmer bis zur Regeneration seiner Blutzellen nicht mehr verlassen dürfen und von der Außenwelt für zwei bis drei Wochen wie abgeschnitten sein. Um das Infektionsrisiko während der Phase möglichst gering zu halten, in der seine Immunabwehr völlig ausgeschaltet war, bis die Anzahl der weißen Blutkörperchen auf mehr als 500 Zellen stieg, würde selbst sein Essen völlig keimfrei sein. Christian würde in der Schleuse vor seinem Zimmer Kittel, Kopfhaube, Mundschutz und Gummischuhe anlegen müssen, um auch das Eintragen von Krankheitserregern von außen möglichst zu vermeiden. Dennoch war Thomas fest entschlossen, sich in diese extreme und potenziell lebensbedrohliche Situation zu begeben, und obwohl er nicht religiös war, verfügte er über die nötige innere Stärke und das entsprechende Gottvertrauen, was ihm die anfänglichen Angstzustände während der letzten Wochen überwinden half. Aus diesen Gründen fieberte er der Visite am nächsten Tag regelrecht entgegen.

Und tatsächlich konnte Dr. Papadakis ihm nun Klarheit verschaffen: In der folgenden Woche würde die Bestrahlung beginnen. Einmal pro Tag werde er hierzu in die Strahlenklinik gebracht; seine begleitende Chemotherapie werde er wie immer auf Station erhalten. Eine Woche später, am Mittwoch den 10. März, werde die Stammzelltransplantation durchgeführt. Mit etwas Glück sollten sich Thomas' Zellen zu Ostern so weit wieder regeneriert haben, dass er über dem Berg sei und Mitte April in die Reha geschickt werden könne. Somit verfügte Thomas endlich über einen Zeitplan, an dem er sich orientieren konnte. Günstigenfalls werde er also in sechs bis acht Wochen aus dem Krankenhaus entlassen. Die noch anstehenden Untersuchungstermine nahm er von nun an nur noch beiläufig wahr, so sehr richtete er seinen Blick auf die anstehende Therapie, für die er sich aufgrund der verordneten Sterilität notgedrungenerweise vorgenommen hatte, sich selbst der beste Freund zu sein. Er versuchte sich vorzustellen, wie er die Zeit der Ungewissheit verbringen könnte, denn die Phase des Anstiegs der Blutzellen – die sich ja erst aus den transplantierten Stammzellen heraus entwickeln mussten – über die kritische Menge von 500 hinaus, kann bis zu drei Wochen betragen. In diesen drei Wochen war sein Körper schutzlos auch ansonsten harmlosen Krankheitserregern ausgesetzt, die in seiner Situation Infektionen hervorrufen konnten, die möglicherweise sogar zum Tod führten. Thomas erinnerte sich an das nicht unerhebliche Risiko, während dieser Therapie zu versterben aber er konzentrierte sich vor allem darauf, dass durch diese Behandlung eben auch seine Chancen auf dauerhafte Heilung ganz erheblich stiegen. Also war Christians Besuch am Wochenende so etwas wie ein weiterer Lebenseinschnitt, der den Beginn eines von nun an extrem eingeschränkten Lebensradius' in einem wenige Quadratmeter großen Krankenzimmer markierte. Selbst als er sich vorstellte, wie Christian während seines nächsten Besuchs einen Schwerstkranken vor sich haben würde, den man nur in steriler Montur besuchen konnte, überwog bei Thomas der Optimismus, diese Phase eben auch mit Fassung zu überstehen.

Die folgende Woche verging dann ungewöhnlich schnell. Die täglichen Termine in der Strahlenklinik waren kurz und auch die Chemoinfusionen waren vergleichsweise gut zu ertragen. Der Tag der Transplantation rückte nun unaufhaltsam näher. Zuerst hatte Thomas Probleme, sich an seine Isolierung zu gewöhnen, vor allem weil die Schwestern und Ärzte vermummt und in grüne Kittel gehüllt waren. Das schuf eine zusätzliche Distanz, die ihn irritierte und ihm außerdem in eindringlicher Form seinen Gesundheitszustand vergegenwärtigte. Seine weißen Blutzellen waren schon unter tausend gesunken und während der nächsten Tage würde ihre Anzahl noch weiter fallen. Erfreulicherweise hielten sich die Schleimhautschäden diesmal in Grenzen, sodass ihm zumindest das Trinken und das Essen von weicher und mittlerweile steriler Kost vergleichsweise leicht viel.

Und dann war der Tag der Stammzelltransplantation endlich gekommen. Dr. Papadakis und Köhler schlossen den Plastikbeutel mit der blutig tingierten, rosaroten Flüssigkeit an Thomas' Venenkatheter an. Der Beutel verströmte einen eigenartigen penetranten Geruch nach Knoblauch und Dr. Papadakis erklärte ihm, dies sei auf ein bestimmtes Frostschutzmittel zurückzuführen, das man den Stammzellen zugesetzt habe, damit diese durch den Kühltransport keinen Schaden nähmen. Thomas betrachtete das Eintropfen der Zellsuspension in seinen Körper durch das Sichtfenster aus Plastik, das an dem Infusionsbesteck angebracht war. Den leeren Beutel entsorgte Köhler, nachdem er den Katheter sorgsam zugestöpselt hatte. Nachdem sich Dr. Papadakis dann noch einmal versichert hatte, dass es seinem Patienten gut ging, wünschte er ihm auf die ihm eigene Art viel Glück und verließ zusammen mit Köhler das Zimmer. Thomas benötigte geraume Zeit, das eben Geschehene zu realisieren. Er fand die Vorstellung, dass in seinem Körper nun Zellen einer fremden Person zirkulierten, ausgesprochen befremdlich. Der penetrante Geruch des Frostschutzmittels hing noch lange Zeit intensiv in der Luft. Das Krankenzimmer war mittlerweile fast ausgestattet wie eine Intensivstation; überall lagen zahlreiche Instrumente und Packungen mit sterilem Abdeckmaterial herum. Als Thomas dann allmählich wieder zur Ruhe kam, war er froh, dass der Countdown zu seiner Entlassung nun begonnen hatte, denn nach fünf Monaten im Krankenhaus war sein Freiheitsdrang unbeschreiblich groß geworden. Die Anzahl seiner weißen Blutkörperchen war mittlerweile unter die Nachweisgrenze gesunken, und in spätestens drei Wochen, wenn deren Menge hoffentlich wieder auf über 500 angestiegen sein würde, wäre er über den Berg. Während dieser Zeit würden sich die Blutstammzellen seiner Lebensretterin in seinem Knochenmark ansiedeln und in ein funktionstüchtiges Knochenmark umwandeln. Die Zeit bis zum Abendessen verbrachte Thomas an diesem Tag in einer Art Starre, ohne dass er sich am Abend an konkrete Dinge erinnern konnte, die ihm während dieser Zeit durch den Kopf gegangen waren. Später erhielt er noch drei Anrufe, von seinem Freund Christian, von seinem Bruder und von Stefan Steinmann, die sich erkundigen wollten, wie alles geklappt hatte. Thomas versicherte allen, es ginge ihm gut.

Am nächsten Morgen waren dann tatsächlich das leichte Gefühl von Übelkeit und der penetrante Geruch weitestgehend verschwunden. Nach dem Frühstück kam seine Krankengymnastin und am Nachmittag verabreichte ihm Köhler zwei Blutkonserven und ein Thrombozytenkonzentrat, während Thomas seine Gedanken in die Vergangenheit schweifen ließ. Ihm ging durch den Kopf, wie viele Stunden seines Lebens er wohl in Untätigkeit und sinnloser Geschäftigkeit verbracht hatte, die er intensiver hätte nutzen können. Insgesamt aber blickte er doch nicht ungern auf sein bisheriges Leben zurück. Er hatte durch seine Reisen und seine Beschäftigung mit Literatur und Kultur stets seinen Horizont zu erweitern versucht. Sartorius hatte ihn damals mit der Auffassung konfrontiert, die Ursachen von Unzufriedenheit seien meist in den Menschen selbst zu suchen, die ja schließlich durch ihren Intellekt die Möglichkeit haben, sich sozusagen zufrieden zu denken. Thomas kam noch einmal ein Leitspruch des Philosophen Seneca in den Sinn, der besagte, dass nicht derjenige arm sei, der wenig habe, sondern nur der, der viel wolle. Und er hatte die geschäftige Unruhe vieler seiner Mitmenschen beobachtet, die sich selbst immer weiter hetzten, von einem Diplom zum nächsten, ohne zu bedenken, dass ein wichtiger Zugang zu einem zufriedenen Leben in der Selbstreflexion liegt. Er dachte an die vielen fruchtlosen Gespräche, die er mit Christian während dessen Trennung geführt hatte, insbesondere an seinen Versuch, ihm die Unersetzbarkeit eines passenden Lebenspartners zu vergegenwärtigen und dass er damals klein beigeben musste, weil Christian offensichtlich nicht in der Lage war, seine Maximen auf den Prüfstand zu stellen, wie es Sartorius wohl in Kants Worten ausgedrückt hätte. Doch für Thomas Leitner gab es rückblickend keine grundsätzlichen Lebensentscheidungen, die er ernstlich bereuen würde, allerdings wusste er, dass er zuweilen zu faul gewesen war, seinem Leben vielleicht früher schon eine neue Richtung zu geben. Auf der anderen Seite freute er sich über den gefassten Entschluss, sein Leben zumindest nach der Genesung neu ordnen zu wollen, indem er sich nebenberuflich der Schriftstellerei widmete und er sagte sich, dass es andererseits wohl viele Menschen gebe, die zeitlebens nie etwas Neues begonnen und dadurch eine neue Sinngebung erreicht hätten. An dieser Stelle war er dann wieder mit dem Zeitpunkt seines Neubeginns zufrieden, weil er der Meinung war, dass für sein Vorhaben ein gewisses Maß an Lebenserfahrung unabdingbar war, über die man eben erst ab einem gewissen Lebensalter verfügte. Er wusste, dass er in seiner Firma auf Teilzeitbasis arbeiten könnte, und erwog die Möglichkeit, vielleicht sogar dauerhaft auf einer halben Stelle zu arbeiten. Zwar war er kein reicher Mann, aber er hatte sich über die Jahre einige Ersparnisse zugelegt, die er langsam abschmelzen konnte, um seine Schriftstellerei zu realisieren. Seiner Meinung nach lag der Wert des Geldes ohnehin allein darin, für Sinn gebende Lebensgestaltung genutzt zu werden. Durch diese Einstellung war er nämlich der Herrscher über sein Vermögen und nicht das Vermögen der Herrscher über ihn. Wie durch einen dichten Nebelschleier stellte er sich vor, wie er dann später die Nachmittage an seinem Schreibtisch verbringen und einen roten Faden durch sein Buch spinnen würde – bis ihn seine Krankengymnastin in die Realität zurückholte.

Thomas Leitner fand, dass ihre dezent geschminkten grünen Augen oberhalb des Mundschutzes und unterhalb des Randes der Haube besonders ausdrucksvoll zur Geltung kamen. Mittlerweile hatte sich zwischen den beiden ein Vertrauensverhältnis eingestellt, das Thomas gelegentlich zu gewissen Neckereien hinreißen ließ, auf die seine Therapeutin stets gekonnt parierte. In dieser lockeren Atmosphäre waren seine Atemübungen und das Training, das einem überdurchschnittlich starken Muskelabbau durch seine Bettlägerigkeit vorbeugen sollte, wie anfangs auch das Radfahren, eine willkommene Ablenkung vom Krankenhausalltag, der durch das Abarbeiten bestimmter Rituale seit seiner Isolation noch trister geworden war. Denn seit seiner Isolation musste Thomas auch erheblich mehr Zeit für Hygienemaßnahmen aufwenden, wie zum Beispiel die Mundpflege mit speziellen Spülungen, die das Eindringen von Keimen über Mund und Rachen in den Körper verhindern sollte. Sein Aktionsradius hatte sich mittlerweile auf einen Kreis von drei Metern um sein Bett herum verringert. Auch das derzeit erforderliche sterile Essen war ausgesprochen gewöhnungsbedürftig, weil es noch fader zu schmecken schien, als das Essen zuvor, aber er war froh, dass bislang noch keine zusätzliche Ernährung über seinen Venenkatheter erforderlich war. Während des gesamten Nachmittags lag eine bleierne Schwere auf ihm und er merkte, dass die Spannung langsam nachließ, die sich während der letzten Wochen vor der Stammzelltransplantation in ihm aufgebaut hatte. Er döste bis zum Abendessen vor sich hin und schlief danach zeitig ein.

Am nächsten Tag war Thomas Leitner dann wieder wacher und nahm die zäh verfließende Zeit noch intensiver wahr. Es war ein heller und freundlicher Tag und er versuchte sich auf seinen Tagesablauf zu konzentrieren. Vor dem Frühstück nahm Köhler aus dem Katheter Blut ab; es wurden Fieber und Blutdruck gemessen, dann folgten zwischendurch die Mahlzeiten und seine Krankengymnastik. Um zwischenzeitig nicht unentwegt auf dem Bett zu liegen, setzte oder stellte sich Thomas oft vor sein Fenster und ließ die Gedanken schweifen. Er fragte sich, ob die ersten Vorboten des Frühlings wie zum Beispiel die Krokusse, die er wegen ihrer intensiv leuchtenden Farben sehr mochte, wohl schon blühten und ob die ersten Singvögel von ihren Winterquartieren bereits zurückgekehrt waren. Allein aufgrund seines Interesses und der resultierenden differenzierten Wahrnehmung hatte er oft die zeitversetzte Ankunft der verschiedenen Singvogelarten anhand ihrer morgendlichen Pfeifkonzerte registriert, obwohl er durchaus kein großer Tier- und Pflanzenkenner war. Er dachte an den unaufhörlichen Kreislauf der Natur, an den natürlichen Ablauf von Absterben und Wiedererwachen, und er stellte sich die Frage, wozu eigentlich die Sinnsuche in der menschlichen Natur verankert zu sein schien. Man sollte also vielleicht nicht allzu hohe Erwartungen in sein eigenes Schaffen legen, weil zum einen die Schaffenskraft durch die Sterblichkeit eines jeden Menschen limitiert und deren Wirkung auf der anderen Seite noch dazu dadurch gemindert war, dass das Erarbeitete nur für wenige Menschen interessant oder relevant war. Und trotzdem war in ihm durch seine Erkrankung der Wunsch erwacht, noch einmal etwas zu erschaffen, das mit ihm und seiner Persönlichkeit eng verknüpft war und in dem er selbst so etwas wie einen tieferen Sinn sehen konnte.

Am nächsten Tag kündigte Christian seinen Besuch für das kommende Wochenende an, dem Thomas Leitner während des gesamten Samstags entgegen fieberte. Seine Krankengymnastik fand am Wochenende nicht statt und seine zwischenmenschlichen Kontakte erschöpften sich in den Fiebermessungen und der Entgegennahme der Mahlzeiten. Von Zeit zu Zeit schaltete Thomas den Fernseher ein, um sich die Zeit zu vertreiben und oftmals ertappte er sich dabei, dass er alle paar Minuten auf die Uhr sah und dabei registrierte, dass die Zeit extrem langsam zu verstreichen schien. Oft hatte er sich früher gefragt, warum die Zeit, die man in Wohlbefinden beispielsweise im Urlaub verbrachte, so unendlich schnell zu vergehen schien während in eher unangenehmen Situationen die Zeit sehr träge und langsam dahin floss. Er betrachtete den Sekundenzeiger seiner Uhr und begleitete dessen Lauf für einige Minuten. Doch auch während des nächsten Tages erschien ihm die Zeit wie eingefroren, und die Stunden bis zu Christians Eintreffen kamen ihm endlos vor. Er empfand eine gewisse Starre und Leere, umso mehr freute er sich, seinen Freund endlich bei sich zu haben. Mit ihm konnte er zeitweilig kurze Sätze wechseln, zum Beispiel über die für den Sommer geplante gemeinsame Reise. Aber es gab zwischendurch auch lange Phasen des Schweigens, die weder

Thomas noch Christian als unangenehm empfanden. Als Christian dann gegangen war, kam Thomas wieder zur Ruhe – eine Ruhe, die auch den gesamten nächsten Tag über Bestand hatte. Er lebte in den Tag hinein und ertrug alle Messungen, die man an seinem Körper vornahm, mit Gelassenheit. Während des gesamten Tages dachte er nur wenig nach, widmete sich jedoch ausgiebig der Mundhygiene und Körperpflege. Er betrachtete sich lange im Spiegel und nahm sich ausgiebig dafür Zeit. Allerdings waren jetzt die Stunden der Ruhe gezählt, es war die Ruhe vor dem Sturm.

Am nächsten Morgen hatte Thomas Leitner das Gefühl, neben sich zu stehen, obwohl seine Körpertemperatur nur leicht erhöht war. Doch dann brach es über ihn herein: Am späten Vormittag verspürte er eine derart intensive Kälte, dass er klingelte und um eine zweite Decke bat. Als Schwester Brigitte ihn damit zudeckte, begannen seine Arme und Beine bereits zu zittern, erst feinschlägig, dann immer grobschlägiger, bis seine Fußrücken völlig unkontrolliert gegen die Metallstangen von Schwester Brigittes Bettverlängerung schlugen. Außerdem war ihm plötzlich auch übel. Nur noch undeutlich nahm er wahr, dass Schwester Brigitte das Ergebnis der Fiebermessung in seinem Ohr vor sich hinmurmelte, zu der sie Thomas' Stirn mit der flachen Hand fixieren musste: „39,9!" Thomas krümmte sich vom Fieber geschüttelt in Seitenlage und nahm die plötzlich im Zimmer versammelten Personen nur schemenhaft wahr. Er hörte die Stimme von Dr. Papadakis, roch Köhlers Rasierwasser und spürte, wie der sich an seinem Zentralvenenkatheter zu schaffen machte und Dr. Papadakis ihm eine Injektion verabreichte. Die Geräusche und Stimmen, die er hörte, waren irgendwie verzerrt, teils hallend wie in einem Schwimmbad, teils wie durch Watte gedämpft.

Ab diesem Zeitpunkt konnte sich Thomas Leitner dann nicht mehr an die Dinge erinnern, die um ihn herum geschahen. Er spürte ein wohliges Gefühl von Wärme und sah ein angenehmes orangegelbes Licht. Obwohl er seit fast dreißig Jahren nicht mehr mit einem Geistlichen gesprochen hatte, verspürte er nun diesen Wunsch. Und tatsächlich hörte er dessen warme Stimme aus der Ferne zu sich dringen: Gott selbst würde ihn in dieser extrem schwierigen Situation vor die Wahl stellen, entweder in tiefe Verzweiflung zu verfallen oder Trost und Zuversicht zu schöpfen und im Glauben geborgen und gefestigt zu sein für das, was auch immer auf ihn zukommen möge. Und dann hörte er ihn die zweitausend Jahre alte Gebetsformel des Vaterunser sprechen: „Fiat voluntas tua" – dein Wille geschehe, und er spürte wieder die wohlige Wärme und sah das angenehme Licht, als sei er in eine Welt eingedrungen, in der die Zeit keine Rolle mehr spielte.

Als Thomas aufwachte, spürte er den unangenehmen Druck einer Sauerstoffmaske über Mund und Nase und er merkte, dass man ihn in ein anderes Bett gelegt haben musste, denn das Bett, in dem er gerade lag, war seitlich mit einem Gitter gesichert. Die Matratze des Bettes war von einer geligen und viel weicheren Beschaffenheit als die vorige. Er sah mehrere Ständer neben sich, an die verschiedene Infusionsflaschen angehängt waren und einige medizinische Geräte, die vorher nicht da waren. Außerdem war er an einen EKG-Monitor angeschlossen worden. Dann sah er Christian neben sich auf einem Stuhl sitzen. Thomas benötigte noch geraume Zeit sich zu orientieren und einen kurzen Gruß hervorzubringen, als sein Freund aufstand und ihn ansprach. Kurze Zeit später waren dann auch Dr. Papadakis und Schwester Gabi im Zimmer. Thomas hörte wie aus der Ferne: „Schön, dass Sie wieder bei uns sind." Dann diskutierten Dr. Papadakis und Schwester Gabi über seiner Patientenakte, während sie eine neue Infusionsflasche anschloss und dem Patienten aufmunternd in die Augen blickte. Ihr angenehmer Vanilleduft entlockte ihm sein erstes Lächeln nach drei Tagen kompletter Besinnungslosigkeit.

Erst am folgenden Tag war Thomas wieder so weit bei Bewusstsein, dass er Dr. Papadakis Erklärungen folgen konnte. Er habe eine sogenannte Sepsis entwickelt, eine akute Blutvergiftung, die sich innerhalb weniger Stunden zu einem lebensbedrohlichen Zustand ausgeweitet hatte. Sein Blutdruck war massiv abgesackt und er habe zwei Tage lang künstlich beatmet werden müssen. Außerdem werde er zurzeit über seinen Venenkatheter mit Nährstoffen versorgt. Seit Beginn der Sepsis sei er mit Antibiotika behandelt worden und habe auch Beruhigungsmittel erhalten müssen, um diese extreme Krankheitsphase besser zu überstehen. Die Stammzelltransplantation liege nun bereits zehn Tage zurück und mit etwas Glück würden seine weißen Blutkörperchen schon Mitte der kommenden Woche über den magischen Wert ansteigen, der eine weitere Komplikation weitgehend ausschließe. Heute sei Samstag und Dr. Papadakis habe dieses Wochenende Dienst. Eigentlich wollte er nur kurz nach dem rechten sehen, aber sein Freund werde ihm sicherlich noch einige Zeit Gesellschaft leisten. Dann war der Patient wieder allein mit Christian, der ergänzend zu Dr. Papadakis Ausführungen erklärte, Thomas habe ihn und die Krankenhauscrew während der letzten Tage ja „wohl ganz schön auf Trab gehalten". „Dankeschön, dass du bei mir warst", sagte Thomas mit leiser

Stimme und schlief ein, was wohl dem Überhang an Beruhigungsmitteln geschuldet war, die er während der letzten Tage erhalten hatte.

Er wurde erst wieder wach, als sich Schwester Brigitte an seinem Katheter zu schaffen machte. Als sie bemerkte, dass ihr Patient erwachte, sagte sie ihm mit warmer Stimme, sie freue sich sehr, dass es ihm jetzt besser gehe. Dr. Papadakis habe ab dem kommenden Tag seine künstliche Ernährung abgesetzt und die stündlichen Messungen seiner Blutdruckwerte nun auf viermal täglich reduziert. Wenn sich während der kommenden Woche sein Blutbild hoffentlich bessere, werde er sich von Tag zu Tag spürbar mehr erholen und dementsprechend kräftiger fühlen. Sein Freund Christian lasse ihm ausrichten, er werde am nächsten Nachmittag wieder kommen. Als Thomas Leitner wieder allein war, versuchte er, seine wirren Gedanken zu ordnen. Ihm wurde langsam bewusst, dass er die schwierigste Phase seiner Therapie überwunden zu haben schien und dass er während einiger Tage dem Tod sehr nahe war. Er verspürte eine gewisse Erleichterung und es stieg die Erinnerung an das wohlige Glücksgefühl in ihm auf, das er als eine Empfindung von angenehmer Wärme und dem Erlebnis eines wunderschönen orangegelben Lichts erfahren hatte. Und dann kam ihm eine Diskussion über den Tod und das Sterben in den Sinn, bei der Sartorius ausführte, dass die Philosophie sehr effektiv dazu beitragen könne, ein Leben zu verändern, das auf falschen Anschauungen basiert. Als Beispiel nannte er dann die weitverbreitete Auffassung, der Tod und das Sterben seien etwas ganz Schreckliches. Thomas Leitner hatte erst jetzt diesen Gedanken vollständig begriffen. Er ließ ihn dann noch eine Weile lang in sich nachklingen und schlief beruhigt wieder ein.

7. REKONVALESZENZ

Das Blutbild am nächsten Tag ergab einen Wert von 300 weißen Blutkörperchen und Thomas Leitner war zuversichtlich, den Anstieg über die kritischen 500 Zellen in den nächsten Tagen zu erreichen. Er fühlte sich zwar immer noch wie erschlagen und döste ständig wieder ein, aber er spürte auch eine deutliche Verbesserung zum Guten. Zwar war er immer noch zu entkräftet, um längere Zeit zu sprechen, dass Christian ihm am Nachmittag aber Gesellschaft leistete, stimmte ihn dennoch froh. Sein Freund sprach noch einmal über die Silvesternacht und den winterlichen Ausflug in den Park. Er stellte ihm das absehbare Ende der Behandlung und die erholsamen Wochen am Meer in Aussicht. All das gab Thomas Auftrieb. Er fragte sich, wie weit die Zunahme der aus den Stammzellen seiner Wohltäterin gebildeten Blutzellen in seinem Knochenmark wohl gediehen sein mochte, und hätte nur zu gern im Voraus gewusst, wann die magische Grenze von 500 Zellen in seinem Blut endlich erreicht sein würde. Thomas' aufkeimende Zuversicht schien sich nun auch auf Christian zu übertragen, der diesmal ungleich redseliger war, als während seiner vergangenen Besuche.

Während der folgenden Tage versuchte sich Thomas Leitner wieder auf seinen Körper und dessen dringend erforderliche Ertüchtigung durch die Krankengymnastik zu konzentrieren, denn aufgrund seiner Bindung ans Bett beschränkte sich diese zurzeit auf Atem- und Dehnungsübungen. Ungeduldig erwartete er täglich die Mitteilung seiner Leukozytenwerte, deren kontinuierliche Zunahme das Ende seines Martyriums einläuten würde. Er ließ die Zeit verfließen, als stünde er neben ihr, bis am Mittwoch vor Ostern schließlich, also zwei Wochen nach der Transplantation, ein leichter Anstieg auf 400 Zellen zu verzeichnen und am Karsamstag sogar die 500-Zellen-Marke geknackt war. Die stets nach Vanille duftende Schwester Gabi hatte ihm freudestrahlend die gute Nachricht überbracht und Thomas wurde allmählich von einem Gefühl der Erleichterung und Dankbarkeit erfüllt. Diesen Fortschritt seiner Genesung teilte er telefonisch seinem Bruder mit und freute sich, dass er seinen Mitpatienten Stefan Steinmann und seinen Freund Christian das nächste Mal ohne sterilen grünen Kittel empfangen konnte.

Sein interessantester Besucher in diesen Tagen aber war der katholische Krankenhauspfarrer, der ihm seine Oster- und Genesungswünsche ausdrückte und ihm ein handbemaltes Osterei aus seiner polnischen Heimat mitbrachte. Als ihn der Pfarrer mit seiner warmen und eindringlichen Stimme begrüßte, erinnerte sich Thomas an jene Stunden, die auch seine letzten hätten sein können, als diese Stimme aus der Ferne an sein Ohr drang, und er wunderte sich darüber, dass er sich an die erste Zusammenkunft mit dem Pfarrer nicht mehr wirklich erinnern konnte. Er fragte sich, ob das durch seine ambivalente Haltung der Kirche gegenüber oder durch die Wirkung der Beruhigungsmittel zu erklären war, aber er freute sich aufrichtig über den Besuch und das mitgebrachte Osterei, dessen Grundfarbe azurblau war und auf das in mühevoller Kleinarbeit vielerlei Schnörkel und Ornamente in Goldfarbe aufgebracht waren. Er hatte schon immer etwas übrig für Dinge, die die kulturelle Herkunft der Menschen widerspiegelten aber es war auch einfach die freundliche und nette Geste, die ihn gefreut hatte. Er war mittlerweile auch so euphorisch, bald aus dem Krankenhaus entlassen zu werden, dass er von seiner immer noch ausgeprägten körperlichen Hinfälligkeit kaum Notiz nahm. Seine Arme und Beine waren dünn wie Zahnstocher und die Wangen eingefallen, nur seine Augen strahlten bereits wieder. Doch der körperliche Wiederaufbau und die psychische Erholung waren jetzt nur noch eine Frage der Zeit. Also fieberte er der nächsten Visite mit Dr. Papadakis am Dienstag nach Ostern entgegen, während der er vielleicht schon erfahren würde, wann er in die Rehaklinik käme.

Mittlerweile lag Thomas wieder in seinem alten Bett ohne die gelgepolsterte Matratze und das Seitengitter. Er aß und trank, was zunehmend auch wieder ohne Beschwerden möglich war. Außerdem versuchte er, sich selbstständig im Zimmer zu bewegen, indem er immer wieder einige Schritte bis zum Fenster ging, dessen Ausblick sich ihm mittlerweile so intensiv eingeprägt hatte, dass er den Anblick des Parkeingangs, der von der alten knorrigen Eiche flankiert wurde, wohl niemals wieder vergessen würde. Seine weißen Blutkörperchen waren am Dienstag auf unglaubliche 1500 Zellen angestiegen und Thomas' Herz pochte vor Aufregung, als ihm Dr. Papadakis die Entlassung aus der Uniklinik und die Aufnahme in der Rehaklinik für den Freitag nächster Woche in Aussicht stellte. Und er freute sich noch viel mehr, als Dr. Papadakis ihm sagte, der zentrale Venenkatheter könne nun entfernt werden. Dr. Papadakis zog sich also Handschuhe an, löste den Verband am Hals, durchtrennte mit einer Lanzette die Fäden und entfernte den Katheter, der seit vielen Wochen Thomas' ständiger Begleiter gewesen war. Dann verschloss er die Punktionsstelle mit einem dicken Pflaster, das man nach zwei oder drei Tagen dann komplett werde entfernen können. Thomas spürte sofort das Fehlen des Zuges am Hals und des leichten Drucks, den der Plastikkatheter in seiner Vene verursacht hatte. Nun fühlte er sich in gewisser Weise nackt und unvollständig. Nach der Visite betrachtete er geraume Zeit lang sein Spiegelbild, sein wesentlich schmaler gewordenes Gesicht und den deutlich kleineren Pflasterverband am Hals. Seine Haut war leicht bräunlich verfärbt und die Strecksehnen an Händen und Füßen kamen viel deutlicher zum Vorschein als früher. Zahlreiche Hämatome in verschiedenen Stadien der Verfärbung fanden sich vor allem an seinen Beinen. Trotz alldem hatte er das Gefühl, eine schwere Krankheit tapfer und standfest überwunden zu haben, und diese Standfestigkeit erfüllte ihn in gewisser Weise mit Stolz.

Nach seiner Krankengymnastik und dem Mittagessen nahm er sich an diesem Tag viel Zeit für die Körperpflege. Er duschte ausgiebig und unternahm den ersten kurzen Gang über den Flur, vorbei am Aufenthaltsraum, in dem er mit Stefan Steinmann oft gesessen hatte. Schwester Brigitte kam ihm mit einigen Papieren in der Hand entgegen und grüßte ihn fast schon überschwänglich. Thomas Leitner hatte jetzt das Gefühl, zurück im Leben zu sein. Nun war es nur noch eine Frage von zehn Tagen, in denen er sich allein um seine Erholung kümmern und nicht mehr die enorme psychische Anspannung der letzten Monate aushalten musste. Er wusste, dass all die Strapazen ohne seinen Freund Christian noch viel schwerer zu ertragen gewesen wären. Christian hatte ihm schon vor längerer Zeit das Angebot gemacht, ihn und sein Gepäck in die Rehaklinik an die Nordsee zu bringen und Thomas freute sich einfach nur darauf in der nächsten Woche einen Schlussstrich unter seine Krankenhauszeit ziehen zu können. Er spürte, dass seine körperlichen Kräfte langsam zurückkehrten, und versuchte jetzt möglichst häufig, die Übungen zum Muskelaufbau, die ihm seine Krankengymnastin gezeigt hatte, selbstständig durchzuführen. Auch sein Appetit nahm von Tag zu Tag zu und er freute sich auf das Wochenende, an dem Christian ihm einen Spaziergang im Park versprochen hatte. Seit seinem Ausflug mit dem Rollstuhl war er nicht mehr an der frischen Luft gewesen und er freute sich, auf seiner Haut wieder einen Luftzug zu spüren, den Geruch des Parks und den Anblick der Pflanzen und Tiere zu genießen.

Am Donnerstag nächster Woche würde es ein abschließendes Gespräch geben, in dem ihm Dr. Papadakis noch einmal ausführlich die Medikamente erklären würde, die sein Immunsystem dämpften und die Thomas nun zeit seines Lebens werde einnehmen müssen. In den nächsten Tagen wurde dann durch Blutentnahmen deren genaue Dosis ermittelt, die individuell für ihn angemessen sein würde. Auch eine abschließende Knochenmarkuntersuchung wurde durchgeführt, die noch einmal das komplette Verschwinden der Leukämiezellen und das Vorhandensein eines funktionstüchtigen gesunden Knochenmarks dokumentierte. In Gedanken war er nun bereits entlassen und er freute sich auf das weitaus größere Maß an Privatsphäre, das er in der Rehaklinik genießen würde. Er würde mit Dankbarkeit an die Menschen denken, die ihn während seines Aufenthalts in der Klinik betreut hatten, allen voran Dr. Papadakis und die Krankenschwestern Brigitte und Gabi, die er von allen besonders mochte. Er fand es bewundernswert, mit welcher Authentizität sie ihren fordernden Beruf ausübten.

Am Samstag nach dem Mittagessen machte sich Thomas Leitner dann zum ersten Mal nach seiner Transplantation allein zu einer kleinen Exkursion auf. Er drehte eine Runde auf dem Klinikgelände und setzte sich dann mit einer Zeitung in die Cafeteria. Stets horchte er dabei in seinen Körper hinein und achtete dabei auf eventuell sich einstellende Zeichen von Schwäche, aber er hielt diese leichte körperliche Anstrengung nach der geraumen Zeit seiner Bettlägerigkeit bemerkenswert gut durch. Er beobachtete die anderen an den Tischen sitzenden Patienten und sagte sich, dass bestimmt einige darunter waren, die an einer unheilbaren Krankheit litten und nicht wie er die Aussicht auf ein weitgehend uneingeschränktes neues Leben hatten. Dann erwog er, abends Stefan Steinmann anzurufen, über dessen Aufmerksamkeiten er sich stets sehr gefreut hatte, und sich von ihm für die Dauer seines Aufenthalts in der Rehaklinik zu verabschieden. Er überlegte sich, was wohl ein angemessenes Abschiedsgeschenk für Dr. Papadakis, Köhler und die Krankenschwestern wäre. Er nahm sich vor, zumindest einen bestimmten Geldbetrag zu hinterlassen und sich gegebenenfalls bei Dr. Papadakis auch mit einem kleinen persönlichen Geschenk zu bedanken, wenn er sich nach der Reha erstmals wieder in der Klinikambulanz vorstellen würde. Mit seiner medizinischen Kompetenz und starken Persönlichkeit hatte ihn Dr. Papadakis in sehr warmherziger und angenehmer Art und Weise durch seine Therapien geführt. Vor allem dieser persönliche Bezug hatte bewirkt, dass sich Thomas Leitner als sein Patient sehr wohl und auch sicher fühlte.

Am nächsten Vormittag machte sich Thomas Leitner bereits nach dem Frühstück fertig, aß mit großem Appetit zu Mittag und freute sich, als Christian, der einen kleinen Kuchen aus seiner Lieblingskonditorei mitgebracht hatte, mit ihm die gleiche Runde im Park drehte, wie im vergangenen Winter. Lange blieb Thomas Leitner vor der alten Eiche neben dem Parkeingang stehen, betrachtete die spröde Rinde und das knorrige, weit ausladende Astwerk. Dann hielt er tatsächlich den Spaziergang dieser weitläufigen Runde durch den Park durch, vorbei am See und den Rabatten mit blauen und gelben Krokussen, auf denen zeitweise die Sonne stand und um deren Blüten sich die ersten Hummeln und Bienen tummelten. Stolz auf seine Tatkraft, aß er dann mit Christian den Kuchen und die beiden besprachen die Details zum anstehenden Transfer an die Nordsee, denn die Rehaklinik lag auf einer Insel und sie mussten noch die Zeit für die Fähre einkalkulieren. Nach einer Phase des Schweigens fragte Christian, ob Thomas während der Zeit seines hohen Fiebers Angst empfunden habe, und der antwortete mit einem gedämpften aber sehr entschlossenen „Nein".

Von nun an verabschiedete sich Thomas Leitner von Tag zu Tag mehr von seiner jetzigen Umgebung, bis das Krankenzimmer, das mehrere Monate lang sein Zuhause war, ihm zunehmend wieder fremd wurde. Auch die Mitarbeiter der Station schienen sich geistig schon auf ihren nächsten Patienten vorzubereiten, dennoch war ihm bewusst, dass er keinen besseren Ort zum Kranksein hatte finden können, als diesen, den ihm der Zufall zugewiesen hatte. Er absolvierte jetzt seine letzten Krankengymnastiktermine wie ein selbst auferlegtes Trainingsprogramm, erhielt von Dr. Papadakis Anweisungen für die Anwendung seiner Medikamente und bekam einen Nachsorgetermin in der hämatologischen Ambulanz der Klinik. Thomas Leitner hatte sich in Vorbereitung auf das Gespräch einige Worte des Danks für Dr. Papadakis zurechtgelegt, aber während des Gesprächs empfand er seine Redewendungen dann als zu pathetisch und auch unpassend, sodass er sich darauf beschränkte, ihm für die professionelle medizinische Betreuung, das ausgesprochene Feingefühl und die Empathie zu danken. Dr. Papadakis bedankte sich seinerseits für die freundlichen Worte, und als dieser das Krankenzimmer verlassen hatte, blieb Thomas mit seiner fast vollständig gepackten Reisetasche allein im Zimmer zurück. Von den Schwestern wollte er sich am nächsten Morgen unmittelbar vor seiner Abreise verabschieden.

Also saß Thomas Leitner noch geraume Zeit an seinem Tisch und sah aus dem Fenster, bevor er sich auf den Weg machte, das Schachbuch in den Patientenaufenthaltsraum zu bringen und dort auf das Bücherregal zu stellen. Vielleicht würde es dem einen oder anderen Patienten die Langeweile vertreiben helfen, denn er wusste, dass er in diesem Leben wohl nie wieder einen Blick hineingeworfen hätte. Er nahm noch einmal den miefigen Geruch des Aufenthaltsraumes wahr und dachte an die Zusammenkünfte mit Stefan Steinmann, die ihm damals sehr geholfen hatten, die ersten Wochen nach Mitteilung der Diagnose zu durchstehen. Seiner Wahrnehmung nach schienen diese Zusammenkünfte mittlerweile lange der Vergangenheit anzugehören. Er war allerdings gespannt auf das Zusammentreffen mit ihm im Sommer, wenn beide wieder zu einer gewissen Normalität zurückgefunden haben würden. Während des Abendbrots kam ihm die Zeit, die seit seinem ersten Wochenende im Marienkrankenhaus vergangen war, einerseits unendlich lang, andererseits aber auch sehr kurzweilig vor, was sicherlich in gewisser Weise dem hohen Stresspegel geschuldet war, dem er körperlich und seelisch nicht zuletzt wegen des ungewissen Ausgangs seiner Behandlung ausgesetzt gewesen war. Als er das Stück Tomate und den Zweig Petersilie sah, die zur Dekoration des Tellerrandes dienten, musste er an die fächerartig eingeschnittenen sauren Gurken seiner ersten Krankenhausmahlzeiten denken. Und er dachte an das während der Fahrt hin und her pendelnde Gummiskelett am Rückspiegel des Taxis, das als böses Vorzeichen zu deuten sich nun als überholt herausgestellt hatte. Am letzten Abend in seinem Krankenzimmer fand Thomas lange keine Ruhe; sein regelrechtes Reisefieber ließ ihn erst spät einschlafen.

Gleichwohl war er am kommenden Morgen schon lange vor dem Frühstück wach und machte sich abreisefertig. Als Christian dann zu seiner Abholung eintraf, verabschiedete sich Thomas von den Pflegekräften, packte noch einige neue Wäschestücke ein, die ihm Christian für die Reha gekauft hatte und die beiden machten sich auf den Weg. Auf dem Flur verabschiedete er sich noch mit einem unpersönlichen Händedruck von Köhler und dann standen sie vor dem Fahrstuhl. Thomas Leitner blickte noch einmal zurück und dann schloss sich die Fahrstuhltür hinter ihnen. Christian hatte unmittelbar neben dem Haupteingang der Klinik geparkt und verstaute das Gepäck seines Freundes im Kofferraum. Dann setzte er zurück und fuhr los. Damit war die Nabelschnur, die Thomas Leitner lange Zeit mit der hämatologischen Universitätsklinik verbunden hatte, endgültig durchtrennt.

8. Nordsee: Rehabilitation

Der Tag war zwar von Wolken verhangen aber es regnete nicht. Thomas Leitner hing noch lange seinen Gedanken nach und beide schwiegen die Fahrt über, bis Christian eine Pause an einer Autobahnraststätte vorschlug. Thomas war heilfroh, dass Christian ihn zur Rehaklinik brachte und außerdem die Besorgungen für ihn erledigt hatte, denn so konnte er sich während der Fahrt fallen lassen und ganz auf sich selbst konzentrieren. Und so fuhren beide durch den schmierigen Nebel der Autobahn und erreichten nachmittags die Fähre, die sie bei unerwartet ruhiger See zur Insel übersetzte. Während der Überfahrt standen beide nebeneinander auf dem Deck und Thomas setzte nach einigen Minuten seine Kapuze auf, weil er sich vor der Kälte schützen musste. Er hatte immer noch eine Glatze, allerdings glaubte er vor dem Spiegel bereits die ersten Anzeichen des neu hervorsprießenden Haares zu entdecken. Dann beobachtete er aufmerksam den Horizont und sah den Fährhafen der Insel langsam näherkommen. Er atmete gierig die frische Seeluft und lauschte mit unbeschreiblicher Wonne dem Kreischen der Möwen, die die Fähre während der gesamten Überfahrt begleitet hatten. Der Weg zur Klinik war vom Fährhafen aus leicht zu finden und Christian setzte seinen Freund etwas später vor dem Eingang der Nordseeklinik ab. Christian hatte sich für eine Nacht ein Zimmer genommen und wollte am nächsten Morgen zeitig zurückfahren.

Thomas Leitner wurde am Eingang der Klinik freundlich von einer Dame begrüßt, die ihm mitteilte, sein Zimmer Nummer 304 befinde sich im obersten Stockwerk der Klinik. Er bekam einen Schlüssel für das Zimmer und ihm wurde versichert, sein

Gepäck werde hinaufgebracht. Die für ihn zuständige Ärztin wolle ihn noch vor dem Abendessen begrüßen und einen Blick auf den Verlegungsbericht der Uniklinik werfen. Die eigentliche Aufnahmeuntersuchung und die Besprechung seines Rehaplanes würden dann am Montag erfolgen. Heute Abend sei nur diese kurze Begrüßung geplant, nach der er gleich das Abendessen einnehmen und dann in Ruhe seine Sachen auspacken könne. Thomas dankte ihr und begab sich in den dritten Stock, um seine Jacke abzulegen und einen kurzen Blick in sein Zimmer zu werfen. Bereits der Eingangsbereich der Klinik war wohnlich gestaltet und die Einrichtung seines Zimmers, nebst dem geräumigen Bad, übertraf sogar Thomas' Erwartungen. Außer dem Bett verfügte das in warmen Pastelltönen gehaltene Zimmer auch über eine gemütliche Sitzecke. Er zog den Vorhang zurück und blickte auf einige Sanddünen. Am Horizont konnte er in der Abenddämmerung das offene Meer sehen. Er öffnete das Fenster und lauschte einige Minuten lang dem Wind, der Brandung und dem Möwengeschrei.

Dann begab er sich zu seiner Ärztin, einer freundlichen und aufgeschlossenen Frau Anfang fünfzig, die ihn herzlich begrüßte und auf der Insel willkommen hieß. Sie überflog den Entlassungsbericht und versicherte ihm, telefonisch – falls erforderlich – auch am Wochenende erreichbar zu sein. Sie bat ihren Patienten, sich am Montagmorgen nach dem Frühstück um zehn Uhr wieder bei ihr einzufinden. Einige hundert Meter von der Klinik entfernt gebe es ein gemütliches Teehaus mit hervorragendem Kuchen – falls er Lust habe, sich am Wochenende die Füße zu vertreten. Dann begleitete sie Thomas zum Speisesaal und meldete ihn bei einer Mitarbeiterin an, die ihn dann am Fenster gegenüber einem älteren Herrn an einem Zweiertisch platzierte. Der Herr stellte sich mit „Leitkowski" vor und hatte die angenehme Eigenart, nicht zu viel und nicht zu wenig zu reden. Seit einer Woche sei er schon in der Klinik und finde es schade, dass das Wetter auf der Insel im Moment nicht so recht mitspiele. Thomas ließ sich auf die kurze Plauderei ein und bemerkte, dass ihn eine bleierne Müdigkeit überkam. Dann bediente er sich ausgiebig am Abendbrotbuffet, ohne weiter auf die außer ihm anwesenden Personen zu achten und aß mit großem Appetit. Die lange Autofahrt und die frische Seeluft hatten ihn hungrig gemacht und er genoss die Abwechslung auf seinem Speisezettel im Vergleich zu der faden Krankenhauskost der vergangenen Monate. Besonders der pikante Herings- und der Rindfleischsalat hatten es ihm angetan. Zum Nachtisch verspeiste er eine nicht unerhebliche Menge einer Schokoladencreme und spürte, dass sich neben der zunehmenden Müdigkeit nun auch ein gewisses Völlegefühl seiner bemächtigte. Wieder in seinem Zimmer angekommen, telefonierte er noch einmal mit Christian, bedankte sich für dessen Hilfsbereitschaft, räumte die wichtigsten Sachen in den Schrank und legte sich schlafen. Er war von der Anreise, dem Klimawechsel und dem gehaltvollen Abendessen tatsächlich so erschöpft, dass er sofort einschlief.

Erst nach einem mehr als zehnstündigen traumlosen Schlaf wachte Thomas in seiner neuen und ungewohnten Umgebung wieder auf und musste sich sogar beeilen, noch rechtzeitig zum Frühstück zu kommen. Also beschloss er, nach dem Frühstück zu duschen. Das Kämmen seines ansonsten wirr vom Kopf abstehenden Haares hatte sich ja durch die Chemotherapien weitestgehend erübrigt. Im Frühstücksraum saßen nur noch wenige Patienten und er war froh, dass auch sein Tischgenosse sein

Frühstück bereits beendet hatte, was er aus dem benutzten Frühstücksteller schloss, der noch auf dessen Platz stand, denn er war an diesem Morgen noch zu müde und zu orientierungslos für inhaltsleeren Small Talk. Er schenkte sich zunächst eine Tasse Kaffee ein, und nahm sich noch einige Minuten Zeit zum wach werden. Er blickte aus dem Fenster auf eine nasse Rasenfläche und einige Ziersträucher, die sich im Wind bewegten. Der Himmel war wolkenverhangen aber es regnete nicht. Eine Klinikmitarbeiterin grüßte im Vorbeigehen und meinte: „Uns steht wohl ein stürmisches Wochenende bevor." Dann starrte Thomas einen Moment lang gedankenverloren auf die beiden Stücke Stanniolbutterpapier auf dem abgegessenen Frühstücksteller seines Tischnachbarn und frühstückte in aller Ruhe, bis er als letzter Patient den Frühstücksraum verließ.

Während er mit dem gleichen Fahrstuhl, den er am Vorabend benutzt hatte, in den dritten Stock fuhr, überlegte er, ob sich Christian mittlerweile wohl schon wieder auf dem Nachhauseweg befand. Er würde ihn am Abend noch einmal anrufen. Dann duschte er und nahm mit Zufriedenheit seinen langsam wieder einsetzenden Haar- und Bartwuchs zur Kenntnis. Er wandte erhebliche Zeit dafür auf, einzelne, vielleicht nur einen Millimeter lange Haarstoppeln ausführlich in Augenschein zu nehmen. Auch die leicht vernarbte Stelle an seinem Hals, in dem monatelang der Plastikkatheter steckte, wurde gründlich inspiziert und abgetastet. Es fand sich noch eine kleine knotige Verhärtung an der Einstichstelle, die mittlerweile fast komplett verheilt war. Auch seine blauen Flecken waren wieder weitestgehend verschwunden. Dann räumte er seine letzten Sachen aus, legte das blaue Osterei auf das kleine Bücherregal, das oberhalb des Sofas an der Wand angebracht war, und legte seine Medikamente gut sichtbar auf den Nachtschrank, damit er deren Einnahme nicht vergaß, denn Dr. Papadakis hatte ihn kurz vor seiner Entlassung aus der Uniklinik noch einmal auf die Wichtigkeit der regelmäßigen Einnahme hingewiesen. Thomas sah aus dem Fenster auf die Schaumkronen des Meeres, betrachtete eine Weile lang das sich im Wind beugende Binsengras auf den Sanddünen und entschloss sich zu einem kurzen Rundgang durch das Haus, denn in einer Stunde würde es bereits Mittagessen geben.

Dann machte er sich auf in das Erdgeschoss, in dem neben dem Speisesaal auch die Behandlungsräume für Therapeuten und Krankengymnasten untergebracht waren, während es im Untergeschoss noch eine kleine Turnhalle und ein kleines Schwimmbad gab. Vom Haupteingang führte die schmale asphaltierte Straße, an der nur vereinzelt Häuser standen, direkt zum Fährhafen. Ein Fußweg zweigte nach einigen hundert Metern von der Straße ab und führte zum Strand, vorbei an der Teestube, die ihm die Ärztin am Vorabend eindringlich ans Herz gelegt hatte. Thomas entschloss sich, nach dem Mittagessen einen Spaziergang am Strand zu unternehmen, sofern es nicht wieder zu regnen begann, und nahm noch eine Viertelstunde lang auf einem Sofa im Eingangsbereich Platz, von wo aus er die vorbeigehenden Patienten und Klinikmitarbeiter beobachtete. Eine junge Frau Mitte zwanzig, die einbeinig auf Krücken quer durch die Eingangshalle ging, fiel ihm besonders auf, und er war von deren Schicksal tief berührt. Dann begab er sich in den Speisesaal und aß zu Mittag, während er mit seinem Tischgenossen einige belanglose Worte wechselte. Die einbeinige Frau sah er an einem weit entfernten Tisch in der entgegengesetzten Ecke des Speisesaals sitzen. Wieder auf seinem Zimmer, nahm er bei geöffnetem Fenster die Wetterverhältnisse in Augenschein und verzeichnete eine Zunahme des Windes, der das Binsengras, das sich am Morgen nur leicht im Wind geneigt hatte, jetzt fast waagerecht auf den Boden der Dünen drückte. Da es aber nicht regnete, machte er sich dennoch auf in die Natur – ein Bedürfnis, dem er seit Monaten nicht mehr nachgekommen war. Seit jeher liebte er das Meer und versenkte sich gern in den Anblick des unendlich scheinenden Horizonts. Also versuchte er sich wettergerecht einzupacken und machte sich langsam auf den Weg.

In und vor der Klinik begegnete er keinem Menschen. Er hatte den Eindruck, dass die meisten Patienten sich wohl auf ihre Zimmer zurückgezogen und vielleicht Besuch bekommen hatten. Da sie nun vermutlich mit ihren Partnern und Verwandten zusammen waren, überkam Thomas ein gewisses Einsamkeitsgefühl, als er allein die nasse Straße entlang bis zu der Abzweigung des Fußweges spazierte. Dann kamen ihm aber Gott sei Dank seine Helfer in den Sinn, sein alter Freund Christian, seine ihm unbekannte Stammzellspenderin, Dr. Papadakis und all die Menschen, die ihn mit ihrem guten Willen, einem freundlichen Wort oder auch nur einer netten Geste während all der Monate der Ungewissheit unterstützt hatten – und nach einer Viertelstunde war die Phase der Melancholie bereits wieder vorbei. Die stürmischen Winde zwangen ihn zum Aufsetzen seiner Kapuze und Thomas ging nun den sandigen Fußweg entlang, der beiderseits von auslaufenden Dünen begrenzt war, bis er den freien Strand erreichte und linksseitig, etwa zweihundert Meter entfernt, ein flaches Holzgebäude erblickte, bei dem es sich um die angepriesene Teestube handeln musste. Zur rechten Seite hin erkannte er mehrere moderne Gebäude, deren

Konturen der Sturm in der Ferne verwischte. Er fragte sich, ob die Teestube überhaupt geöffnet hatte, und war sich dessen erst gewiss, als er schwache Lichter in ihren Fenstern aufscheinen sah. Er beschloss, sich erst einmal die Beine zu vertreten, bevor er dort eine heiße Schokolade und ein Stück Kuchen genießen würde. Der Wind blies ihm relativ stark in den Rücken, sodass er ohne größere Anstrengung weitere zwei bis drei Kilometer den Strand entlang ging und nur noch das Brausen des Windes und das Tosen der Brandung hörte. Das Schreien der Möwen war verstummt. Als ein abzweigender Weg das Vorhandensein einer weiteren Siedlung ankündigte, kehrte Thomas um und erreichte nach einer weiteren knappen Stunde wieder die Teestube.

Trotz des schlechten Wetters war die Teestube gut besucht und er setzte sich an den einzigen freien Tisch. Dann nahm er die Kuchenvitrine in Augenschein und bestellte ein Stück Rhabarberstreuselkuchen mit Sahne, dazu einen großen Becher heiße Schokolade. Er war immer noch der Auffassung, dass eine hochkalorische Ernährung seinen Erholungsprozess nur unterstützten konnte. Das Licht in der Teestube war gedämpft und der Raum in verhaltenes Gemurmel getaucht. Ein Blick aus dem Fenster auf die Dünen verriet ihm, dass der Sturm in unverminderter Heftigkeit sein Unwesen trieb und das leise Heulen des Windes durch die Ritzen der Holzfenster erinnerte ihn an seine ersten Tage in der Uniklinik. Er dachte an den Ausblick aus seinem Krankenzimmer. Die knorrige alte Eiche, auf die er lange Zeit geblickt hatte, tauchte wieder in seiner Erinnerung auf. In wenigen Wochen würde der mehrere hundert Jahre alte Baum frische Blätter austreiben. Ein Schauer lief über Thomas' Rücken. Seine Schokolade war mittlerweile auf angenehme Trinktemperatur heruntergekühlt und er aß in Gedanken versunken seinen Kuchen. Als er an Christian dachte, fragte er sich, ob der wegen des Sturms am Morgen überhaupt auf das Festland gekommen sei und als er sich dann auf den Nachhauseweg begab, fing es leicht zu regnen an. Der Eingangsbereich der Klinik war wie leer gefegt, und als er seine Kleidung im Zimmer zum Trocknen aufgehängt hatte, blieb ihm noch etwa eine Stunde bis zum Abendbrot. Als er sein Gesicht im Spiegel sah, stellte er fest, dass es von der frischen Seeluft seit Monaten wieder das erste Mal eine gesunde frische Farbe hatte – und erstaunlicherweise hatte er schon wieder Appetit, obwohl seine kleine Zwischenmahlzeit noch keine zwei Stunden zurücklag. Mittlerweile war es fast schon dunkel und man konnte aus dem Fenster nur noch die Konturen der Dünen, von Zeit zu Zeit die hellen Schaumkronen des Meeres und in der Ferne einige verschwommene Lichter erkennen. Dann klingelte das Handy und Christian meldete seine unversehrte Ankunft zu Hause. Ihm sei bei dem Geschaukel auf der Fähre zwar erst einmal eine halbe Stunde lang schlecht gewesen, dann aber sei er auf der Autobahn recht schnell vorangekommen und werde sich jetzt einen gemütlichen Abend machen, um sich von der Fahrerei zu erholen. Als Thomas das Telefonat beendet hatte, fiel sein Blick auf das blaugoldene Ei und er wusste, dass für ihn das neue Leben nun begonnen hatte. Auch am zweiten Abend bediente er sich reichlich am Buffet, und merkte nach kurzer Zeit wieder die Müdigkeit über ihn hereinbrechen, wie am Tag zuvor, sodass er auf seinem Zimmer zwar noch eine halbe Stunde lang las, aber dann recht bald das Licht löschte.

Er hatte einen erholsamen Schlaf und wachte am nächsten Morgen ausgeruht auf. Er spürte, dass er sich langsam an seine neue Umgebung gewöhnte. Im Speisesaal schaute er sich ab und zu um, erkannte aber außer seinem Tischnachbarn nur die einbeinige junge Frau. Der Sturm hatte sich in der Zwischenzeit gelegt; es wehte allenfalls noch eine leichte Brise aber der Himmel war immer noch wolkenverhangen. Thomas nahm sich vor, an diesem Tag den Radius seiner Inselinspektion auszudehnen und sich gleich nach dem Essen auf den Weg zu machen. Bis dahin widmete er sich wieder ausgiebig der Körperpflege. Es kam ihm so vor, als würde das Wachstum seiner Kopf- und Barthaare im Vergleich zum Vortag tatsächlich zulegen. Dann setzte er sich im Foyer wieder auf eines der Sofas und vertrieb sich die Zeit bis zum Mittagessen mit Zeitungslektüre. Es gab Rinderrouladen, die sehr schmackhaft zubereitet waren. Schon am Vormittag hatte er sich die passende Kleidung für seine Inselexkursion angezogen, sodass er nach dem Essen nur noch seine Jacke holen musste. Diesmal ging er den Strand in entgegengesetzter Richtung entlang und erreichte nach einer guten halben Stunde den Fährhafen. Von dort ging er eine weitere halbe Stunde, bis er eines der beiden Inseldörfer erreichte, und wanderte dann weiter den Strand entlang, bis er diesmal von der anderen Seite kommend die Teestube erreichte. Heute waren die Tische mit jeweils einer Tulpe geschmückt, die in kleinen Glasvasen standen. Offensichtlich sollten sie schon jetzt einen kleinen Vorgeschmack auf den anstehenden Frühling geben, der sich in den nächsten Wochen einstellen würde. Thomas betrachtete die rotgelbe Tulpe, deren Blütenblätter sich aufgrund der Wärme schon leicht geöffnet hatten und einen Einblick auf die Staubbeutel gewährten, die sich symmetrisch um den Mittelpunkt der Blüte anordneten. Thomas hatte sich von jeher für die scheinbar durchdachte Schönheit der Natur begeistern können und mochte Pflanzen im Grunde seines

Herzens lieber als Tiere. Dann fiel sein Blick auf seine Hände und er hatte den Eindruck, dass die Zwischenräume zwischen den Strecksehnen an seinen Handrücken sich wieder leicht mit Gewebe aufgefüllt hatten. Überhaupt kam es ihm so vor, als würde sich jetzt von Stunde zu Stunde sein Körper von den Strapazen der letzten Monate erholen, als würde er sich jetzt im Eiltempo all das zurückholen, was er über längere Zeit entbehrt hatte. Er musste an die fade und keimfreie Kost nach seiner Transplantation denken und genoss nun umso mehr die Freuden eines abwechslungsreichen Speisezettels. Allerdings war er heute nach zweieinhalbstündiger leichter Wanderung an die Grenzen seiner körperlichen Belastbarkeit gestoßen und wollte den Nachmittag nun in aller Ruhe ausklingen lassen.

Thomas überlegte sich, wann und wie er mit seinem Manuskript beginnen sollte. Er wollte die Freiheit im Denken zum Hauptthema machen, die jederzeit einen Neubeginn und den damit einhergehenden Richtungswechsel im Leben eines jeden Menschen herbeiführen kann und seine eigene Biografie als Bezugspunkt verwenden. Dadurch wollte er den einen oder anderen Menschen zu einem Neuanfang ermutigen, denn wenn er als über Vierzigjähriger ohne Vorerfahrung mit dem Schreiben anfangen konnte, dann konnten gewiss auch andere Menschen etwas Neues beginnen – was auch immer das bei jedem Einzelnen sein mochte. Er nahm sich vor, bereits hier in der Rehaklinik mit einem handschriftlichen Manuskript zu beginnen, wozu er sich in den nächsten Tagen in dem kleinen Dorfladen einen Schreibblock besorgen würde. Dann blickte er noch eine Weile lang gedankenverloren aus dem Fenster und machte sich wieder auf den Weg zurück zur Klinik. Es war mittlerweile fast windstill und sein Tischgenosse erwähnte während des Abendessens, für die kommende Woche sei schöneres Wetter angesagt. Thomas freute sich schon jetzt auf den Anblick des Meeres bei blauem Himmel, außerdem würde ihm das Licht gut tun. Nachdem er zum Nachtisch eine riesige Portion Obstsalat verzehrt hatte, zog er sich auf sein Zimmer zurück. Er war jetzt gespannt auf den nächsten Tag und auf sein Therapieprogramm für die kommenden Wochen.

Als Thomas dann am nächsten Morgen erwachte, war sein Zimmer in ein wesentlich helleres Licht getaucht, als die Tage zuvor, und als er während des Frühstücks aus dem Fenster blickte, war der Himmel nur noch mit einigen Quellwolken bedeckt, zwischen denen immer wieder die Sonne zum Vorschein kam. Um zehn Uhr klopfte er dann an die Tür der Ärztin, die mit ihm das Rehabilitationsprogramm durchsprach: Jeden Morgen eine Stunde Gymnastik in der Sporthalle, dazu dreimal pro Woche eine spezielle, auf seine Bedürfnisse zugeschnittene Physiotherapie und einmal in der Woche eine Gruppentherapie, während der über alles gesprochen werden könne, was den Patienten auf dem Herzen liege, zum Beispiel die Angst vor der Wiedereingliederung in den Berufsalltag. Und am Ende seines Aufenthaltes werde sich der Sozialdienst der Klinik schließlich noch um die nach seiner Entlassung anstehenden Belange kümmern. Die Ärztin war der Auffassung, ihr Patient sehe so kurze Zeit nach einer Leukämiebehandlung bereits wieder erstaunlich gut aus, was Thomas auf seinen ausgeprägten Appetit und den erholsamen Schlaf zurückführte und seiner Ärztin zufolge einzig dem gesunden Reizklima auf der Insel geschuldet sei. Wenn er jetzt im Vergleich zu seinem Klinikaufenthalt allerdings wesentlich mehr Nahrung zu sich nehme, sei es angebracht, am Ende der Woche noch einmal den Blutspiegel des immunsuprimierenden Medikaments zu überprüfen, weshalb er sich am Freitagmorgen vor dem Frühstück noch einmal kurz zu einer Blutentnahme einfinden solle. Das Sprechzimmer der Ärztin war mittlerweile lichtdurchflutet, und als sich der Patient nach der Untersuchung ankleidete, fiel sein Blick zufällig auf ein geschmackvolles abstraktes Bild, das in Blau und Rot gehalten war.

Dann hatte Thomas den Rest des Tages frei, während am nächsten Tag und am Donnerstag neben dem Frühsport noch die Physiotherapie und am Freitag die Gruppentherapie zu bewältigen war. Bis zum Mittagessen war noch eine gute Stunde Zeit, und Thomas setzte sich wieder zum Zeitunglesen auf eines der Sofas in der Eingangshalle. Nach dem Essen wollte er dann seinem Vorsatz gerecht werden und das Schreibmaterial kaufen gehen. Er wusste, dass er nun erhebliche Anstrengungen unternehmen musste, wenn er tatsächlich ein Buch schreiben wollte, aber es war seiner Ansicht nach eine Frage von Charakterstärke und Standfestigkeit, diesen einmal gefassten Entschluss auch umzusetzen, und er konnte von sich behaupten, nie flatterhaft von einer Idee zur nächsten zu springen. Also ging er nach dem Essen die Asphaltstraße entlang bis zum Abzweig des Fußweges, der zum Strand führte, und hielt sich dort rechts in Richtung Fährhafen und Ortschaft. Es war ein heller Tag, nur wenige Quellwolken zogen am Himmel dahin und das Geschrei der Möwen zerriss bisweilen die Stille. Auf halber Strecke zum Fährhafen entdeckte Thomas etwas erhöht auf einer Düne stehend eine Bank, auf die er sich setzte, obwohl es immer noch sehr kühl und mittlerweile wieder windig war, aber der freie Blick auf das Meer und die wunderbare Dünenlandschaft mit den maritimen Gräsern ließ ihn einige Zeit in Ruhe verweilen.

Er genoss den Ausblick, spürte die Sonne und den Wind auf seiner Haut. Dann fiel sein Blick auf eine kleine verkrüppelte Kiefer, die links unterhalb von ihm zwischen zwei flacheren Dünen wuchs und deren kleines verbogenes Stämmchen aufgrund des scharfen Windes fast waagerecht gewachsen war. Die wenigen dünnen Äste standen wie Tentakeln in alle Himmelsrichtungen und Thomas kam die lächerliche Frage in den Sinn, warum die Natur den Kiefernsamen nun ausgerechnet an dieser denkbar ungünstigen Stelle hatte aufgehen lassen. Vielleicht wäre aus dem Samen bei guter Lage eine stattlich gewachsene Kiefer geworden, doch die Natur hatte nun einmal anders entschieden und den hiesigen Standort gewählt. Aus diesem Grund war es ihm immer unsinnig vorgekommen, dass Menschen gegen ihre eigene Natur aufbegehrten, anstatt sich mit sich selbst und ihrer Herkunft zu arrangieren. Was für einen Sinn konnte es haben, sich gegen seine eigene Herkunft aufzulehnen, die durch die genetische Ausstattung und die Sozialisation während der Kindheit und Jugend in gewissem Sinne vorgegeben war? War es nicht besser, die Dinge zu akzeptieren, wie sie waren, anstatt ein anderes Leben führen zu wollen, das nicht der eigenen Natur entsprach? Aus dem kleinen krüppligen Bäumchen zu seiner Linken würde niemals ein stattlicher, hochgewachsener Baum werden. Es war das Einverstandensein mit dem Schicksal, das Sartorius ihm als ein Mittel gegen die Risiken des Lebens an die Hand gegeben hatte.

Thomas Leitner betrachtete noch eine Zeit lang den Horizont, an dem langsam ein Frachtschiff vorüberfuhr, und machte sich dann wieder auf den Weg, weil er zu frieren begann. Seine Gedanken verloren sich im sanften Meeresrauschen und dem Möwengeschrei. Er genoss es, außer den Naturgeräuschen keinerlei störende Motorgeräusche zu vernehmen. Als er dann den kleinen Inselsupermarkt betrat, wurde ihm bewusst, wie lange er mittlerweile schon dem normalen Leben entrückt war, denn seit mehr als einem halben Jahr war es das erste Mal, dass er wieder ein Geschäft betrat. Er betrachtete die Früchte an der Obst- und Gemüsetheke, als wären es die ersten Ananas und Mangos, die er in seinem Leben erblickte. Er brachte geraume Zeit in dem kleinen Laden zu, deckte sich außer mit Schreibutensilien noch mit einigen Zeitschriften ein und nahm den gleichen Weg zurück zur Klinik, den er gekommen war. Inzwischen war es fast windstill und er setzte sich zum zweiten Mal auf seine Bank, als wollte er jeden Luftzug frischer Seeluft auskosten, nachdem er monatelang nur den Mief seines Krankenzimmers geatmet hatte. Er saß dort noch einige Zeit und dachte an die Menschen, die bis letzte Woche noch Teil seines Lebens waren, an Dr. Papadakis, Schwester Gabi, Schwester Brigitte und er fragte sich, ob das Einzelzimmer mit Blick auf den Park mittlerweile wohl wieder mit einer anderen Person belegt war. Dann machte er sich endgültig auf den Rückweg, um das Abendessen in der Klinik nicht zu versäumen. Für den nächsten Morgen stellte sich Thomas den Wecker, um rechtzeitig zum Sport zu kommen.

In der kleinen Turnhalle versammelten sich ungefähr fünfzehn Patienten und der Therapeut, der den Patienten kurzweilige 45 Minuten bereitete, denn während der Übungen spielte er immer wieder Musik ein und hatte sich außerdem eine abwechslungsreiche Abfolge von Übungen ausgedacht. Dann gab es Frühstück und am späten Vormittag kam die Physiotherapie an die Reihe, während der sich unser Patient wie damals in der Uniklinik wieder am Fahrrad verausgaben konnte. Nach dem

Mittagessen ruhte Thomas eine Stunde lang auf seinem Zimmer, um sich dann mitsamt seinem Block in die Teestube zu begeben. Als er dort bestellt hatte, sah er, dass die Tulpe in der Vase ihre Blüte mittlerweile weit geöffnet hatte. Dann überlegte er sich einige Stichpunkte zur inhaltlichen Gliederung seiner Einleitung. Die nächsten zwei Stunden vergingen wie im Fluge, und als sich Thomas dann auf den Heimweg machte, hatte er tatsächlich seit Langem wieder das Gefühl, erfolgreich etwas Neues begonnen zu haben. Dementsprechend müde war er am Abend, aber er merkte dennoch, dass er sich nun insgesamt von Tag zu Tag erholter und kräftiger fühlte.

Am nächsten Morgen wachte er dann zeitig auf und machte sich fertig für den Frühsport in der Turnhalle. Er war hellwach an diesem Morgen und fühlte sich rundherum wohl. Nach dem Sport wollte er in vollen Zügen sein Frühstück genießen, dann in Ruhe duschen und nach dem Mittagessen wieder an den Strand gehen. Er freute sich schon jetzt auf seine Bank auf der Düne, wo er in Ruhe seine Gedanken und den Blick in die Ferne schweifen lassen konnte. Er hatte sich seit seiner Ankunft noch immer nicht länger mit einem seiner Mitpatienten unterhalten und war auch mit seinem Tischgenossen über den gewöhnlichen Small Talk noch nicht hinausgekommen, aber er genoss seine wiedererlangte Freiheit und die opulenten Mahlzeiten in der Nordseeklinik. Zum Frühstück aß er an diesem Tag drei frische Brötchen mit Räucherlachs und zwei gekochte Eier. Der heitere Sonne- und Wolkenmix am Himmel lud zum Verlassen des Klinikgebäudes ein. Er wollte wieder den Schreibblock mitnehmen und seinem Tatendrang eine gewisse Kontinuität verleihen. Die genaue Inspektion seines wieder einsetzenden Haarwuchses auf dem Zimmer verlief an diesem Tag ebenfalls zu seiner Zufriedenheit und er würde sich wohl ab nächster Woche wieder rasieren müssen. Dann vertiefte er sich bis zum Mittagessen in seine Zeitschriften und machte sich am frühen Nachmittag wieder auf den Weg zum Strand. Er ließ die Bank auf der Düne zunächst rechts liegen und ging vor bis zum Fährhafen. Dann schlenderte er zurück und verbrachte gut zwei Stunden auf seiner Bank, denn die Nachmittagssonne war an diesem Tag vergleichsweise warm. Er kam gut mit dem Schreiben voran, trank später noch eine Tasse Tee in der Teestube und ging, wie an den Tagen zuvor, am späten Nachmittag zurück zur Klinik. Vor dem Abendessen kramte er noch ein wenig in seinem Zimmer herum, hatte nach dem Essen dann wieder seine Bettschwere erreicht und freute sich auf die noch anstehenden Wochen – so gut hatte er sich in der kurzen Zeit in der Klinik eingelebt.

9. Erwachen der Leidenschaften: Das Schreiben und die Muse

Der nächste Tag verlief dann ähnlich wie der vorige. Am Freitagmorgen aber war eine deutliche Wetterverschlechterung zu verzeichnen. Die Sanddünen, die Thomas von seinem Fenster aus sehen konnte, lagen unter grauem Sprühregen, durch den der Horizont wie verschmiert wirkte. Nach dem Sport und noch vor dem Frühstück fand sich Thomas an diesem Morgen zur Blutentnahme im Arztzimmer ein. Dann frühstückte er lange und ausgiebig und zog sich nach dem Essen zum Schreiben in sein Zimmer zurück. Während einer Pause sah er eine Zeit lang von seinem Fenster aus dem Regen zu und überlegte sich, wie die jetzt anstehende Gruppentherapie wohl verlaufen mochte. Sicherlich würden die Teilnehmer zunächst aufgefordert, sich vorzustellen und der Therapeut würde dann gezielt Themen aufgreifen, die er anschließend zur Diskussion stellte. Die nach dem Mittagessen noch verbleibende halbe Stunde verbrachte Thomas im Eingangsbereich der Klinik und fand sich dann pünktlich in dem Raum ein, der für die Gruppentherapie vorgesehen war.

Der Therapieraum war mit einem großen Fenster versehen, das freie Sicht auf das Meer bot und Thomas Leitner war überrascht, dass die Gruppe außer ihm nur aus fünf weiteren Patienten, zwei Männern und drei Frauen sowie einem Psychologen und seiner Ärztin bestand. Der Psychologe und die Ärztin stellten sich zuerst vor, was die Situation merklich auflockerte, und dann folgten im Uhrzeigersinn die Patienten. Thomas war der erste, und als er sich vorgestellt hatte, erzählte er, wie er im Herbst vergangenen Jahres ins Krankenhaus gekommen war und dass er dank der Unterstützung durch einen guten Freund, der guten Behandlung in der Klinik und des guten Willens einer belgischen Studentin nun das Glück habe, wohlbehalten hier zu sein. Dabei verspürte er tatsächlich einen Schauer von Ehrfurcht seinen eigenen Ausführungen gegenüber. Die Ärztin bedankte sich dann für seine Aufgeschlossenheit und erklärte, bei Bedarf gebe es grundsätzlich auch die Möglichkeit zu Einzelgesprächen mit den Therapeuten. Dann stellten sich die nächsten beiden Patienten vor, was mehr oder weniger an Thomas vorbei ging. Er hörte erst wieder aufmerksam zu, als die nächste Patientin, die ihm schräg gegenübersaß, zu sprechen begann. Es war eine schlanke sportliche Frau, Lehrerin für Deutsch und Sport namens Judith Berger, die mit ihrer dreijährigen Tochter allein lebte und an der Hodgkinschen Krankheit litt, die bei ihr bis zum vierten Stadium fortgeschritten und entsprechend intensiv mit einer sich über acht Monate hinziehenden Chemotherapie behandelt worden war. Nun hoffte sie, sich in der Nordseeklinik so weit erholen zu können, dass sie baldmöglichst wieder anfangen konnte in Teilzeit zu arbeiten. Thomas war in eigentümlicher Weise von Judith Berger fasziniert. Sie hatte eine weiche aber bestimmte Art zu sprechen und eine angenehme Ausstrahlung. Ihre kurzen blonden Haare, die sie zu einem Seitenscheitel gekämmt hatte, gaben ihr in Kombination mit den stahlblauen Augen ein fast kindliches Aussehen, das mit ihrem restlichen Körper nicht richtig in Einklang zu bringen war. Auf jeden Fall war Judith Berger die Ursache dafür, dass auch die Vorstellung der noch verbliebenen zwei Patienten an Thomas Leitner vorbeiging. Am Ende der Stunde wurde die Gruppe dann für die nächste Woche zur gleichen Zeit wiederbestellt und es wurde die Tatsache hervorgehoben, dass die jetzige Gruppe ausschließlich aus Neuankömmlingen bestehe und sich deshalb an ihrer Zusammensetzung im Laufe der nächsten beiden Monate nichts ändern werde. Am Ende der Stunde ging jeder recht schnell seiner Wege und Thomas überlegte, ob er trotz des schlechten Wetters noch einmal nach draußen gehen sollte. Die Tatsache aber, dass es mittlerweile fast waagerecht regnete, ließ ihn den Rest des Nachmittags auf seinem Zimmer verbringen. Er arbeitete noch eine Zeit lang an seinem Manuskript und verbrachte den Abend mit Lektüre. Nur zwischendurch und fast beiläufig kam ihm seine Mitpatientin Judith Berger in den Sinn. Er realisierte, dass sie der erste Mensch während seines nunmehr einwöchigen Aufenthalts in der Nordseeklinik war, der bei ihm einen bleibenden Eindruck hinterlassen hatte.

Also hielt Thomas Leitner am nächsten Morgen Ausschau nach seiner neuen Mitpatientin und er entdeckte sie in der der einbeinigen Frau gegenüber liegenden Ecke des Frühstücksraums. Sie hatte ihn ihrerseits wohl schon eine Zeit lang beobachtet und er war aus diesem Grund völlig irritiert durch den unerwarteten Blickkontakt. Also grüßte er sie ein wenig hölzern und Judith Berger erwiderte seinen Gruß mit einem entwaffnenden Lächeln. Thomas spürte, dass er errötete und die Tatsache, dass er sich dessen schämte, verstärkte noch seine Nervosität. In diesem Moment stieß er mit einer fahrigen ungeschickten Bewegung sein Glas Orangensaft um, was den erschreckten Aufschrei seines Gegenübers provozierte, der aber die Folgen des Missgeschicks durch den geistesgegenwärtigen Einsatz einiger Papierservietten im Rahmen hielt. Thomas sah noch einmal kurz zu Judith Berger hinüber, die ihn immer noch ansah und deren Lächeln mittlerweile zwei entzückende Wangengrübchen freigelegt hatte. Dann allerdings widmete sie sich ausschließlich dem Verzehr ihres Frühstückseis und würdigte Thomas keines Blickes mehr. Anschließend verließ sie den Frühstücksraum, und als Thomas noch einmal Mut gefasst hatte, zu ihr hinüberzublicken, war ihr Platz leer.

Nach dem Frühstück und der Lektüre des Wetterberichts in einer der Tageszeitungen im Foyer der Klinik entschloss er sich, nach einem geruhsamen Vormittag und dem anschließenden Mittagessen zu seiner gewohnten Tour an den Strand aufzubrechen. Er entschied sich für den direkten und schnellsten Weg zur Teestube, denn eine weitere Wegstrecke hätte seine Kleidung völlig durchnässt. Der Gastraum war heute wieder fast voll besetzt und Thomas setzte sich deshalb an einen größeren Tisch zu anderen Gästen. Die Tulpen, die mittlerweile schon eine volle Woche lang auf den Tischen standen, hatten bereits einige ihrer Blütenblätter eingebüßt. Zum Schreiben fand er an diesem Tag keine Ruhe, weil er keinen Einzeltisch hatte, also beteiligte er sich an den Gesprächen seiner Tischgenossen, war in Gedanken aber meist bei sich selbst und seinem zukünftigen Leben. Er wusste, dass er mit der Personalabteilung seiner Firma bald ein Gespräch über seine berufliche Wiedereingliederung führen musste, aber er verdrängte diesen Gedanken gleich wieder, denn er wollte die nächsten Wochen einfach nur genießen und zu seiner Erholung nutzen. Von Zeit zu Zeit dachte er an diesem Nachmittag allerdings auch an Christian und eine Person, die erst kürzlich das Innere seiner Seele berührt hatte: Judith Berger. Während des Abendessens sah er nur kurz zu ihr hinüber, während sie sich mit einer Tischnachbarin unterhielt und beim zweiten flüchtigen Blick war sie wie am Abend zuvor nicht mehr an ihrem Platz. Thomas sagte sich, dass der gestrige Blickkontakt auch nur ein Zufall gewesen sein könnte und dass er sich ihr Interesse an seiner Person vielleicht auch nur eingebildet hatte. Schließlich war der Wunsch ja oft genug der Vater des Gedankens.

Am nächsten Morgen nahm er sich dann eine weitläufigere Tour über die Insel vor. Es hatte aufgehört zu regnen und er wollte seine Gedanken sortieren. Zunächst nahm er also seinen gewohnten Weg zum Strand, passierte den Fährhafen, ging aber dann nicht auf der anderen Inselseite zurück in Richtung Klinik, sondern in die entgegengesetzte Richtung eine Landzunge entlang, an deren Ende der Inselleuchtturm stand. Er genoss es, am Strand zu spazieren und blieb einige Male stehen, um kleine Meerestiere oder angeschwemmte Gegenstände aus der Nähe zu betrachten. Der Strand roch nach Seetang und Salz und das Geschrei der Möwen, das auf der Insel sein ständiger Begleiter war, nahm er mittlerweile nur noch beiläufig wahr. In der Nähe des Leuchtturms standen einige Bänke und Thomas setzte sich, um genüsslich sein Lunchpaket zu verzehren. Für kurze Zeit schien sogar die Sonne durch eine Wolkenlücke hindurch und verwandelte die gesamte Szenerie in ein Postkartenmotiv. In der Ferne hörte er einige Schafe blöken und nach dem Verzehr seiner Pausenbrote saß er hier noch weit über eine Stunde, bis er den Rückweg antrat.

Am nächsten Morgen setzte Thomas dann sein reguläres Reha-Programm fort. Spätestens am Freitag würde er mit Judith Berger wieder zusammentreffen. Er hatte sich vorgenommen, die anstehende Begegnung zu nutzen, um die Initiative zu ergreifen, indem er sie fragen wollte, ob sie auf einen gemeinsamen Spaziergang mit ihm Lust hätte. Dann versuchte er sich während der nächsten Tage wieder auf sein Manuskript zu konzentrieren, denn er hatte sich vorgenommen, auf der Insel zumindest eine Art Einleitung zu schreiben, auf deren Grundlage er dann kontinuierlich weiterarbeiten konnte. Während seiner Strandspaziergänge würde er jetzt genug Zeit haben, die entsprechenden Inhalte zu entwickeln. Am nächsten Morgen machte ihm Judith Berger aber zum zweiten Mal einen Strich durch seine stringente Planung. Als Thomas gerade dabei war, seinen Frühstücksteller am Buffet zu füllen, stand sie plötzlich neben ihm und grüßte freundlich. Sie habe am Wochenende Besuch von Mutter und Tochter gehabt. Beide seien schon wieder abgereist, aber aus diesem Grund sei sie während des Wochenendes kaum in der Klinik gewesen. Hier war nun die Steilvorlage, die Thomas geistesgegenwärtig nutzte, indem er von seinen Wanderungen auf der Insel zu schwärmen begann. Insbesondere eine Bank, die leicht erhöht auf einer Düne stehe, einen wunderbaren Blick auf das offene Meer biete und sich außerdem noch ganz in der Nähe der Klinik befinde, habe es ihm besonders angetan. Die von der Ärztin angepriesene Teestube befinde sich außerdem ganz in der Nähe, sodass er dort nachmittags öfter Tee trinke. Judith Berger gab zu, sie sei noch gar nicht auf der Insel unterwegs gewesen, und am kommenden Wochenende erwarte sie auch keinen Besuch. Vielleicht könne er ihr die schöne Düne mit der Bank dann einmal zeigen. Also verabredeten sie sich für den Samstagnachmittag und Judith Berger ging mit ihrem gefüllten Frühstücksteller zurück an ihren Platz.

Thomas Leitner war seit Jahren nicht mehr so aufgeregt gewesen wie jetzt. Er war froh, dass er die Begegnung konstruktiv ausgenutzt hatte und auch ein wenig stolz darauf, die Teestube quasi als ärztliche Empfehlung angepriesen zu haben. Als er aber nach geraumer Zeit von seinem Teller wieder aufblickte, hatte Judith Berger den Speisesaal bereits wieder verlassen. Während des gesamten restlichen Tages gönnte sich Thomas dann eine Kunstpause, denn er konnte keinen klaren Gedanken mehr fassen. Die frische Natürlichkeit mit der Judith Berger auf ihn zugegangen war, hatte ihn beeindruckt. Sie wirkte bestimmt, aber nicht aufdringlich und hatte dennoch ein liebenswertes und charmantes Auftreten. Außerdem war sie trotz ihrer gerade überstandenen Krebserkrankung ausgesprochen hübsch, zumindest war sie in Thomas' Augen eine fast engelsgleiche Erscheinung. Während seiner Inselwanderung an diesem Tag ertappte er sich mehrere Male dabei, wie er glückselig vor sich hin lächelte. Er fragte sich, wie wohl ihr Reha-Programm aussehen mochte und welche Termine sie zum stets zeitigen Verlassen des Speisesaals zwangen. Dann erinnerte er sich wieder an ihre morgendliche Begegnung und sah sie in Gedanken wieder vor sich, in Jeans, Turnschuhen und einem einfachen T-Shirt. Vor allem war es ihre außergewöhnliche Persönlichkeit, die ihn magisch anzog und zugleich verwirrte. Vorsorglich kaufte er auf dem Rückweg im Inselladen Rasierzeug und bedauerte, dass die Auswahl an Rasierwassern in dem kleinen Supermarkt sehr zu wünschen übrig ließ. Während des Abendessens ergab sich nur noch einmal ein kurzer Blickkontakt mit Judith, dann war Thomas mit sich und seinen Fantasien wieder allein. Er hatte im Inselladen auch einige Postkarten gekauft und am Abend schrieb er jeweils eine an seinen Bruder, eine an Stefan Steinmann und eine an Christian Talbach. Diesmal war er nicht so müde, wie die Abende zuvor und fand erst spät in den Schlaf.

Am nächsten Morgen war Judith Berger schon weg, als Thomas zum Frühstück erschien. Während des gesamten Tages zermarterte er sich den Kopf, was es mit der Verabredung am Samstag nun auf sich hatte und ob sich Judith gerade absichtlich so rar machte. Er spürte förmlich, wie ihn diese Frau von Tag zu Tag mehr aus dem Gleichgewicht brachte. Am Nachmittag saß er dann auf seiner Bank und sah einigen Möwen zu, die sich am Strand um einen toten Fisch stritten. Es erschien ihm zunehmend so, dass der Anteil des Lebens, den man proaktiv vorausplanen konnte, verschwindend klein war. Immer wieder schien sich der Zufall einzumischen und zum Abändern von einmal getroffenen Entscheidungen zu zwingen. Aber gerade diese zufälligen Begebenheiten waren ja auch bereichernd, wenn man sein Leben nicht gerade in Einsiedelei verbringen wollte. Zwar konnte er die Tragweite der Begegnung mit Judith Berger für sein Leben jetzt noch nicht absehen, aber sein intuitives Gespür war zu stark, als dass er nicht ahnte, sein selbst gesetzter Neubeginn könne durchaus anders verlaufen, als er ihn sich im Krankenhaus vorgestellt hatte. Er versuchte also die Vorfreude auf seine Verabredung und die Ungewissheit über deren Ausgang zur Seite zu schieben, und tatsächlich machte er an diesem Tag, den er für das Schreiben eigentlich schon aufgegeben hatte, noch einmal gute Fortschritte an seinem Manuskript. Während des Abendessens grüßten Judith und er einander nur beiläufig. Thomas langte bei dieser Mahlzeit mittlerweile auch nicht mehr in dem Maße zu, wie in den ersten Tagen seines Aufenthalts in der Nordseeklinik. Auch an diesem Abend lag er noch lange wach und ließ die letzten Monate seines Lebens noch einmal Revue passieren. Das blaue Ei auf seinem Regal erinnerte ihn noch einmal daran, dass er vor einigen Wochen erst knapp dem Tod entronnen war und dass er trotz allem großes Glück im Unglück hatte. Interessanterweise war ihm während seiner Klinikzeit nie in den Sinn gekommen, vielleicht noch einmal eine ernsthafte Beziehung zu einer Frau einzugehen, sodass sich auch in seinem sozialen Umfeld wieder eine tief greifende Veränderung ergeben würde. Aber interpretierte er jetzt nicht viel zu viel hinein in die bis jetzt nur flüchtige Begegnung mit Judith Berger?

Während in der ersten Woche in der Nordseeklinik die Zeit verflogen war, verging sie während der nächsten beiden Tage zäh wie Kaugummi. Thomas hatte nur zwei weitere flüchtige Blickkontakte mit Judith und gewann immer mehr den Eindruck, dass sie wirklich nur an einer flüchtigen Zerstreuung aber nicht an seiner Person interessiert war und er sehnte sich nach einer Klärung der Situation während ihres anstehenden Treffens. Hatte sie wirklich Interesse, ihn kennenzulernen? Würde sie sich im Gespräch öffnen und auf ihn zu bewegen? Aber was wollte Thomas selbst? Er fühlte sich stark zu Judith hingezogen und war irritiert von der kühlen Distanz, die sie während der letzten Tage zwischen sie brachte. Es war eben diese Ungewissheit, die an ihm nagte. Während der Sportveranstaltungen sah er alle paar Minuten auf die Uhr und während des Schreibens gelangen ihm nur sehr kurze Textpassagen, bis er eine Pause brauchte und sich eine Zeit lang mit banalen Beschäftigungen ablenkte, indem er beispielsweise in seinen Zeitschriften blätterte. Und als er am Freitagnachmittag seinen Weg zur Gruppentherapie nahm, sah er Judith Berger schon von Weitem vor einem Plakat der Klinik stehen. Er nahm sich vor, freundlich aber gefasst auf sie zu reagieren. Judith kam ihm einige Schritte entgegen und gab ihm zur Begrüßung die Hand. Ihrer Meinung nach könnten sie einander ruhig duzen, schließlich würden sie ja morgen den ganzen Nachmittag miteinander verbringen. Dabei blickte sie ihm sanft aber bestimmt in die Augen und er merkte, dass ein warmer Schauer seinen Körper durchströmte. Mit seiner Gefasstheit war es nun vorbei – zumindest in seiner subjektiven Wahrnehmung. Wenigstens konnte er ihr sagen, er freue sich sehr darauf und Gott sei Dank spiele ja auch das Wetter mit. Dann gingen beide in den Therapieraum, in dem die anderen Patienten und die Therapeuten bereits auf ihren Stühlen saßen und die Therapiestunde begann. Sie hatte den durch die Erkrankung hervorgerufenen psychischen Einschnitt zum Thema und deren Auswirkungen auf die weitere Lebensgestaltung. Alle Patienten wollten nach der Reha zunächst in Teilzeit ihre alte Beschäftigung aufnehmen, aber es war niemand dabei, der wie Thomas Leitner die Krankheit zum Anlass nehmen wollte, das ganze Leben neu auszurichten. Also hielt er sich diesbezüglich bedeckt und hoffte, am Ende der Stunde noch einige Worte mit Judith wechseln zu können. Judith unterhielt sich am Ende der Stunde aber noch kurz mit der Ärztin und Thomas wollte nicht allzu aufdringlich wirken. Andererseits hatten sie sich ja morgen den ganzen Nachmittag Zeit genommen und würden einander endlich kennenlernen. Inzwischen verging die Zeit noch langsamer, gerade so, als wäre sie eingefroren. Nach dem Abendessen lag Thomas auf seinem Bett und betrachtete lange seinen Schreibblock, dessen beschriebene Seiten sich mittlerweile von den unbeschriebenen leicht abhoben.

Am nächsten Morgen war er froh, dass er trotz seiner Aufregung gut geschlafen hatte, und hätte Judith während des Frühstücks am liebsten gefragt, ob sie nicht den ganzen Tag miteinander verbringen könnten, stattdessen beschränkte er sich darauf, sie noch einmal auf den nachmittäglichen Treffpunkt anzusprechen. Sie einigten sich auf dreizehn Uhr in der Eingangshalle und bereits um Viertel nach zehn saß Thomas fertig angezogen auf dem Sofa seines Zimmers und beobachtete den Lauf des Sekundenzeigers seiner Armbanduhr. Zwischendurch stellte er sich immer wieder vor das Fenster und genoss den freien Blick auf die Dünen, den er so sehr liebte. Das Wetter hatte es gut mit ihm gemeint. Es war ein lauer Frühlingstag und nur eine leichte Brise versetzte das auf den Dünen wachsende Binsengras in sanfte Bewegungen. Kurz vor zwölf Uhr betrachtete sich Thomas noch einmal abschließend im Spiegel, denn er hatte an diesem Morgen große Sorgfalt auf seine Körperpflege verwendet und sich auch zum ersten Mal seit seiner Leukämiebehandlung wieder rasiert. Im Speisesaal winkte ihm Judith schon von Weitem zu. Nach dem Essen kam sie kurz an seinen Tisch und sagte, sie wolle sich nur noch kurz frisch machen und sei dann wie verabredet um dreizehn Uhr in der Eingangshalle. Thomas hatte seine Jacke schon mit zum Mittagessen genommen und setzte sich nach dem Essen auf eines der Sofas im Erdgeschoss. Nach zwanzig Minuten zähen Wartens erschien Judith, die ihn zur Begrüßung mit einer angedeuteten Umarmung begrüßte und beide verließen das Klinikgebäude.

Sie nahmen den Weg Richtung Strand und als Thomas ein lang gezogenes Räuspern vernehmen ließ, wie ein Professor kurz vor einer Ansprache, fing Judith laut zu lachen an und brach dadurch das Schweigen, das aus Unsicherheit entstanden war. Die beiden gingen die Straße entlang und bogen in den Fußweg ein, der zum Strand führte. An den am Wegesrand stehenden Büschen zeigten sich die ersten Knospen und auch die ersten Gräser und Blattpflanzen waren Vorboten des nahenden Frühlings. Es war ein windstiller sonniger Tag und Thomas freute sich über die offene Atmosphäre, die zwischen den beiden zu entstehen begann. Natürlich war die Krankheit der beiden der erste Aufhänger für ihr Gespräch. Beide wussten, dass sie diese ohne die Unterstützung durch Judiths Mutter, die sich während ihrer Klinikaufenthalte um Judiths Tochter gekümmert hatte, und die Unterstützung von Thomas durch Christian, angesichts der Umstände, die mit ihrer Diagnose verknüpft waren, nicht so gut hätten bewältigen können. Kurz nach der Geburt ihrer Tochter sei Judiths Beziehung zu ihrem damaligen Freund in die Brüche gegangen und ohne die Unterstützung ihrer Mutter sei sie damals schon aufgeschmissen gewesen. Jetzt gehe die Kleine in den Kindergarten und der zeitliche Aufwand für ihre Betreuung habe sich entsprechend vermindert. Letztes Jahr im Herbst sei dann die Hodgkinsche Krankheit bei ihr festgestellt worden und seitdem sei sie bis vor Kurzem in ständiger ärztlicher Behandlung gewesen. In zwei Monaten werde sie dann beginnen, wieder in Teilzeit zu arbeiten.

Thomas sei ihr sofort bei Ankunft in der Nordseeklinik aufgefallen. Er habe sich von den anderen Patienten dadurch abgehoben, dass er irgendwie abgeklärter wirkte und als er während der Gruppentherapie seine Geschichte erzählte, sei ihr seine besondere Wortwahl beim Sprechen aufgefallen, auch dass er seine Gesundung als eine Art Geschenk beschrieben habe, während die anderen Patienten eher die negativen Seiten ihres Schicksalsschlages betonten. Und seitdem sei sie davon hin- und hergerissen worden, ob sie auf ihn zugehen solle, denn sie wollte sich keinesfalls aufdrängen und suche zum jetzigen Zeitpunkt eigentlich auch keine Beziehung. Als Thomas ihr dann erklärte, dass es ihm gerade genauso ging, mussten beide wieder lachen und das Eis zwischen ihnen war nun endgültig gebrochen. Es kam ihnen vor, als würden sie sich schon seit Längerem kennen, denn die Vertrautheit, die sich zwischen ihnen nun eingestellt hatte, ähnelte der zwischen zwei alten Freunden, die sich eine Zeit lang nicht gesehen hatten. Judith erzählte von ihrer Sorge, der Verantwortung als alleinerziehender Mutter nicht mehr gerecht zu werden, ohne dass Thomas das Gefühl hatte, dabei als zukünftiger Vater in Betracht gezogen zu werden. Er vergegenwärtigte sich die Tragweite von Judiths Zukunftsängsten und war sich unsicher, ob er ihr in dieser Situation von seinem Vorhaben erzählen sollte, ein Buch zu schreiben, denn er hatte Angst, Judith könnte ihn für einen eigenbrötlerischen Spinner halten und ihr Interesse an ihm verlieren. Auf der anderen Seite wollte er sich aber nicht verstellen und vorgeben, jemand zu sein, der er nicht war.

Also begegnete er Judith mit derselben Offenheit wie sie ihm und erzählte ihr zunächst, dass er zu seinen Eltern stets ein unterkühltes und unpersönliches Verhältnis gehabt habe und dass einer seiner Lehrer mit der Zeit so etwas wie eine Vaterfigur für ihn geworden sei. Die Nähe zur Philosophie habe ihm dann im weiteren Verlauf seines Lebens oft geholfen, sich nicht zu verrennen, sondern das Leben immer wieder neu auf die jeweiligen Gegebenheiten auszurichten. Dann erzählte Thomas, wie viel Rückhalt ihm sein alter Lehrer Sartorius und sein Freund Christian bei der Bewältigung seiner Krankheit gegeben hätten, und dass er vielleicht anderen Menschen, die sich in einer ähnlichen Situation befanden, helfen könne, wenn es ihm gelinge, seine Gedanken in einem Buch zusammenzufassen. Er war froh, dass er sich nun komplett geöffnet hatte und es entstand eine Pause des Schweigens, während der Thomas an Judiths Blicken auszuloten versuchte, welchen Eindruck er bei ihr hinterlassen hatte. Während des Schweigens hörte er die ersten Insekten im Hintergrund summen und in seiner Wahrnehmung hob sich dieses monotone Summen in angenehmer Weise vom Kreischen der Möwen ab, die in der Nähe des Strandes ihre Kreise zogen. Nach einer Weile fragte Judith, ob er schon angefangen habe zu schreiben, und sie fügte in neutralem und sachlichem Ton hinzu, dass sie sich jetzt in ihrem ersten Eindruck bestätigt fühlte, dass Thomas ein ganz außergewöhnlicher Mensch sei. Dann schwiegen beide wieder eine Zeit lang. Sie lauschten dem Summen der Insekten und dem Gekreische der Möwen und Thomas Leitner erfüllte ein unbeschreibliches Gefühl von Wärme, Freude und Dankbarkeit – Dankbarkeit dafür, dass die erste Frau, die ihn seit vielen Jahren berührt hatte, ihn für sein Anderssein jetzt vielleicht noch mehr schätzte als zuvor.

Thomas führte Judith zu der Teestube, die zum ersten Mal in dieser Saison einige Tische im Freien aufgestellt hatte. Sie nahmen Platz und unterhielten sich angeregt, bis sie das Abendessen in der Klinik zur Rückkehr zwang. Als sie dann den Sandweg entlang gingen, der zurück zur Straße führte, wagte Thomas den zweiten Vorstoß dieses denkwürdigen Tages und fragte Judith, ob er ihr morgen den Leuchtturm auf der anderen Seite der Insel zeigen könne. Er sei schon einmal dort gewesen und habe an diesem Tag sein Mittagessen in der Klinik gegen ein Lunchpaket eingetauscht, was unproblematisch gewesen sei. Wenn sie möge, könnten sie den Tag in der Nähe des Leuchtturms mit einem Picknick am Strand verbringen. Judith sagte zu, und als Thomas die beiden Lunchpakete für den nächsten Tag bestellt hatte, verabredeten sie sich zum Aufbruch nach dem Frühstück und zogen sich dann in ihre Zimmer zurück, um die Erlebnisse des Tages und die Vorfreude auf den folgenden wirken zu lassen. Auf seinem Zimmer nahm Thomas noch einmal seinen Schreibblock ins Visier aber er verspürte keine Lust, noch etwas zu schreiben, zu aufgewühlt war er noch, während er den Tag Revue passieren ließ. Geraume Zeit lag er noch wach und erinnerte sich an Judiths elegante Art zu gehen. Er sah in seiner Erinnerung noch einmal ihre schönen Zähne, die zum Vorschein kamen, wenn sie lächelte und die einen eigentümlichen perlmuttartigen Glanz hatten. Er war gespannt auf den nächsten Tag und vor allen Dingen darauf, ob und wie sich die Beziehung zu Judith vertiefen würde.

Schon, dass am nächsten Morgen die Sonne schien und einen milden Frühlingstag ankündigte, stimmte Thomas heiter. Er war zeitig beim Frühstück und wartete noch eine Zeit lang auf Judith, die etwas später kam und noch einmal kurz auf ihr Zimmer musste, um ihre Sachen zu holen. Dann machten sich die beiden auf den Weg. Die Dünen waren in ein mildes Morgenlicht getaucht und die See war ruhig. Sie schlenderten am Strand entlang und atmeten die frische Seeluft. Die Natur schien von Tag zu Tag wacher zu werden. Thomas erwies sich offensichtlich als angenehmer Gesellschafter, denn Judith wirkte gelöst und entspannt. Sie sprachen über die Fortsetzung ihres Berufslebens und davon, wie sehr sich die sonst so präsenten Alltagssorgen vor dem Hintergrund ihrer schweren Erkrankung relativiert hatten und von der Zeit ihrer zahlreichen Chemotherapien, die gerade in weite Ferne gerückt zu sein schien. Beide sahen in der Zeit, die sie in der Nordseeklinik verbrachten, neben ihrer körperlichen Erholung eine Möglichkeit zur konstruktiven Krankheitsbewältigung, sodass ihnen der Wiedereinstieg in ihr früheres Leben leichter fiel. Der Ortswechsel und das angenehme Seeklima trugen zu großen Teilen dazu bei. Judith war berührt von Thomas' Geschichte und sie war es nicht in einer Art und Weise, dass sie dessen Lebensweise nicht nachvollziehen konnte, sondern eher in einer Weise, dass sie ihn für seine bisherige Lebensführung bewunderte, denn er war belesener als sie und weiter gereist. Dafür war sie geradliniger und schneller im Denken, impulsiver und spontaner, was natürlich auch dem Umstand geschuldet war, den Beruf und ihre Rolle als alleinerziehende Mutter unter einen Hut bringen zu müssen. Insofern ergänzten sich die beiden Charaktere vortrefflich, was sicherlich der Hauptgrund dafür war, dass nach ihrer eher zufälligen Begegnung inzwischen eine gute Basis für eine künftig mögliche Beziehung angelegt war.

Als die beiden dann am Leuchtturm angekommen waren, aßen sie hungrig ihren Proviant. Die Mittagssonne war so angenehm warm, dass sie ohne Jacken auf einer Holzbank sitzen konnten. Judith kam auf Thomas' Stammzellspenderin zu sprechen. Es sei bemerkenswert, dass sie ihm, ohne ihn zu kennen, ihre Zellen zur Verfügung gestellt hatte, nur aus gutem Willen heraus. Thomas sagte ihr, er hätte sich gern bei der Spenderin bedankt, aber ihre Kontaktdaten würden nicht weitergegeben und somit zirkuliere weiterhin das Blut einer unbekannten Frau in seinen Adern. Er habe während seines Krankenhausaufenthalts zwar versucht, sie sich vorzustellen und er habe auch ein Bild von ihr im Kopf, das wahrscheinlich überhaupt nicht der Realität entspreche, aber wahrscheinlich sei es leichter, eine Organspende von einer anonymen Person zu erhalten, die zumindest in seiner Vorstellung ein Gesicht habe. Dann fragte ihn Judith ganz direkt, ob er denn während der Behandlung große Angst gehabt habe. Thomas besann sich kurz und erklärte, die Angst habe nur am Anfang seiner Krankheit eine dominante Rolle gespielt. Dann habe er versucht, sich mit seiner Situation zu arrangieren und sich immer wieder klar gemacht, dass er auch Glück im Unglück hatte, zum Beispiel weil ihn ein exzellenter Arzt wie Dr. Papadakis behandelte und weil er während der gesamten Zeit im Krankenhaus seinen Freund Christian an seiner Seite wusste. Zwar sei der Kontakt zwischenzeitig nicht mehr so intensiv wie früher gewesen, aber im Krankenhaus hätten beide wieder an ihre alten gemeinsamen Zeiten anknüpfen können. Dann erzählte er von Christians Sinneswandel, der durch seine Krankheit hervorgerufen wurde und dass er sich darauf freue, nach der Reha in der Nordseeklinik noch einmal wie früher mit ihm zu verreisen. Judith erzählte, dass ihre beste Freundin vor einigen Jahren weggezogen sei und sich das Verhältnis zu ihr dadurch zwangsläufig abgekühlt habe. Derzeit sei tatsächlich ihre Mutter ihre engste Vertraute und ohne die Entlastung durch sie hätte sie keine stationäre Reha in der Nordseeklinik machen können. Dann erzählte Judith von ihrer Tochter Natalie, die für Judith derzeit der Lebensmittelpunkt sei und auf die sie sich nach ihrer Rückkehr nach Hause voll und ganz konzentrieren wolle, weil sie während der gesamten Zeit ihrer Chemotherapien den Eindruck gehabt habe, dass Natalie unter der Situation sehr gelitten und große Entbehrungen auszustehen hatte. Dann zeigte Judith ihm ein Foto von Natalie, das Thomas lange und ausgiebig betrachtete. Sein Kommentar, Natalie sehe genauso gut aus wie ihre Mutter trug ihm einen sanften Hieb auf den Oberarm ein. Dann plauderten die beiden weiter über Gott und die Welt und lauschten dem leisen Rauschen der Meeresbrandung.

Als sie schließlich den Heimweg antraten, hatte sich bei beiden das Gefühl der Vertrautheit vertieft und das Angenehme war, dass nichts Forderndes oder Bedrängendes in dieser Vertrautheit lag. Beide waren dankbar, auf einen Menschen getroffen zu sein, mit dem sie ein wunderbares Gefühl der Harmonie verband. Obwohl Thomas am Ende des Tages wieder stark die körperliche Erschöpfung spürte, die nach seiner Behandlung durchaus normal war, so spürte er auch eine von Tag zu Tag zunehmende geistige Kraft und Energie, die von Judith ausging und ihn an diesem Abend noch ein langes Kapitel über den bereichernden Wert von zwischenmenschlichen Beziehungen schreiben ließ, die nicht planbar sind und dem Leben vielleicht aus diesem Grund einen ganz besonderen Reiz verleihen. Erst spät und nach etlichen Buchseiten löschte Thomas an diesem Abend das Licht, um für sein Programm am nächsten Tag nicht allzu müde zu sein.

Am Morgen darauf begab er sich zeitig in die Sporthalle, absolvierte seine Übungen, ging vor dem Frühstück noch schnell duschen und frühstückte dann ausgiebig. Judith begrüßte ihn wieder sehr freundlich und zwanglos beim Betreten des Speisesaals und es kam ihm vor, als würde seine Seele nun von Tag zu Tag neuen Schwung gewinnen, als würde sich nach dem Körper mit einiger Verzögerung nun auch der Geist erholen und von Stunde zu Stunde weiter emporschwingen. Judith hatte an diesem Tag ein ambitioniertes Therapieprogramm zu absolvieren und frühstückte nur kurz. Als Thomas dann beiläufig aus dem Fenster sah, konnte er erkennen, dass die Ziersträucher in der Gartenanlage die ersten hellgrünen Blätter austrieben und der Anblick des ersten satten Grüns von Löwenzahn und frischem Gras verstärkte noch seine Glücksgefühle. Sicherlich hätten sich viele Menschen, die in der gleichen Lebenssituation wie Thomas waren, mit der Frage gequält, wie sie wohl ihr Leben künftig weiterhin meistern würden und ob ihre Heilung wirklich von Dauer sei, aber Thomas Leitner hatte sich mittlerweile sehr dazu erzogen, nur den Moment zu leben und war deshalb dankbar und zufrieden, überhaupt am Leben zu sein und ihm einen neuen Sinn gegeben zu haben. Und nun hatte das Schicksal auch noch ein Füllhorn des Glücks über ihm ausgeschüttet und ihm die Bekanntschaft mit einem ganz wunderbaren Menschen zuteil werden lassen, der in ihm nun von Tag zu Tag einen größeren Raum einnahm.

Als Thomas nach dem Frühstück im Foyer die Zeitung las, dachte er zwischendurch immer wieder an Judith und ein unangenehm bedrückendes Gefühl überkam ihn, als er in der Ferne die einbeinige junge Frau an ihren Krücken vorbeihumpeln sah. Er fragte sich, ob sie wohl jemanden hatte, mit dem sie ihr Schicksal teilen konnte? So saß er bis zum Mittagessen im Foyer und machte sich danach mit seinem Manuskript auf den Weg zu seinem Lieblingsplatz, der Bank auf der Düne. Er legte sein Notizbuch neben sich und sein Blick fiel auf das kleine verkrüppelte Bäumchen links unter ihm. Er stellte sich die Frage nach der Existenz und der Sinnhaftigkeit von Zufällen, womit er sich früher schon öfter beschäftigt hatte. Währenddessen beobachtete er beiläufig eine dicke Hummel, deren Hinterleib mit einer dicken Schicht Pollen bedeckt war und die sich, nachdem sie einige träge Kreise geflogen war, unmittelbar vor ihm auf dem Sand niederließ und sich sonnte. Das Naturerwachen schien sich nun von Stunde zu Stunde zu beschleunigen. Thomas streckte gemütlich seine Beine aus und genoss ebenfalls die wohlige Wärme der Frühjahrssonne. Er hätte Judith gern bei sich gehabt, die wohl gerade eine ihrer Therapiestunden absolvierte. In diesem Moment flog die Hummel relativ dicht an seinem Gesicht vorbei und Thomas Leitner wurde aus seinen Träumen gerissen. Er genoss aber noch eine Weile den Ausblick auf das offene Meer, sah einigen Möwen hinterher, die am Strand entlang liefen, und machte sich dann auf den Weg zur Teestube, um weiter an seinem Manuskript zu arbeiten. Es war ein lauer Frühlingsnachmittag. Die Nordsee lief sich ruhig aus und hinterließ am Ufer nach jeder Welle einige Schaumblasen.

Vor der Teestube setzte er sich an einen der Außentische. Eine Möwe stand auf einer nahe gelegenen Düne und lauerte wohl auf einen Leckerbissen, den ihr ein Gast zuwerfen würde oder auf die Essenreste, die auf einem der Tische oder auf dem Boden zurückblieben. Der Wind stellte die Nackenfedern der Möwe aufrecht und der Vogel schien dabei alle Tische der Teestube gleichzeitig im Visier zu haben. Thomas warf ihr ein kleines Stück Kuchen zu, das die Möwe in der Luft auffing und sofort gierig verschlang, um sich dann erneut auf die Lauer zu legen. Auf einem der Büsche in der Nähe ließ sich währenddessen ein Zitronenfalter nieder und ein leichter Wind versetzte die Gräser und Büsche in sanfte Bewegungen. Thomas Leitner dachte an seine Krankenhauszeit, an die alte knorrige Eiche, die wohl in den nächsten Tagen ebenfalls austreiben würde und an Christian, bei dem er sich unbedingt melden musste, um den anstehenden gemeinsamen Urlaub zu besprechen. Ihm war noch nicht nach Aktivurlaub zumute und er wollte Christian deshalb bitten, für zwei Wochen ein Ferienhaus an einem Strand in Dänemark zu mieten. Er selbst könnte sich dann noch zwei weitere Wochen erholen und beide könnten vielleicht einen Ausflug nach Kopenhagen oder eine Schiffstour auf eine der zahlreichen Inseln unternehmen und sicherlich könnte man sich irgendwo auch ein Fahrrad mieten und kleinere Touren in die nähere Umgebung unternehmen. Außerdem musste er in der nächsten Woche unbedingt Kontakt zu seiner Firma aufnehmen, um die Art seiner Weiterbeschäftigung zu besprechen.

Als Thomas dann nach einer Weile wieder aufblickte, waren sowohl der Zitronenfalter als auch die Möwe verschwunden. Im Hintergrund rauschte dezent das Meer und Thomas begann an seinem Manuskript zu arbeiten. Er wollte eigentlich den Schwerpunkt auf die Hilfestellungen legen, die die Philosophie bei der Bewältigung und Neuausrichtung im Leben bot, und versuchen, seine Erkrankung und die damit verbundenen Bewältigungsprozesse durch die Brille seines alten Freundes Sartorius zu sehen und zu erklären, warum die Vernunft dabei das alles bestimmende Instrument war. Durch die Bekanntschaft mit Judith war er aber so bereichert und beflügelt, dass er sich überlegte, auch den zwischenmenschlichen Beziehungen, Freundschaften und Partnerschaften ein oder mehrere Kapitel zu widmen, die sich eben nicht in Denkprozesse gliedern und als solche beschreiben ließen, sondern der Emotionalität und Empfindsamkeit der menschlichen Seele Rechnung tragen, denn das Glücksgefühl, das er seit einigen Tagen spürte und das seine Seele in Schwung versetzte, war mittels Logik weder nachzuvollziehen noch zu beschreiben. Er konnte oder wollte sich zu diesem Zeitpunkt noch nicht eingestehen, dass er gerade dabei war, sich zu verlieben und er hatte auch noch keine Idee, wie er seine Emotionen in dem Manuskript verarbeiten könnte.

Zufrieden machte sich unser Patient dann auf den Rückweg zur Klinik. Er dachte daran, dass er am morgigen Tag wieder mehr Zeit auf seine Therapie verwenden würde, und als er den Eingangsbereich der Klinik betrat, fielen ihm sofort die Plakate in die Augen, mit denen die Klinik ihre Mitarbeiter und Patienten zu einer Maifeier am kommenden Samstag auf die Wiese des Klinikgeländes einlud. Es sollte gegrillt und Maibowle gereicht werden. Außerdem werde für Musik gesorgt sein. Thomas war gespannt, was Judith von dem Fest halten würde und als er sie im Speisesaal darauf ansprach, hielt sie das Fest für eine gute Idee und eine schöne Abwechslung. Abends rief er dann Christian an, um mit ihm über den anstehenden Urlaub zu sprechen. Christian habe sich schon gedacht, dass es für eine Fernreise noch zu früh sei. Die Idee mit dem Ferienhaus am Meer finde er gut. Er werde sich um die Buchung kümmern und sich dann melden. Dann schwärmte Christian von seiner wiedererlangten Freiheit, denn er habe sein Arbeitspensum durch den neuen Kollegen mittlerweile fast halbieren können. Als er sich dann erkundigte, wie es seinem Freund in der Zwischenzeit ergangen war, schwieg dieser zunächst und Christian sorgte sich, dass vielleicht mit Thomas' Medikamenten etwas nicht stimme oder er sich vielleicht einen Infekt geholt habe. Als Thomas ihm dann sagte, es würde ihm im Gegenteil im Moment sogar sehr gut gehen, wusste Christian sofort, dass er eine Frau kennengelernt hatte, denn er kannte seinen Freund zu gut, als dass er den Unterton in dessen Stimme nicht zu deuten gewusst hätte. Dann erzählte Thomas ihm von Judith, dass sie knapp zehn Jahre jünger sei als er, dass sie ein einnehmendes Wesen, eine natürliche und angenehme Ausstrahlung habe und dass sie alleinerziehende Mutter einer dreijährigen Tochter sei. Er berichtete auch von den gemeinsamen Strandspaziergängen und dem Gemeinsamkeitsgefühl, das beide von Anfang an verbunden habe. Dann wusste Christian Talbach besser über den jetzigen Zustand seines Freundes Bescheid, als dieser selbst und fragte sicherheitshalber noch einmal nach, ob Thomas tatsächlich mit ihm in die Ferien fahren wolle, was dieser lachend bejahte.

Nach dem Telefonat stand unser Patient noch geraume Zeit an seinem Fenster, von dem aus er die Dünen sehen konnte, und beobachtete den Himmel, der in ein rosa Abendrot getaucht war und versuchte, seine Gedanken zu ordnen. Zu viel war während der letzten Tage passiert. Er betrachtete auch das blaue Osterei auf dem Regal und wollte während der nächsten Tage einen Gang zurückschalten, denn vor ein paar Wochen erst war er dem Tod von der Schippe gesprungen und er wollte vermeiden, sich jetzt Hals über Kopf von seinen Emotionen fortreißen zu lassen. War sein Vorsatz, Schriftsteller zu werden, vielleicht doch nur ein Hirngespinst, das auf dem Boden von monatelangem existenzbedrohendem Stress entstanden war? Er hatte die Idee, in seinem Buch Chancen aufzuzeigen, die sich aus Schicksalsschlägen wie zum Beispiel einer Krankheit ergaben, und die Menschen zu ermutigen, durch selbstständigen Gebrauch der Vernunft und viel Geduld ihrem Leben dennoch eine positive Wendung zu geben. Allen Gesunden wollte er den unendlich großen Wert der körperlichen und geistigen Unversehrtheit vor Augen führen und sie zur Zufriedenheit mahnen, denn die wenigen materiellen Güter, die zum Leben wirklich notwendig sind, können sich die meisten Menschen in den Industrieländern leisten. Er wollte in seinem Buch zeigen, dass es sinnvoller wäre, seinem Leben durch bewusste Entscheidungen eine individuelle Richtung zu geben, auch wenn sich der neu eingeschlagene Lebensweg als nicht oder sehr schwierig gangbar erwies, anstatt aus Trägheit noch länger alten Denkmustern verhaftet zu bleiben. Er lag an diesem Abend noch lange wach und sah von seinem Bett aus das Notizbuch auf seinem Tisch liegen. Zwar hatte er im Moment die nötige Energie, sein Vorhaben umzusetzen, aber würde er wirklich das Interesse der Leser wecken können und würde er über das handwerkliche Können verfügen, einen langen Text zu entwickeln und zu strukturieren? Würde er seine Gedanken klar in Worte fassen können, sodass sie für den Leser nachvollziehbar sein würden? Und wie würde er sein Manuskript in den Druck bekommen? Er gestand sich ein, dass sein Buch natürlich auch der Versuch einer Selbstverwirklichung war. Sein Lehrer Sartorius würde sich auf Kant in einer Weise bezogen haben, dass die Absicht, das Buch zu schreiben, zwei Maximen – also zwei Grundprinzipien des Wollens – folgte, der ersten, anderen Menschen eine Stütze zu sein, und der zweiten, sich selbst zu verwirklichen und somit sich selbst zu helfen. Thomas war nicht vom Ehrgeiz nach literarischem Ruhm getrieben, aber er wollte einen Text schreiben, in dem er sich selbst wiederfand. Er wollte etwas erschaffen, worauf er selbst stolz sein konnte.

10. Die realistische Möglichkeit, Autor, Partner und Vater zu werden

Auch am nächsten Tag blieben die Zweifel und Thomas überlegte sich, dass er sich noch ein paar Tage Ruhe gönnen sollte. Vielleicht hatte er sich nach dem Stress der letzten Monate einfach zu viel vorgenommen und seine Erwartungen zu hoch angesetzt. Am nächsten Morgen war er dann schon früh wach, öffnete das Fenster und lauschte eine Zeit lang dem Gesang der Vögel, bis er sich zu seiner Sportgruppe aufmachte. Allerdings war er lustlos, weil er realisierte, dass die Umsetzung seiner Idee ihn weit mehr Anstrengung kostete, als er anfangs gedacht hatte. Schließlich tröstete er sich während des Frühstücks mit Judiths Anblick und der Tatsache, dass ja sprichwörtlich noch kein Meister vom Himmel gefallen ist. Er malte sich aus, wie viele Anläufe wohl ein bildender Künstler benötigte, um ein Gemälde oder ein Objekt zu erschaffen, das er selbst als gelungen erachtete. Das Wetter war an diesem Tag umgeschlagen und es war im Vergleich zur Vorwoche kühl und regnerisch. Auch der Schwung und die Euphorie der vergangenen Woche war in Thomas' Gemüt einer gewissen Leere und Lethargie gewichen. Er fragte sich, ob er sich vielleicht einen Infekt zugezogen haben könnte oder ob der längst überfällige Anruf in der Personalabteilung seiner Firma der Grund dafür sein mochte. Trotz dieser Gedanken und des regnerischen Wetters spazierte er nach dem Frühstück in Richtung Strand. Auf seiner Dünenbank machte er sich Gedanken, wie er in näherer Zukunft wohl seine Arbeit, seine Hobbys und seine Beziehung zu Judith unter einen Hut bringen würde. In dreieinhalb Wochen würde Judith wieder zu ihrer Tochter nach Hause abreisen, und was folgte dann? Wollte er eine Freundschaft oder eine Partnerschaft? Er hatte sich während der letzten Tage öfter vorgestellt, wie wohl ein Zusammentreffen mit Judiths Tochter Natalie verlaufen würde. Erwies sich das Kind vielleicht als Hemmschuh für sein Vorhaben, sich weiter auf Judith einzulassen? Er wusste, dass Judiths Zurückhaltung auch darauf zurückzuführen war, dass sie nicht den Anschein erwecken wollte, sich in einer für sie privat schwierigen Situation einen Beschützer angeln zu wollen, und er war mit dieser Einstellung Judiths verständnis- und respektvoll umgegangen. Aber inwieweit war sie von dieser Angst blockiert? Thomas war neugierig auf die kleine Natalie aber er wollte andererseits Judith gegenüber nicht den Eindruck erwecken, dass er sich aus Mitleid auf eine Beziehung mit ihr einlassen würde, was auch ganz und gar nicht der Fall war. Also bestand die einzige Möglichkeit, dieses störende Element zwischen den beiden zu eliminieren, darin, offen darüber zu sprechen und es war nach Thomas' Auffassung an ihm selbst, diesbezüglich auf Judith zuzugehen, wenn er sich sicher war, dass er sie wirklich näher kennenlernen wollte. Und diese Frage war der entscheidende Punkt bei der Sache. Dann stellte er sich vor, wie er die nächsten Jahre in seiner Wohnung sitzen und schreiben würde, was ihm immer noch ein starkes Bedürfnis war, aber war es nicht ungleich schöner, sein Leben mit einem Partner zu teilen? Er malte sich auf seiner Bank sitzend aus, wie er, nach Erledigung der Einkäufe, für Judith und Natalie kochen würde und was für eine große Unterstützung es für Judith wäre, wenn er sich mit ihr zusammen um das Kind und die Bewältigung des Alltags kümmern würde. Er wusste, dass Judith von der Chemotherapie noch genauso geschwächt war, wie er selbst, und dass sich die Doppelbelastung durch Beruf und Kindesbetreuung mit seiner Hilfe ganz wesentlich abschwächen würde. In seiner Firma gab es einige Angestellte, die von ihrer Privatwohnung aus arbeiteten, und wenn er dann zusätzlich noch auf Teilzeitbasis arbeiten würde, könnte er sich auch intensiv um seine Schriftstellerei kümmern.

Dann holten Thomas die ersten Regentropfen wieder in die Realität und er trat den Rückweg zur Klinik an, die er noch gerade so vor dem Einsetzen eines stärkeren Regenschauers erreichte. Er merkte, dass er langsam wieder die Oberhand über seine Gedanken gewann. Eine Zeit lang sah er am Fenster zu, wie der Regen auf die nahegelegenen Dünen niederprasselte, und machte sich dann fertig zum Mittagessen. Gleich am nächsten Tag wollte er mit der Personalabteilung seiner Firma sprechen und klären, zu welchen Konditionen er in etwa zwei Monaten seine Arbeit wieder aufnehmen könnte. Allein schon der Gedanke an seine frühere Tätigkeit war ihm unangenehm. Während er sich nachmittags bei der Physiotherapie auf dem Fahrradtrainer abstrampelte, fragte er sich erneut, ob er sich auf eine Beziehung zu Judith einlassen würde. Er konzentrierte sich auf sein intuitives Empfinden für Judith und es signalisierte ihm eindeutige Zustimmung, die Nähe dieser Frau zu suchen. Er war gespannt darauf, wie sich die Beziehung zu ihr weiterentwickeln würde, und freute sich auf das anstehende Fest zum Ersten Mai. Dass er für sich selbst, was Judith anging, eine Entscheidung getroffen hatte, erfüllte ihn mit tiefer Zufriedenheit. Wieder auf seinem Zimmer angekommen, spürte er, wie sich die Übellaunigkeit des Vormittags langsam in Wohlgefallen auflöste. Er duschte ausgiebig und stellte befriedigt fest, dass seine Glatze mittlerweile von einem ansehnlichen Flaum bedeckt war. Dann setzte er sich auf das Sofa und sah sein angefangenes Manuskript vor sich liegen. Sicherlich war die Verunsicherung, die er im Moment seinem Entschluss gegenüber empfand, ein Buch zu schreiben, seiner Unerfahrenheit im Schreiben geschuldet und er ärgerte sich, dass er derzeit kein geeignetes Mittel hatte, seinen Wankelmut zu bekämpfen. Es ärgerte ihn auch, dass er irgendwie den Eindruck hatte, den roten Faden verloren zu haben.

Um sich davon abzulenken, blätterte Thomas in einigen Zeitschriften und begab sich dann zum Abendessen in den Speisesaal. Judith war noch nicht da und er sah die einbeinige Frau hereinkommen. Sie sah ihn kurz an und grüßte unterkühlt. Thomas' Appetit war nicht mehr so unbändig wie in der ersten Woche aber er aß immer noch mehr als reichlich. Er hatte das Bedürfnis, Judith von seinem Vorhaben zu erzählen, sich morgen bei seiner Firma zu melden. Als er mit dem Essen fertig war, ging er also zu Judith und fragte sie, ob sie sich im Foyer noch kurz zusammensetzen wollten. Der Umgang zwischen den beiden war mittlerweile unkompliziert. Als Thomas ihr dann von seiner Absicht erzählte, morgen mit seiner Firma über seinen beruflichen Wiedereinstieg zu sprechen, pflichtete ihm Judith bei, indem sie ihm sagte, dass sie das auch sehr viel Überwindung gekostet habe. Dann plauderten die beiden noch eine Zeit lang über Gott und die Welt und Thomas' Übellaunigkeit hatte sich endgültig verflüchtigt. Wieder auf seinem Zimmer, sah er noch eine Zeit lang dem Regen zu und stellte sich vor, wie es wohl wäre, Judith zu berühren, ihre schmalen und schön geformten Hände und ihr immer noch sehr kurzes blondes Haar. Er spürte, dass seine am Nachmittag gefällte Entscheidung in seiner Fantasie allmählich begann, eine gewisse Eigendynamik zu entwickeln.

Auch der nächste Morgen war von Wolken verhangen und es regnete noch leicht. Als sich Thomas nach dem Frühstück zur Personalabteilung seiner Firma durchstellen ließ, verspürte er neben seinem Widerwillen auch ein leichtes Herzklopfen. Es meldete sich eine Frau Zöllner, die er nicht kannte, und er trug sein Anliegen vor. Er sei im Herbst letzten Jahres schwer erkrankt und in etwa zwei Monaten könne er seine Tätigkeit wieder aufnehmen. Allerdings könne er aufgrund seiner körperlichen Verfassung zunächst wohl nur in Teilzeit arbeiten und er wolle sich nun erkundigen, ob es vonseiten des Unternehmens schon ein Konzept für seinen beruflichen Wiedereinstieg gebe. Frau Zöllner suchte die Unterlagen mit der entsprechenden Personalnummer heraus und erläuterte mit distanzierter Stimme, dass man seine Stelle aufgrund der Langwierigkeit seiner Erkrankung neu habe besetzen müssen, dass man ihn aber – sofern er einverstanden sei – gern auf einer halben Stelle weiterbeschäftigen werde. Diese beinhalte allerdings keine selbstständige Projektarbeit, sondern eine Tätigkeit, bei der er den Projektleitern lediglich unterstützend unter die Arme greifen werde. Er könne sich seine Arbeitszeit dann weitgehend selbstständig einteilen. Auf Thomas' Frage hin, ob er dann auch von seiner Privatwohnung aus arbeiten könne, erhielt er die Antwort, dass seine Präsenz im Büro – wenn er dann einen internetfähigen Firmenlaptop erhielte – nicht mehr zwingend erforderlich sei. Allerdings müsse er seine Aktivitäten von Zeit zu Zeit mit dem Projektleiter abstimmen. Thomas erhielt einen Termin, zu dem er sich in der Personalabteilung zur Besprechung der vertraglichen Konditionen und zur Übergabe des Laptops einfinden sollte und Frau Zöllner wünschte ihm bis dahin eine weiterhin gute Genesung. Dann verabschiedete sie sich mit der gleichen emotionslosen Stimme, mit der sie das Gespräch begonnen hatte.

Thomas Leitner begriff, dass er während seiner Abwesenheit von seiner Firma quasi abgewickelt worden war, aber anstelle von Enttäuschung und Niedergeschlagenheit verspürte er eine eigentümliche Freude bei dem Gedanken, seine Arbeitszeit in Zukunft selbstständig einteilen zu können und vor allem nicht mehr täglich in die Firma fahren zu müssen, die ihn von Jahr zu Jahr mehr anödete. In Gedanken ging er die soeben telefonisch getroffenen Vereinbarungen noch einmal durch, während er vom Fenster aus beobachtete, wie sich auf einer Düne zwei Krähen um eine Plastiktüte balgten. Es regnete immer noch und es war ausgesprochen kühl, sodass sich Thomas vornahm, sich nach dem Essen noch einmal an sein Manuskript zu setzen, denn wenn er vielleicht auch nur langsam voran kam, so wollte er doch dem Gefühl von Verzagtheit keinen Raum geben, das mit der Zeit vielleicht sogar dazu führen konnte, sein ganzes Vorhaben infrage zu stellen oder es abzubrechen. Also fing er nach dem Mittagessen zu schreiben an, aber seine Gedanken waren meist bei Judith und bei den Freiräumen, die sich durch seine neue Teilzeitbeschäftigung ergeben würden. Dennoch hatte er bis zum Abendessen das Gefühl, den Faden zumindest wieder aufgenommen und seinen Text um einige Seiten weiterentwickelt zu haben. Noch am Abend freute er sich ungemein darüber, seinen verhassten Vollzeitjob in dieser Form nicht mehr antreten zu müssen. Über die finanzielle Einbuße machte er sich keine weiteren Gedanken. Auf dem Weg zum Speisesaal überholte er die junge einbeinige Frau, die er freundlich grüßte und die ihrerseits den Gruß mit einem ansatzweisen Lächeln und einem osteuropäischen Akzent erwiderte. Während des Essens versuchte Thomas sich die Einschränkungen auszumalen, die die Frau durch die Beinamputation auszustehen hatte, und umso dankbarer war er für seine weitgehend wieder hergestellte Gesundheit. Als er Judith in den Speisesaal kommen sah, winkte er ihr zu und sie verabredeten sich mit Gesten für ein Treffen nach dem Essen. Da es aufgehört hatte zu regnen, schlug Judith einen kurzen Spaziergang zum Strand vor. Dann holten beide ihre Sachen und traten ins Freie.

Thomas berichtete von seinem anstrengenden aber erfolgreichen Tag, an dem er das lange aufgeschobene Telefonat endlich erledigt habe und wie sehr er sich über das Angebot freue, in Teilzeit von zu Hause aus zu arbeiten. Er erzählte Judith zwanglos, dass er die damit verbundene finanzielle Einbuße zunächst mit seinen Ersparnissen werde kompensieren können. „Wer weiß?", fügte Thomas Leitner noch hinzu, „Vielleicht werde ich eines Tages mit der Schreiberei noch Geld verdienen können?" „Dann kannst du ja Natalie und mich mit deinem Laptop besuchen und von unserer Wohnung aus arbeiten!", schlug Judith vor und Thomas spürte, dass sein Körper von einem warmen Schauer durchströmt wurde, worauf sich sein Mund unwillkürlich zu einem leicht dümmlichen Grinsen verzog. Dann brachte er sein Leitnersches Räuspern hervor und antwortete mit leicht gebrochener Stimme: „Das ist eine sehr gute Idee", woraufhin Judith nun schon das zweite Mal herzlich lachen musste. Groteskerweise – wahrscheinlich aus Verlegenheit – kam Thomas dann auf die einbeinige Frau zu sprechen, mit der er Mitleid empfand. Auch Judith war berührt von deren Schicksal, aber auch sie hatte sich noch nie mit ihr unterhalten, sondern sie nur beiläufig gegrüßt, wenn sie sich zufällig auf einem der Flure trafen. Auf dem Rückweg zur Klinik hallte die mit scherzhaftem

Unterton vorgebrachte Einladung Judiths noch immer in Thomas' Gedanken nach – und sie sollte es noch den ganzen Abend tun, denn er wusste, dass eine besonnene Frau wie Judith einen solchen Satz nicht einfach so aus Spaß dahinsagte. In seinem Bett auf dem Rücken liegend genoss Thomas das unbeschreibliche Glücksgefühl, das seinen Körper durchströmte und er nahm sich vor, jetzt von sich aus einen Schritt auf Judith zuzugehen. Dazu erwog er verschiedene Möglichkeiten, denn er wollte nicht plump und ungestüm erscheinen. Ihm wurde bewusst, wie lange seine letzte Partnerschaft bereits zurücklag und er malte sich in Gedanken aus, wie er mit seinem Laptop im Gepäck zu Judith und Natalie fuhr, um wie selbstverständlich für einige Wochen von Judiths Wohnung aus zu arbeiten. Lange fand er an diesem Abend keinen Schlaf aber er wollte im Nachhinein keine Minute seiner Vorfreude darauf missen.

In der Nacht hatte sich das Wetter weiter gebessert. Thomas setzte am Morgen, noch vor seinem Frühsport, einen Fuß vor die Tür und drehte eine kleine Runde um das Gebäude. Es war wesentlich milder als an den Tagen zuvor und es schien, als dampfe der frühe Morgen im Schein der Morgensonne. Die Vögel überboten einander gegenseitig bei ihrem lautstarken Morgenkonzert und unser Patient entdeckte die ersten weißen Blütenknospen einiger Kirschbäume auf der Wiese hinter dem Haus, die sich in Kürze öffnen würden. An vielen Knospen hatte der Morgentau kleine Wassertropfen gebildet, die im schräg auftreffenden Morgenlicht wie kleine Sterne funkelten. Die ersten Insekten drehten ihre Runden und der Geruch des nassen Grases mischte sich mit der salzigen Brise, die vom Meer herüberwehte, zu einem appetitanregenden Duftcocktail. Die Wiese hatte während der vergangenen Woche ein sattes Grün entwickelt und einige Löwenzahnblüten setzten die ersten Farbakzente. Thomas genoss einige Minuten lang das Morgenidyll, musste sich dann aber auf den Weg zu seiner Sportgruppe machen. Aus den gekippten Fenstern des Speisesaals strömte der Duft von Kaffee und frischgebackenen Brötchen. Schon jetzt hatte er großen Hunger, und als er nach dem Sport endlich beim Frühstück saß, genoss er es in vollen Zügen. Judith hatte es allerdings wieder eilig an diesem Morgen und die beiden unterhielten sich nach dem Frühstück daher nur kurz. Das Wetter schien sich ja rechtzeitig im Vorfeld des Maifestes zu bessern. Für den nächsten Tag stand wieder eine Stunde Gruppentherapie auf dem Plan und für Samstag dann das Maifest. Dennoch nutzte Thomas die kurze Zeit ihrer Unterhaltung, um auf Judith zuzugehen und sie unverblümt zu fragen, ob sie nicht den Sonntag wieder mit ihm verbringen wolle. Judith sagte spontan zu und verschwand zu einer ihrer Therapien. Daraufhin holte Thomas aus seinem Zimmer einen Pullover und sein Notizbuch und schlenderte langsam den Asphaltweg entlang bis zur Abzweigung zum Strand.

Langsam trocknete die oberste Sandschicht, und als er an seiner Bank auf der Düne angekommen war, hatte die Sonne am Himmel komplett das Regiment übernommen. Nur von Zeit zu Zeit wurde sie von einigen Quellwolken verdeckt. Thomas atmete die salzige Seeluft und genoss seine heitere Gemütsverfassung. Er betrachtete abwechselnd die kleine verkrüppelte Kiefer links neben sich und sein Notizbuch, das rechts von ihm auf der Bank lag. Er erinnerte sich an eine frühere Diskussion mit Sartorius, bei der er auf die rationalistische Tradition der westlichen Philosophie zu sprechen kam und die Frage aufwarf, warum die Psychologie in ihr so spärlich entwickelt war. Thomas hatte zur Diskussion gestellt, es ginge der Philosophie meist nur darum, die Welt zu erklären, Denkprozesse in kleine Teile zu zergliedern und die Frage zu klären, was ist oder eben nicht ist und was man wissen könne oder eben nicht. Er sagte Sartorius, dass die Auffassung, die Welt sei ein in sich harmonisches Ganzes, das man lieben müsse, wohl eher im Mystizismus des Orients zu finden sei, als im westlichen Denken. Und jetzt saß er auf einer Bank inmitten der wunderbaren Natur und fühlte sich glücklich und erhaben, weil ein Mensch in sein Leben getreten war. Thomas hatte den Eindruck, ein einziger Moment seines jetzigen Glücks könne all seine jahrelangen Studien aufwiegen, obwohl er durchaus immer noch der Überzeugung war, dass nur der Gebrauch der Vernunft den Menschen entwickeln und formen konnte – aber den Intellekt konnte man eben nicht fühlen.

Dann legte er sein Notizbuch auf den Schoß und überlegte sich, welche Möglichkeiten einem Maler durch die Vernunft an die Hand gegeben wurden, ein Gemälde zu gestalten. Sicherlich konnte der durch bewussten Einsatz von Proportionen und Farben beeindruckende Effekte erzielen und er dachte an die wunderbare Malerei Leonardo da Vincis, der den meisten seiner Bilder die Proportionen des Goldenen Schnitts zugrunde gelegt hatte. Das Verhältnis des Goldenen Schnitts, das durch die irrationale Zahl Phi (Φ) bestimmt wird und sich auch oft in den Bauplänen der Natur wiederfindet – wahrscheinlich um den Gerüsten der Pflanzen und Tiere eine besondere Stabilität zu verleihen – hatte Thomas schon in seiner Jugend fasziniert. Die symmetrische Gestalt von Blumenblüten oder Schneckenhäusern wird beispielsweise durch diese Relation des Goldenen Schnitts bestimmt, die sich auch in einer Zahlenreihe beschreiben lässt, wie der italienische Mathematiker Leonardo Fibonacci um 1200 herausgefunden hat. Die Fibonacci-Zahlenfolge ergibt sich daraus, dass die jeweils nächste Zahl der Zahlenreihe aus den addierten zwei Vorgängerzahlen ermittelt und die Relation zwischen zwei aufeinanderfolgenden Zahlen somit durch Phi bestimmt wird. Aber auch die Proportionen des menschlichen Gesichts oder die helikale Struktur der Ohrmuschel sind nach diesem Bauplan gestaltet.

Thomas kehrte in Gedanken wieder zu seinem Manuskript zurück und ihm wurde klar, dass er im Hinblick auf dessen Gliederung bereits eine Entscheidung gefällt hatte. Sicherlich gab es in der Schriftstellerei auch gewisse Techniken, einen Text zu strukturieren oder Spannung aufzubauen. Er aber wollte sich sein Buch im wahrsten Sinne des Wortes vom Herzen schreiben, obwohl er wusste, dass er vielleicht niemals einen Verleger für sein Manuskript finden würde. Ihm war es wichtiger, einer für ihn authentischen, subjektiv harmonischen Struktur zu folgen, als einer erlernten Technik, zumindest bis zu dem Punkt, an dem er merkte, ob der Versuch seiner Selbstverwirklichung zielführend und für seine spätere Zukunft wegweisend sein würde und ob er sich damit sogar ein Zubrot zu seinem Teilzeitgehalt verdienen konnte. Und dann ertappte er sich dabei, wie er sich ausmalte, mit Judith zusammen als freier Schriftsteller seinen Lebensunterhalt zu verdienen. Nach geraumer Zeit erst trat er den Rückweg zur Klinik an, ohne auch nur einen einzigen Satz zu Papier gebracht zu haben. Neben den Eingang hatte man inzwischen einen Blumentopf mit Narzissen und Tulpen gestellt und Thomas beobachtete noch einen Moment lang eine Honigbiene, die sich an einer Tulpenblüte zu schaffen machte. Dann brachte er seine Sachen zurück auf sein Zimmer und begab sich in den Speisesaal, denn um vierzehn Uhr hatte er seine nächste Therapiestunde. Judith war leider schon wieder fort, während er zu Mittag aß.

Nach dem Essen blätterte Thomas noch gedankenverloren in einer Tageszeitung, ohne den Schlagzeilen besondere Aufmerksamkeit zu schenken. Als er dann während seiner Physiotherapie auf dem Fahrrad saß, auf dem mittlerweile schon eine ansehnliche Wattzahl eingestellt war, kam ihm plötzlich der groteske Gedanke, was wohl gewesen wäre, wenn er seine Erkrankung nicht überlebt hätte. Er hatte dabei einen kurzen Moment den Eindruck, neben sich zu stehen, so als wäre die Zeit stehen geblieben. Er stellte sich vor, dass sein Bruder, Christian und einige Bekannte zu seiner Bestattung erschienen waren und bei ihnen mittlerweile schon wieder Normalität eingekehrt sei. Sicherlich wäre Christian sehr traurig gewesen, aber die Zeit heilt ja bekanntlich alle Wunden. Und dann fragte er sich, wer wohl dann in diesem Moment auf eben diesem Fahrrad sitzen würde und sagte sich, dass die Krankengymnastin keinen Unterschied machen würde, ob sie nun ihn oder einen anderen Menschen behandelte. Für sie und die meisten anderen Menschen, die ihn nicht kannten, hatte er dann in gewisser Weise gar nicht gelebt. Und in diesem Moment überkam ihn ein unbeschreibliches Gefühl von Wärme und Dankbarkeit. Er freute sich über die geschenkte Zeit, die darüber hinaus noch von einer neuen Liebe und einer wunderbaren Idee erfüllt war, nämlich der Idee, durch das Schreiben etwas Neues zu erschaffen, das einen Teil von ihm selbst widerspiegelte.

Dann holte ihn die Stimme seiner Therapeutin in die Realität zurück: „Sehr schön Herr Leitner, sie wachsen ja von Stunde zu Stunde über sich selbst hinaus!" In der Tat war der Leistungszuwachs, der bei unserem Patienten zu verzeichnen war, von Tag zu Tag bemerkenswerter und man konnte die zunehmende körperliche Erholung in Thomas' Gesicht sehen, das nun von Tag zu Tag eine gesündere Farbe anzunehmen schien. Aber es war auch ein deutlicher Zuwachs an Muskulatur und Ausdauer zu verzeichnen, den seine Therapeutin minutiös in ihren Unterlagen dokumentierte. Dann kam die Therapeutin ins Plaudern und lobte das gute Wetter im Hinblick auf das in zwei Tagen anstehende Maifest. Das habe es schon letztes Jahr gegeben und es sei eine wunderbare Möglichkeit für Mitarbeiter und Patienten, die Klinik einmal aus einem anderen Blickwinkel zu sehen. Währenddessen absolvierte Thomas noch einige anstrengende Übungen zur Stärkung der Rumpfmuskulatur und verspürte am Ende der Stunde eine bleierne Schwere in den Gliedern und das dringende Bedürfnis, sich auszuruhen. Beim Hinausgehen erkundigte er sich bei der Therapeutin beiläufig, ob es auf der Insel außer der Teestube noch ein anderes Lokal gebe. Da wäre noch ein weiteres im Ort, erwiderte ihm die Therapeutin, mit gutbürgerlicher Küche. Thomas Leitner beschloss daraufhin, statt ins Restaurant zu gehen, lieber ein zweites Mal mit Judith zum Leuchtturm zu wandern und zu picknicken.

Dann nahm er sich erneut viel Zeit für seine Körperpflege. Er versuchte in seinem Haarflaum wieder die ersten Ansätze einer Frisur zu sehen und ertastete den narbigen Strang an seinem Hals, der durch den Venenkatheter verursacht worden war, und betrachtete ausgiebig die Sehnen seiner Hände und Füße, die sich bei Weitem nicht mehr so intensiv abzeichneten wie zur Zeit seiner ärgsten Auszehrung. Mittlerweile war es später Nachmittag und vor dem Abendessen wollte er noch einmal hinaus ins Freie. Er ging wie am Morgen um das Klinikgebäude herum zu der Wiese, die inzwischen abgetrocknet war. Die Kirschblüten hatten sich über den Tag deutlich weiter geöffnet. Dann ging Thomas in Richtung Speisesaal und setzte sich mit als Erster an den Tisch. Er beobachtete die nacheinander eintretenden Mitpatienten, hatte zufälligen Blickkontakt mit der jungen einbeinigen Frau, die ihre Scheu offenbar abgelegt hatte und natürlich und unvoreingenommen grüßte. Dann aß er sich satt an den vielen schmackhaften Speisen und sah sich satt an Judith, die immer wieder zu ihm herüber lächelte. Sein Tischnachbar bemerkte beiläufig, er habe Morgen seinen letzten Tag in der Klinik und werde nächste Woche wieder zu arbeiten anfangen. Thomas Leitner registrierte, in welch weite Ferne sein eigenes früheres Leben in seiner Wahrnehmung mittlerweile gerückt war. Und dann freute er sich umso mehr, dass er nicht mehr zu der Tristesse seines verhassten Bürojobs zurückkehren musste und dass er von nun an die Möglichkeit hatte, seine Zeit Sinn gebender und interessanter zu gestalten.

Nach dem Essen wartete er vor dem Speisesaal auf Judith. In der kurzen Zeit, die sie sich nun kannten, war es mittlerweile fast eine Selbstverständlichkeit geworden, dass sie nach den Mahlzeiten miteinander sprachen. Sie wollten noch einmal zum Strand hinunter gehen und den milden Frühlingsabend im Freien genießen. Nachdem sie vom Asphaltweg in Richtung Strand abgebogen waren, ging Judith kurze Zeit so dicht neben ihrem Mitpatienten, dass sich ihre Hände beinahe berührt hätten. Thomas hätte in diesem Moment gern ihre Hand genommen, aber er wollte nichts überstürzen. Als sie dann nebeneinander auf ihrer Dünenbank saßen, kam das Gespräch zufällig auf die Inselbewohner, die dauerhaft auf der Insel wohnten, denn Judith fragte sich, ob man nach einer gewissen Zeit nicht zwangsläufig so etwas wie einen Inselkoller entwickeln müsse. Thomas realisierte, dass er bereits drei Wochen auf der Insel war und mittlerweile so gut wie jedes Haus und jeden Strauch kannte. Besonders die kleine verkrüppelte Kiefer hatte sich in sein Gedächtnis eingebrannt, ähnlich der alten knorrigen Eiche, die er von seinem Krankenzimmer aus so oft betrachtet hatte. Dann genossen beide das Abendlicht und das Meeresrauschen und beobachteten einige Schiffe, die am Horizont vorüberfuhren. Und in diesem Moment war es dann doch Thomas, der Judith sanft am Oberarm berührte, ähnlich wie Judith ihn damals, als sich beide im Foyer der Klinik voneinander verabschiedeten.

Abends im Bett liegend, ließ er noch einmal den Blick durch das Zimmer schweifen, zu den Verpackungen seiner Medikamente auf dem Nachttisch, zu dem blauen Osterei auf dem Regal und zum Notizbuch auf dem Tisch. Er wusste, dass es allein seine persönliche Note war, die dem Roman Seele verlieh, mochten der technische Aufbau und das Konzept noch so sehr durchdacht sein. Am nächsten Morgen würde er also versuchen, mit dem Manuskript wieder ein Stück voranzukommen, denn am Nachmittag fand die Gruppentherapie statt und am Samstag bereits das Maifest. Die letzten Gedanken richteten sich an diesem Abend auf den Inselleuchtturm. Bevor er einschlief, sah er sich in Gedanken zusammen mit Judith den Strand entlang gehen und hatte dabei seinen Arm um ihre Schulter gelegt. Sie gingen barfuß und lauschten dem Kreischen der Möwen und dem Meeresrauschen. Als sie sich umwandten, konnten sie sehen, dass das Meer ihre Spuren in der Ferne bereits wieder vollständig verwischt hatte.

Die Teestube öffnete um zehn Uhr und Thomas Leitner setzte sich mit seinem Manuskript an einen der Außentische. Auf der kleinen Sanddüne neben den Tischen hatten bereits zwei Krähen und drei Möwen Stellung bezogen und lauerten auf Futter. Es war ein frischer klarer Morgen und unser Patient versuchte, den roten Faden seines Textes wieder aufzunehmen. Er kam sich zwar wieder vor wie ein Maler, der eine leere Leinwand vor sich und nur das Motiv in seiner Vorstellung verfügbar hatte, doch mittlerweile war er zu dem Schluss gekommen, dass er seine Hemmungen überwinden musste, wenn er vorankommen wollte. Er hatte im Voraus gewusst, dass die Umsetzung seines Vorhabens viele Monate dauern und viele Anstrengungen erfordern würde, aber er hatte den Kraftakt unterschätzt, den kreative Arbeit zwangsläufig erforderte. Und er wusste, dass er nicht eher aufhören konnte, bis er selbst mit dem Produkt seiner Arbeit zufrieden war. Ihm fiel ein, dass er einmal während des Kunstunterrichts in der Schule eine Skulptur modellieren musste und wie oft er kurz davor war, die unvollendete Figur wieder zu einem Tonklumpen zusammenzudrücken und sein Vorhaben als gescheitert anzusehen. Aber am Ende hatte es sich ausgezahlt, dass er seine Selbstzweifel überwunden und seine Geduld auf die Probe gestellt hatte, denn er hatte schließlich ein wunderbar proportioniertes kleines Kunstwerk geschaffen, das sogar einen Schülerpreis gewann und das er viele Jahre lang aufbewahrt hatte. Dementsprechend hatte er sich jetzt dazu entschlossen, zuerst den ganzen Text wie aus einem Guss zu verfassen, ihn dann zu überarbeiten und in seine endgültige Form zu bringen.

Zwischendurch wurde er an diesem Morgen zwar von den sich um Essenreste zankenden Möwen abgelenkt aber insgesamt kam er doch gut voran und auf dem Rückweg zur Klinik hatte sich bei ihm – was die Fortschritte an dem Manuskript anging – eine gewisse Zufriedenheit eingestellt. Als er den Klinikeingang passierte, musste er sich beeilen, um noch rechtzeitig zum Essen zu kommen. Am liebsten hätte er an diesem Tag die Gruppentherapiestunde zusammen mit Judith geschwänzt, denn es war ein sehr milder angenehmer Tag und beide waren ohnehin nicht bei der Sache. Zudem waren auch die meisten Patienten und Mitarbeiter im Vorfeld des anstehenden Maifestes und des schönen Wetters in einer ausgelassenen Stimmung, sodass die Ärztin und der Psychologe einige Zeit brauchten, das leise Gemurmel der Patienten zu beenden und die Therapiestunde in Angriff zu nehmen. Judith saß im Schein der Sonne und keine zwei Minuten lang konnte Thomas den Blick von ihr lassen, sodass er wieder einmal von den in der Therapiestunde besprochenen Themen vergleichsweise wenig mitbekam. Schon in der Schule hatte er seine Lehrer zur Weißglut getrieben, wenn er minutenlang gedankenverloren aus dem Fenster sah, was insbesondere dann der Fall war, wenn ihn ein Unterrichtsthema nicht interessierte. Und heute war es Judith, die seinen Blick auf sich zog. Er verwendete geraume Zeit darauf, die winzigen Härchen ihrer Unterarme zu betrachten, die sich deutlich im quer einfallenden Licht der Sonne abzeichneten. Sie trug ein blaues T-Shirt und Jeans; ihre blauen Augen harmonierten wunderbar mit den blonden Haaren. Sie hatte die Beine lässig übereinander geschlagen und ihre Unterarme lagen locker auf ihren Oberschenkeln. Thomas war der festen Überzeugung, eine schönere Augenweide habe er zeit seines Lebens nicht zu Gesicht bekommen.

Erst als ihn seine Ärztin mit eindringlicher Stimme aufforderte, merkte er, dass er dem Geschehen der Therapiestunde für einige Minuten komplett entrückt war. „Herr Leitner, hatten Sie denn mittlerweile Gelegenheit, mit Ihrem Arbeitgeber zu sprechen?" Thomas reimte sich zusammen, dass im Vorfeld noch einmal die Wiedereingliederung in das Arbeitsleben besprochen worden war. Er war aus derart weit entfernten Sphären in die Realität zurückgeholt worden, dass er die Zusammenfassung seines Telefonats mit Frau Zöllner von der Personalabteilung mit dem ihm eigenen Seufzer einleitete. Judith amüsierte sich königlich, was Thomas an ihren Augen ablesen konnte, ließ sich aber nach außen nichts anmerken. Dann erzählte er seiner Therapiegruppe, dass ihm von seiner Firma eine halbe Stelle angeboten worden sei, die den Vorteil habe, dass er seine Arbeit auch zu Hause erledigen könne, wofür man ihn mit einem Firmencomputer ausrüsten werde. Zu einem bestimmten Termin solle er sich zur Besprechung der weiteren Einzelheiten in der Personalabteilung melden. Dann fragte ihn der Psychologe, ob er sich deswegen persönlich zurückgesetzt fühle und Thomas erklärte, dass er seine Abwicklung zwar realisiert habe, die neu gewonnenen Freiheiten aber umso mehr zu schätzen wisse, zumal er viele Interessen habe und über den Zugewinn an konstruktiv nutzbarer Freizeit sehr erfreut sei. Durch die neuen Gegebenheiten habe er insgesamt also mehr gewonnen als verloren. Dann bat ihn die Ärztin noch einmal in der nächsten Woche zu einer Blutentnahme zu erscheinen, um die Konzentration seines Immunsuppressivums zu bestimmen und die Gruppe wandte sich dem nächsten Patienten zu. Am Ende der Stunde waren alle froh, in das anstehende Wochenende entlassen zu werden und verstreuten sich vor dem Meetingraum schnell in verschiedene Richtungen.

Abends telefonierte Thomas mit Christian, der mittlerweile eine Ferienwohnung gebucht hatte und seinen Freund wie verabredet in fünf Wochen abholen werde. Die beiden plauderten geraume Zeit. Thomas berichtete von seinen Fortschritten das Manuskript betreffend, und dass Judith und er sich mittlerweile so weit angenähert hatten, dass sie sich gegenseitig besuchen wollten. Zumindest stand ein Besuch im Raum, auch wenn sie noch nichts Konkretes ausgemacht hatten. Dann erzählte er von dem Abstellgleis, auf dem seine Firma ihn inzwischen geparkt hatte und wie er sich darüber gefreut habe, aus dem ungeliebten Vollzeitverhältnis heraus in eine Teilzeitstelle wechseln zu können. Er habe sich überlegt, dass er bei einer Neugestaltung des Arbeitsvertrags vielleicht sogar noch den einen oder anderen Vorteil aushandeln könne und Christian sicherte ihm dafür seine Unterstützung zu. Dann erzählte Christian, dass er sich nun regelmäßig einmal pro Woche mit einem Psychotherapeuten treffe, der ihn bei der letzten Sitzung zum ersten Mal seit seiner Kindheit zum Weinen gebracht habe, nachdem er ihn dazu aufgefordert habe, sich in die Lage seiner damaligen Frau zu versetzen, die an der Seite eines Karrieristen emotional verhungert sei. Außerdem erzählte Christian, dass er viel Freude an der ehrenamtlichen Rechtsberatung der Obdachlosen habe, weil er von der Dankbarkeit der Menschen gerührt sei und zwangsläufig mit deren Schicksalen konfrontiert werde, die ihm eindringlich zeigten, wie vielen Menschen es wesentlich schlechter gehe als ihm. Dann malten sich die beiden aus, wie sie während des Urlaubs wie früher grillen und bis tief in die Nacht diskutieren würden. Als sie das Gespräch beendet hatten, lag Thomas noch geraume Zeit wach und stimmte sich für das anstehende Wochenende mit Judith ein.

Der nächste Tag begann gemächlich. Unser Patient ließ sich Zeit mit der Morgentoilette und freute sich auf ein in Ruhe eingenommenes Frühstück. Er saß allein am Tisch, weil sein neuer Tischnachbar offensichtlich noch nicht angereist war. Nach dem Frühstück wartete er auf Judith und beide drehten vor dem Fest noch eine Runde um das Klinikgebäude. Hinter dem Haus waren die Vorbereitungen darauf in vollem Gange. Die Tische und Bänke standen schon an ihren Plätzen und ein Klinikmitarbeiter war damit beschäftigt, einen Mikrofonständer auf der freien Rasenfläche zu positionieren und das dazugehörige Stromkabel so zu platzieren, dass es möglichst wenig störte. Am Rand des Rasens stand ein großer Grill und daneben war ein langer Tisch aufgebaut, auf dem das Buffet gereicht werden würde. Es war ein lauer, sonniger und fast windstiller Morgen. „Das perfekte Wetter für ein Gartenfest", befand Judith und ging dann noch einmal auf ihr Zimmer, weil sie sich mit Natalie und ihrer Mutter zum Telefonieren verabredet hatte. Thomas überbrückte die Zeit bis zum Beginn des Festes, indem er im Foyer die Tageszeitung las. Immer wieder gingen Patienten und Mitarbeiter vorbei. Es herrschte geradezu ein geschäftiges Treiben und nach einer guten Stunde holte ihn Judith ab, denn das Gartenfest sollte durch die offiziellen Ansprachen eines Geschäftsführers der Klinik und der Chefärztin eröffnet werden. Judith setzte sich Thomas gegenüber an einen Holztisch und die einbeinige Frau setzte sich neben Judith.

Die Bänke füllten sich schnell. Ein Klinikmitarbeiter checkte das Mikrofon und der Geschäftsführer hielt eine kurze formale Rede. Er freue sich, das Maifest nun schon zum zweiten Mal eröffnen zu können. Dann wurde die Mitarbeiterschaft belobigt und abschließend brachte er noch seine Freude darüber zum

Ausdruck, dass man während der letzten Jahre durchweg positive Rückmeldungen von den Kostenträgern erhalten habe, was den Qualitätsstandard der onkologischen Rehabilitation anging. Dann sprach die Ärztin, die sich noch kürzer fasste und das Fest en passant eröffnete, indem sie den Grillmeister bat, die ersten Würstchen und Steaks auf den Grill zu legen. Dann begann der zwanglose Teil der Veranstaltung. Aus der Stereoanlage ertönte gut ausgewählte Partymusik und die Gäste fingen an, sich zu unterhalten.

Judith stellte sich der einbeinigen Frau vor und auch Thomas Leitner tat dies, denn beide wollten ihre Mitpatientin nicht vordergründig ausschließen. Dann stellte sich Elena mit der Anmerkung vor, bei ihr könne man ja recht deutlich sehen, was ihr passiert sei. Sie habe vor einem halben Jahr Knochenschmerzen bekommen und man habe Knochenkrebs diagnostiziert. Das Bein wurde entfernt und die anschließende Strahlen- und Chemotherapie sei erst vor Kurzem abgeschlossen worden. Eine Prothese könne bei ihr nicht angepasst werden. Daher warte sie auf ein kleines Elektrofahrzeug, dass ihr in Zukunft das anstrengende Laufen auf den Krücken ersparen würde. Dann erzählten Thomas und Judith kurz ihre Krankengeschichten mit dem Tenor, man müsse eben das Beste aus der Situation machen, bevor sie in einen unterhaltsamen Small Talk wechselten.

Die Kirschbäume standen mittlerweile in voller Blüte und am Himmel waren nur einige Quellwolken zu sehen. Es war ein wunderbarer Tag und die Luft war erfüllt von dem Geruch der Holzkohle und dem gegrillten Fleisch. Auf dem Buffet neben dem Grill standen verschiedene Salate, Kuchen und eine riesige Karaffe mit Maibowle, die im durchscheinenden Sonnenlicht hellgrün schimmerte. Die ersten Gäste traten an das Buffet, und als Thomas registrierte, dass Elena sich nicht selbst bedienen konnte, fragte er sie, ob er ihr etwas bringen dürfe. Elena bedankte sich für das freundliche Angebot und gab ihre Bestellung auf. Thomas kümmerte sich dann um das Essen und Judith um die Bowle. So stießen die drei auf diesen angenehmen Tag an und begannen zu essen. Trotz der gehaltvollen Mahlzeit spürte Thomas wieder schnell die Wirkung des Alkohols und erinnerte sich, dass der von Christian mit Rum versetzte Kakao während des Winterausflugs in den Park wohl der letzte Alkohol war, den er getrunken hatte. Das war mittlerweile vier Monate her und die Erinnerung an diesen Tag passte so gar nicht zu der Szenerie, die ihn jetzt umgab. Ihm kam in den Sinn, mit welchem Kraftakt er sich damals seinem Schicksal entgegengestemmt hatte und wie groß die Anstrengung besonders im Hinblick auf den ungewissen Ausgang war. Und nun hatte er die Zeit der Entbehrungen überwunden und saß wieder inmitten wunderbarer Natur, als wäre er in sein neues Leben geradezu hineinkatapultiert worden.

Ein angenehmes Glücksgefühl breitete sich in Thomas aus. Er genoss die wohlige Wärme der Sonne und vor allen Dingen die Gesellschaft Judiths, die sich mittlerweile eine Sonnenbrille aufgesetzt hatte und damit noch reizvoller auf unseren Patienten wirkte. Beide hörten eine Zeit lang auf die Musik, Judith betrachtete die Szenerie und wechselte von Zeit zu Zeit einige Worte mit Elena, während Thomas mit Interesse verfolgte, wie der ihnen am nächsten stehende Baum immer wieder von Bienen angeflogen wurde, wobei er sich fragte, ob die dazugehörigen Bienenstöcke wohl auf der Insel selbst oder auf dem Festland standen. Er wusste, dass man sich die Abgelegenheit einiger Inseln zur Bienenzucht zunutze machte, weil die Bienen das Meer zwischen Festland und Inseln nur bis zu einer bestimmten Distanz überfliegen konnten, aber vermutlich war er wohl der Einzige, der sich im Moment darüber Gedanken machte. Judith unterhielt sich inzwischen mit Elena über deren gemeinsamen Therapeuten, der offensichtlich ein ausgesprochenes Fingerspitzengefühl im Umgang mit Patienten an den Tag legte. Thomas hatte Lust auf ein zweites Glas Bowle und sowohl Judith als auch Elena hielten mit.

Das dritte Glas trank er dann allein mit Judith am Strand, denn nachdem sich eine andere Patientin zu Elena gesetzt hatte, machten sich die beiden auf den Weg zum Strand und saßen auf ihrer Bank, zu deren Füßen die kleine verkrüppelte Kiefer wuchs, und kamen sich vor, wie verliebte Teenager auf einer Klassenfahrt. Nichts ließ sie im Moment an den eigentlichen Zweck ihres Aufenthalts denken. Sie lebten völlig unbeschwert im Jetzt und Hier. Die maritime Kulisse, das Gekreische der Möwen und die Maibowle hatten die beiden in eine fast schon surreale Welt versetzt und es kam ihnen tatsächlich so vor, als würden sie als Paar, das vor Kurzem zusammengekommen war, ihren ersten gemeinsamen Urlaub verbringen. In dieser Situation nahm Thomas allen Mut zusammen und machte seine erste Liebeserklärung seit einer gefühlten Ewigkeit. Als Judith ihm daraufhin erwiderte, es sei bei ihr Liebe auf den ersten Blick gewesen, befand er sich geradezu in einem Glücksrausch. Anschließend genossen beide eine geraume Zeit die Stille und ihre neue Zweisamkeit.

Als die beiden dann wieder zu dem Fest zurückkehrten, ließen sie sich schnell von der ausgelassenen Stimmung anstecken, die sich in der Zwischenzeit auch bei ihren Mitpatienten eingestellt hatte. Sie setzten sich wieder an ihren alten Tisch zu Elena, die sich mittlerweile angeregt mit einer Mitpatientin unterhielt. Thomas fiel in diesem Moment zum ersten Mal eine gewisse Entschlossenheit und Stärke in Elenas Gesicht auf. Von Zeit zu Zeit war sogar eine Spur von Stolz in ihrem Ausdruck, denn sie wirkte wie eine Frau, die ihr Schicksal inzwischen akzeptiert hatte. Ihre Wangen waren leicht gerötet vom Alkohol, aber ihr Blick war fest und ihr Auftreten war sicher. Sie wirkte wie eine Frau, die an ihrem Schicksal nicht nur nicht zerbrochen, sondern sogar noch gewachsen war und unser Patient fragte sich, warum er diesen Zug in Elenas Gesicht nicht schon früher bemerkt hatte. In der Zwischenzeit hatte Judith frische Bowle geholt und Thomas schenkte ihr nun wieder seine volle Aufmerksamkeit. Er trank und freute sich an der zwanglosen Atmosphäre, während Judith lustige Anekdoten von ihrer Tochter erzählte.

Dann aßen beide zu Abend und die Veranstalter ließen in Anbetracht der gesundheitlichen Verfassung ihrer Partygäste die Veranstaltung langsam ausklingen. Die ersten Patienten verließen bereits das Fest aber die beiden begaben sich erst auf ihre Zimmer, als wirklich nur noch wenige Gäste auf den Bänken saßen und die Musik schon seit etwa einer halben Stunde ausgeschaltet war. Elena war etwas früher gegangen als die beiden und hatte sich mit stolz erhobenem Haupt verabschiedet. In seinem Zimmer gingen Thomas später noch lange viele verschiedene Bilder durch den Kopf. Er erinnerte sich an die fächerartig eingeschnittenen Gewürzgurken seiner ersten Krankenhaustage, während der ihn die Angst in eine Starre versetzt hatte, die ihn solche Details bewusst wahrnehmen ließ, an das Gesicht von Dr. Papadakis, an das Licht zu dem Zeitpunkt, als er dem Tod näher war als dem Leben, an den Duft von Vanille, an den Winterausflug in den Schnee mit seinem Freund Christian und an das heutige Fest, auf dem er eine Partnerschaft begonnen hatte. Er sah noch einmal die blühenden Kirschbäume vor sich und spürte Judith neben sich auf der Bank, und er dachte noch einmal an die heldenhafte Elena, die ihr Schicksal angenommen hatte, bevor er dann in einen süßen rauschhaften Schlaf fiel.

Aus Mangel an Alternativen auf der Insel war der Ausflug zum Leuchtturm mit Judith am nächsten Tag schon im Vorfeld eine ausgemachte Sache. Als sie gemeinsam den Strand entlang gingen, sagte Judith, dass er am nächsten Wochenende die Möglichkeit habe, sowohl Natalie als auch ihre Mutter kennenzulernen, die sie auf der Insel besuchen kämen. Sie wolle ihm ein Treffen zum jetzigen Stand der Dinge nicht aufdrängen aber sie sei natürlich gespannt, wie ein Zusammentreffen mit ihm und Natalie verlaufen würde. Thomas war überrascht und auch ein wenig aufgeregt, dann überwog aber die Freude. Er sagte zu und verbrachte mit Judith einen Tag, den beide noch lange in angenehmer Erinnerung behalten würden.

Im Laufe der Nacht hatte sich das Wetter wieder verschlechtert und Thomas verbrachte die Zeit zwischen Frühstück und Mittagessen auf dem Zimmer, wo er sich in sein Manuskript vertiefte. Er hatte sich während des Frühstücks überlegt, dass er während der nächsten Tage im Inselsupermarkt ein paar Kleinigkeiten für Natalie besorgen könnte. Mit seinem neuen Tischnachbarn hatte er dann ein paar belanglose Worte gewechselt und sich gleich nach dem Frühstück auf sein Zimmer zurückgezogen. Es kam ihm vor, als sei er in einen Strudel von sich überschlagenden Ereignissen geraten und habe während des vergangenen Dreivierteljahres mehr erlebt und gelernt als in den zehn Jahren davor. Er hatte das Gefühl, vor ihm würde sich langsam ein neuer Lebensweg abzeichnen, ähnlich einer Autofahrt durch allmählich sich lichtenden Nebel. Und obwohl Thomas sein früheres Leben nicht missen wollte und mit seiner Vergangenheit durchaus im Reinen war, spürte er, wie sich ein neues Leben quasi herauskristallisierte. Zum ersten Mal dachte er ernsthaft darüber nach, wie es wäre, seine Zukunft mit Judith zu teilen. Was Natalie anging, war er gespannt auf das kommende Wochenende, weil er sich bisher noch nie um das Vertrauen eines Kindes bemühen musste. Vor allen Dingen konnte er sich nicht ausmalen, ob ihm der Umgang mit der Dreijährigen Spaß bereiten würde oder nicht. Während des Mittagessens zerbrach er sich also den Kopf darüber, wie er am besten Vertrauen aufbauen sollte, zumal er bei Judith unbedingt den Eindruck des nur aufgesetzt spielenden ‚Onkels' vermeiden wollte. Er malte sich die erste Begegnung mit Natalie aus und fragte sich, ob sie wohl ein schüchternes oder eher ein extrovertiertes Mädchen war. Dass Natalie eine gewisse Zeit benötigen würde, um sich an ihn zu gewöhnen, war Thomas im Voraus klar. Er verspürte eine gewisse Unsicherheit in Erwartung dieser Begegnung, besann sich dann aber auf sein bewährtes Rezept, solche Situationen gelassen auf sich zukommen zu lassen und sich dabei nicht zu verstellen – so konnten viele Hemmnisse meist gar nicht erst entstehen. Dann versuchte er sich wieder auf sein Manuskript zu konzentrieren und schrieb den Nachmittag über wieder in der Teestube. Allerdings setzte er sich heute hinein und warf nur von Zeit zu Zeit einen Blick auf die auf der Lauer liegenden Möwen, die auf der flachen Düne neben dem Gebäude Spalier standen. Er kam gut voran mit seinem Text und merkte, dass es tatsächlich auch in gewisser Weise von der Tagesform abhing, ob er bestimmte Passagen gut entwickeln und gefällig ausformulieren konnte. Auf die anderen Gäste der Teestube wirkte Thomas' rege Geschäftigkeit sicher befremdlich, doch von der Meinung anderer hatte er sich noch nie wirklich beeinflussen lassen. Mittlerweile blickte er nämlich schon etwas stolz auf sein langsam aber stetig wachsendes Werk und im Schreiben hatte er nun fast schon eine gewisse Routine entwickelt.

Nach dem Blutentnahmetermin am nächsten Morgen bestellte ihn die Ärztin für den Freitagvormittag zu einer Zwischenuntersuchung ein, weil Thomas dann die ersten vier Wochen seiner achtwöchigen Rehabilitation hinter sich gebracht hatte und sein derzeitiger Gesundheitsstatus ermittelt werden sollte. Anschließend folgten der morgendliche Sport und ein ausgiebiges Frühstück, wonach er in seinem Zimmer etliche Ideen für sein Buch zu Papier brachte. Am Nachmittag absolvierte er dann wieder die Physiotherapie und einen kurzen Marsch zum Strand. Auf seiner Bank sitzend versuchte er sich zu sammeln und noch einmal die Ereignisse der letzten Wochen und Monate zu verarbeiten. Außerdem nahm er sich vor, am nächsten Tag die Einkäufe im Inselladen zu erledigen. Er wollte auch noch jeweils eine Karte an Christian Talbach und Stefan Steinmann schreiben, der ihm während der letzten Tage öfter in den Sinn kam, vermutlich weil Thomas sich vorgestellt hatte, vielleicht bald ebenso wie Stefan eine Familie zu haben. Er nahm an, Stefan würde seine Chemotherapien inzwischen sicher abgeschlossen haben und sich womöglich wieder dem Ausbau seines Campingbusses widmen. Nach dem mit Christian verbrachten Urlaub würde sich Thomas bei Stefan melden und sich dann mit ihm verabreden. Mit diesen Plänen kam Thomas allmählich zur Ruhe und genoss die frische Seeluft.

Am nächsten Tag machte er sich nach dem Frühstück auf den Weg in den Ort. Er ging an den nassen Seetangbüscheln vorbei, die über Nacht an den Strand gespült worden waren, und betrachtete die speckigen Blätter, die mit schimmerndem Schleim überzogen waren und einen eigentümlichen Geruch verströmten. Das Geschrei der Möwen begleitete ihn wieder auf seinem gesamten Marsch und er genoss das angenehme Gefühl, dass sein Leben wieder eine gewisse Richtung einzuschlagen schien. Er spürte eine Zielstrebigkeit in sich, die er seit geraumer Zeit nicht mehr empfunden hatte und obwohl er mit seinem bisherigen Leben nicht unzufrieden war, kamen ihm die vergangenen zehn Jahre jetzt vor, als habe er sie in einer gewissen Trägheit verbracht, so als hätte das in dieser Zeit erlebte auch auf zwei Jahre kondensiert werden können. Ähnlich wie die Inhalte seines Buches mit der Zeit Konturen gewannen, spürte er während dieser Tage deutlich, dass sein Bewusstsein einen Wendepunkt erreicht hatte und sich jetzt in eine neue Richtung bewegte. Er fand es fast ein wenig bedauerlich, dass erst eine überwundene Krankheit und eine scheinbar zufällige Begegnung vonnöten waren, sich der ursprünglichen Lebendigkeit wieder bewusst zu werden und mit einem gewissen Maß an Dankbarkeit jedem neuen Tag zuzuwenden, ihn zu gestalten und auszufüllen, was natürlich auch mit gewissen Anstrengungen verbunden war. Vielleicht erschien es Thomas auch aus diesem Grund so, als hatte er während der letzten vier Wochen mit einer Intensität gelebt, die einige Jahre seines Vorlebens hätten aufwiegen können.

Im Inselladen kaufte er einige Grußkarten, Briefmarken, ein paar Süßigkeiten und ein Set Sandkastenspielzeug, denn er hatte vor, mit Natalie eine Sandburg zu bauen und hoffte deshalb inständig, das Wetter würde entsprechend mitspielen. Dann beeilte er sich, noch rechtzeitig zum Mittagessen zurück in der Klinik zu sein. Auf dem Rückweg kamen ihm wieder einige Ideen für sein Manuskript, sodass er sich nach dem Essen relativ zeitig auf den Weg zur Teestube machte. Beim Betreten derselben schlug ihm ein penetranter Blumenduft entgegen, denn man hatte auf jeden Tisch eine Lilienblüte gestellt. In der Summe hatten die Blumen ihren betörenden und Kopfschmerzen verbreitenden Geruch mittlerweile in der gesamten Teestube verströmt, sodass sich Thomas trotz des wechselhaften Wetters nach draußen setzen musste. Die auf der flachen Düne auf Futter lauernden Möwen wirkten an diesem Tag wie eine Art Ehrengarde auf ihn. Er bestellte also Kuchen und Tee, und als er sich schon eine Weile in seinen Text vertieft hatte, sprach ihn unvermittelt ein Mann um die sechzig an, der ihn hier schon einige Male hatte schreiben sehen, und fragte ihn, an welcher Art Text er denn arbeite. Thomas war einen Moment lang unsicher, ob er die Wahrheit sagen oder den Mann mit einer banalen Antwort abwimmeln sollte. Doch der Fremde machte Eindruck auf ihn, sodass Thomas ihm die nüchterne Wahrheit mitteilte, nämlich dass er eine lebensbedrohliche Krankheit überstanden, daraufhin sein bisheriges Leben hinterfragt und sich dann entschlossen habe, ein Buch zu schreiben, das eine Vielzahl seiner Reflexionen enthalten werde. Der Mann sagte, er habe sich so etwas fast schon gedacht und ihn deshalb angesprochen. Einer seiner Freunde habe vor einigen Jahren ebenfalls nach einem Schicksalsschlag zu schreiben begonnen und damals viel Zeit investieren müssen, einen Verlag zu finden und die vertraglichen Konditionen auszuhandeln. Falls Thomas einverstanden sei, könne er ihm die E-Mail-Adresse eben dieses Freundes geben, der unerfahrenen Erstautoren gern mit Rat und Tat zur Seite stehe. Er solle sich bei seiner Kontaktaufnahme allerdings auf ihn berufen. Dann zog der Mann eine Visitenkarte hervor und schrieb den Namen und die E-Mail-Adresse seines Freundes auf die Rückseite. Er überreichte ihm die Karte und verabschiedete sich höflich von Thomas, der ihn dann in der Ferne den Weg zum Ort nehmen sah.

Es war nicht das erste Mal, dass sich Thomas über Zufälle dieser Art wunderte. Durch die Begegnung fühlte er sich in eigentümlicher Weise auf dem Weg bestätigt, seine Schreiberei voranzubringen. Er bestellte sich daraufhin ein Glas Wein und überließ den Möwen einige größere Kuchenstücke. Dann packte er sein Schreibzeug zusammen und ließ die Visitenkarte in seiner rechten Hand spielen, während er beobachtete, wie sich die Vögel kreischend um den Kuchen stritten. Vielleicht war sein Wunschtraum ja gar nicht so weit von der Realität entfernt, wie er oftmals dachte, wenn ihn der Mut beim Schreiben verließ, schließlich hatte er es ohne Vorerfahrungen um Einiges schwerer als etablierte Autoren. Doch es tröstete ihn auch, dass jeder Schriftsteller schließlich irgendwann einmal sein erstes Buch geschrieben hat und aller Wahrscheinlichkeit nach mit den gleichen Schwierigkeiten zu kämpfen hatte, wie er jetzt. Und wie viel schlechte und nichtssagende Bücher hatte er zeit seines Lebens in die Finger bekommen und wieder zur Seite gelegt, die schlussendlich auch alle ihre Urheber hatten. Nachdenklich betrachtete er die Visitenkarte. Er glaubte nicht an die Vorsehung, aber vielleicht war das kurze Zusammentreffen mit diesem Mann tatsächlich so etwas wie ein Wink des Schicksals. Thomas trank den letzten Schluck aus seinem Weinglas und begab sich auf den Rückweg. Nach einigen Metern blickte er sich noch einmal um und sah die Möwen sich um den nächsten Gast scharen, wobei sich ihre Nackenfedern im Wind aufstellten.

Thomas konnte es kaum erwarten, Judith von seiner merkwürdigen Begegnung zu erzählen. Er fing sie bereits vor dem Speisesaal ab und zeigte ihr die Visitenkarte, so als wolle er den Beweis antreten für ein Ereignis, das in eine Zeit fiel, in der er für seinen neu eingeschlagenen Weg Rückenwind sehr gut gebrauchen konnte. Judith freute sich mit ihm und meinte, sie könne sich ohnehin gut vorstellen, dass seine Literatur die Menschen nicht nur interessieren, sondern vor allen Dingen auch berühren werde, und bestärkte ihn dadurch in seinem Vorhaben noch zusätzlich. Dann verabredeten sich die beiden zu ihrer fast schon obligatorischen kurzen gemeinsamen Runde nach dem Essen. Thomas aß an diesem Abend mit fast unstillbarem Appetit, als müsse er sich auf eine anstehende Zeit der Belastung und Auszehrung vorbereiten. Während ihres Abendspaziergangs genossen die beiden ausgiebig den Anblick des Wattenmeeres, das im Licht der tief stehenden Sonne schmierig schimmerte. Die Lichtreflexe der Sonne auf dem Watt schimmerten golden und nur das allgegenwärtige Geschrei der Möwen schien die beiden noch in der Realität zu halten. Am Abend stand Thomas noch lange unter dem Eindruck der Erlebnisse dieses Tages und genoss das Gefühl, dass sein neues Leben jetzt tatsächlich von Tag zu Tag mehr Fahrt aufnahm. Er stand vor dem Fenster seines Zimmers, blickte auf die Dünen und musste an die vielen Stunden denken, die er am Fenster seines Krankenzimmers verbracht hatte. Damals hatte er sich oft gewünscht, ein halbes Jahr weit in die Zukunft zu blicken, und hätte er damals eine Ahnung gehabt, mit wie viel neuer Energie und mit welchem Maß an Wohlbefinden er einige Monate später jeden neuen Tag genießen würde, hätte ihm das sicherlich schon zu diesem Zeitpunkt viel Auftrieb gegeben. Aber die Zukunft ist nun einmal ungewiss, und in diesem Moment fragte er sich erneut bei aller Zuversicht, wie es ihm wohl in den kommenden sechs Monaten ergehen und vor allem was genau er dann tun werde. Zumindest war er entschlossen, sein Buch zu Ende zu schreiben und viel Zeit mit Judith zu verbringen, was wohl oder übel irgendwann bedeuten würde, seine Wohnung aufzugeben und mit Judith zusammenzuziehen, wenn er nicht eine Wochenendbeziehung führen wollte, die innerhalb weniger Monate in Oberflächlichkeit versanden würde.

11. Begegnung mit Mutter, Tochter und Oma

Als Thomas sich am nächsten Tag auf dem Fahrradergometer während der Physiotherapie wieder seiner sich steigernden körperlichen Kräfte erfreute, machte er sich auch Gedanken, wie er seinen probeweisen Einzug bei Judith ihr gegenüber am geschicktesten thematisieren sollte, denn Judiths Rehabilitation würde in zwei und seine eigene in vier Wochen abgeschlossen sein. Nach dem kommenden Wochenende mit Natalie würde er sie also direkt fragen, für wie viele Tage er sich einrichten sollte und er spürte dabei, dass er am liebsten gleich für mehrere Wochen kommen und wohl auch gar nicht mehr zurückfahren würde, so sehr waren sie in der kurzen Zeit, die sie sich kannten, bereits zusammengewachsen.

Während sich die Ärztin am nächsten Tag zufrieden über seinen Rehabilitationserfolg äußerte, war Thomas Leitner zeitweise abwesend und betrachtete gedankenverloren das abstrakte, in rot und blau gehaltene Gemälde, das im Sprechzimmer einen angenehmen Akzent setzte. Er war in Gedanken bereits bei der morgigen Begegnung mit Natalie, der er aufgeregt und verunsichert entgegen sah, weil er sich sozusagen auf unbekanntes Terrain begeben musste. Die Ärztin erläuterte ihm währenddessen die gegenwärtigen Laborwerte. Anschließend wurde er noch einmal untersucht und ein EKG wurde angefertigt, das ebenfalls keinen Anlass zur Besorgnis bot. Mit der Bemerkung, er solle die verbliebenen vier Wochen an der Nordsee möglichst genießen und sie würden einander ja anlässlich der Therapiestunde am Nachmittag bereits wiedersehen, geleitete sie ihren Patienten zur Tür. Während dieser Nachmittagsstunde war Thomas heilfroh, dass weder an ihn noch an Judith das Wort gerichtet wurde. Anschließend trat Judith den Weg in den Ort an, wo sie in der Pension ein Zimmer reserviert hatte, das ihre Mutter und ihre Tochter inzwischen bezogen haben mussten. Thomas blätterte auf seinem Zimmer ein wenig nervös in Zeitschriften herum und freute sich, dass Judith ihm nach dem Abendessen erzählte, die Anreise von Mutter und Tochter habe gut geklappt und Natalie sei schon ganz gespannt auf den neuen Weggefährten ihrer Mutter. Judith gab ihm zu bedenken, Natalie erinnere sich an ihren Vater nicht mehr und würde deshalb vergleichsweise unbedarft der Begegnung mit ihm entgegen sehen. Dann drehten beide noch eine kurze Abendrunde. Nachts fand Thomas allerdings erst sehr spät in den Schlaf.

Mit dem Sandkastenspielzeug im Rucksack machte er sich dann am nächsten Morgen zusammen mit Judith auf den Weg in die Pension, um Judiths Mutter und Natalie abzuholen. Es war ein milder Morgen und Judith hatte sich überlegt, mit den beiden in Richtung Leuchtturm zu wandern und den Vormittag am Strand zu verbringen. Mittag essen wollte sie dann im Ort und den Nachmittag spontan verplanen, je nach Wetter und je nach Kondition der kleinen Natalie. Schon von Weitem sahen sie Oma und Enkelin vor der Pension stehen und winken. Die Begrüßung war unkompliziert und herzlich. Nachdem Thomas von Natalie gefragt worden war, ob er denn auch eine Blutkrankheit kuriert habe und sie sich offenbar riesig darüber freute, dass ihre Mama jetzt Gott sei Dank wieder gesund sei, konnte Thomas mit seinem Vorschlag punkten, er wolle mit ihr zusammen am Strand eine Sandburg bauen. Die nötigen Utensilien dafür habe er in seinem Rucksack. Dann machten sich alle auf den Weg in Richtung Leuchtturm und besonders die kleine Natalie genoss das Laufen auf dem weichen Sand. Als sie angekommen waren, grub Thomas mit seiner neu erworbenen Schaufel zunächst ein Loch, und als Natalie sichergestellt hatte, dass sowohl ihre Mutter als auch ihre Oma in Sichtweite waren und beide darüber hinaus offensichtlich auch Wohlgefallen an der Beschäftigung Natalies fanden, ließ sie sich auf die neue Situation ein und leistete einen bemerkenswerten Beitrag zur Errichtung einer stattlichen Sandburg, die sogar mit einem Wassergraben ausgestattet war, über den eine Brücke führte, die aus einem kleinen angeschwemmten Holzbrett bestand und mit einer Fahne versehen war, bestehend aus einem Stock und einem Stück Plastikfolie, wie sie zur Absperrung von Baustellen benutzt wird. Während der etwa zweistündigen Bauzeit hatte er ohne Mühe das Vertrauen der kleinen Natalie gewonnen und war in gewisser Weise von der Unbedarftheit des Kindes gerührt. Nachdem das Bauwerk von Mutter und Großmutter gebührend gewürdigt worden war, versuchte Natalie den Wassergraben zu füllen, was allerdings daran scheiterte, dass ihr mühsam herbeigeschlepptes und eingefülltes Wasser sofort versickerte. Erst das Einlegen einer Plastikfolie könnte hier Abhilfe schaffen. Die Umsetzung dieser von Thomas vorgeschlagenen Innovation wurde allerdings auf den Nachmittag verlegt, weil sich bei allen langsam der Hunger meldete und sich das Restaurant eine gute halbe Stunde entfernt befand. Man überzeugte Natalie also davon, dass die Pause notwendig war, weil man ohnehin in den Ort müsse, um dort die erforderliche Plastikfolie zu besorgen.

Als sie im Restaurant dann am Tisch saßen, kam es Thomas vor, als sei er vollständig in eine neue Welt eingetaucht. Er war froh und erleichtert, dass er zu Natalie so schnell Zugang gefunden hatte und außerdem wunderte er sich über sich selbst, dass er bereits eine emotionale Bindung zu dem Kind aufgebaut hatte. Er mochte Natalie und hätte sie sogar in den Arm nehmen wollen, aber er wusste, hier sollte das Kind den Takt angeben, die Distanz und auch die Annäherung bestimmen. Er betrachtete Natalies kleine fragile Hände und ihm wurde schlagartig klar, wie sehr ein Kind nicht nur emotional von seinen Eltern abhängig war, sondern auch von den Vorgaben, die die Eltern im Hinblick auf Bildung, das Wecken von Interessen und Neigungen machten. Und dann kam ihm die Frage nach der Zufälligkeit der Herkunft in den Sinn, die er als Jugendlicher sehr intensiv mit Sartorius diskutiert hatte. Es stand für beide außer Frage, dass die Sozialisation, die ein Kind erfährt, wesentlich vom Elternhaus bestimmt wird. Der Gegenstand der Diskussion war deshalb vielmehr die Frage, ob ein Kind aus schwierigen Familienverhältnissen sich während seiner Entwicklung durch den Gebrauch der Vernunft in die gleiche Position denken könne, wie ein Kind, das maximale Förderung und Zuwendung erfahren habe. Thomas hatte damals mit Hilfe von Kants Bestimmung der Freiheit argumentiert, dass dies theoretisch möglich sein müsse aber ein hohes Abstraktionsvermögen gegenüber dem subjektiven Erleben erfordere und er einigte sich mit Sartorius darauf, dass man bei der Erörterung dieser Frage unweigerlich von der Philosophie zur Psychologie schreiten müsse, was nicht Sartorius' Fachgebiet war. Allerdings, so argumentierte Sartorius, würde es auf der Welt keine Neurosen mehr geben, wenn sich der noch nicht ausgereifte Intellekt eines Kindes mittels Vernunft einfach über Traumatisierungen und Entbehrungen hinwegsetzen könne. Demnach war die kleine Natalie – die gerade mit einer Kindergabel auf ihrem Teller herumstocherte – davon abhängig, welche Impulse ihr während der kommenden Jahre gegeben würden. Thomas hielt in seinem Gedankengang verwundert inne, da er offensichtlich dabei war, für die kleine Natalie Vatergefühle zu entwickeln. Es war mittlerweile früher Nachmittag und der Tross machte sich auf, im Laden zwei Plastiktüten zu besorgen, die Thomas mit der kleinen Schere an seinem Schweizer Messer in Streifen schneiden und in die Vertiefung legen wollte, die den Burggraben der Sandburg bildete. Nachdem die Folie also mit Sand bestreut und der Graben mit Wasser gefüllt worden war, machte Judith noch einige Fotos von dem Bauwerk und ihren Lieben. Dann ging es zurück zur Pension, denn Natalie war die Müdigkeit mittlerweile stark anzumerken. Als Judiths Mutter und Natalie in der Pension verschwunden waren, waren auch Thomas und Judith froh, wieder ihre Ruhe zu haben. Nach dem Abendessen drehten sie noch ihre obligatorische kurze Runde und gingen relativ früh schlafen. Am nächsten Morgen ging Judith zunächst allein zur Pension. Thomas sollte dann später zum Mittagessen in das Restaurant kommen und sich mit den anderen treffen. Also ließ er sich beim Frühstück Zeit, unterhielt sich anschließend kurz mit Elena, die seit dem Maifest nichts von ihrer gefassten und stolzen Miene eingebüßt hatte und ihrerseits später an diesem Tag Besuch bekommen würde. Anschließend wanderte Thomas zu seiner Bank auf der Düne, um die Zeit bis zum Mittagessen zu überbrücken. Dort sitzend ging ihm durch den Kopf, dass Judith in zwölf Tagen bereits abreisen und er die letzten beiden Wochen seiner Reha wieder allein verbringen würde. Sein Freund Christian Talbach würde ihn anschließend abholen, um mit ihm zwei weitere Wochen in Dänemark zu verbringen. Danach standen dann die Termine zur Nachsorge in der Uniklinik und bei der Personalabteilung seiner Firma an. Mittlerweile war Thomas fest entschlossen, anschließend Judith zu besuchen. Er hatte irgendwie das Gefühl, dass er so etwas wie ein neues Zuhause oder einen Zielhafen vor Augen hatte, und das Surreale daran war, dass dieser Zielhafen in erreichbarer Nähe unmittelbar vor ihm lag.

Als Thomas dann im Restaurant angekommen war, warteten die anderen bereits auf ihn. Während des Essens kündigte Natalie an, dass man nach dem Essen noch einmal zu der Sandburg gehen und nach dem Rechten sehen wolle. Die Atmosphäre war entspannt, auch während des Spaziergangs am Strand, und als sie sich der Sandburg näherten, war schon aus der Ferne erkennbar, dass von dem gestern erschaffenen Bauwerk nur noch ein kleiner Sandhaufen übrig war, an dessen Basis ein Streifen Plastikfolie herausragte. Natalie brauchte einen Moment, um die Zerstörung durch Wind und Wellen zu begreifen, brach dann in herzzerreißendes Weinen aus und lief spontan mit ausgebreiteten Armen auf Thomas zu, der die kleine Natalie auf den Arm nahm, um sie zu trösten. Es war ein ungewohntes aber schönes Gefühl für ihn, ein Kind auf dem Arm zu halten und er ahnte in diesem Augenblick, dass es nicht das letzte Mal sein würde. Thomas erzählte Natalie, dass er sie und Judith besuchen kommen würde und dass sie beide zusammen dann eine neue Burg bauen könnten, die noch viel schöner sein und vor allem auch länger bestehen würde, als diese Ruine hier. Und weil Natalie dann noch ein Eis bekam, war der Verlust ihrer Sandburg fürs Erste verschmerzt. Als Thomas sich am späten Nachmittag von Judiths Mutter und Natalie verabschiedete, sprachen sie schon offen über seinen geplanten Besuch. Er freute sich, dass auch Judiths Mutter ihn offenkundig gern wiedersehen wollte. Sie war eine bodenständige Frau, die eine gewisse innere Stärke ausstrahlte und er spürte, dass sie ihn mochte und akzeptierte. Am nächsten Morgen würden sowohl sie als auch Natalie zeitig nach Hause zurückfahren und Thomas würde nur noch zwei weitere Wochen mit Judith verbringen können, bevor auch sie abreiste. Auf dem Rückweg zur Klinik sprachen Judith und er nur wenig, und nach dem Essen hatten beide das Bedürfnis, abends allein zu sein.

Am nächsten Morgen nach dem Frühstück, als beide wieder zur Ruhe gekommen waren, setzten sie sich auf eines der Sofas im Foyer. Judith habe abends noch einmal mit ihrer Mutter und Natalie telefoniert und sich gefreut, dass Thomas offensichtlich auf so unkomplizierte Weise während des Wochenendes in die Familie integriert worden sei. Natalie habe noch während des gesamten Abends von der neuen Burg erzählt, die Thomas ihr versprochen hatte. Der nutzte dann die Gelegenheit, um Judith zu sagen, dass er nach seinem Urlaub mit Christian während der ersten Woche daheim gern seine Termine in der Klinik und der Personalabteilung wahrnehmen und dann mit dem Zug zu Judith fahren wolle. Judith lächelte, sie habe sich das auch schon überlegt – und damit war sein Besuch bei ihr kurzerhand beschlossen. Er würde dann also in fünf Wochen anreisen, rechneten sich die beiden aus. Nach diesem Gespräch hatte Judith eine Therapiestunde zu absolvieren und Thomas wollte schreiben, zum einen, weil das Wetter nur mittelmäßig war und zum anderen, weil er das ganze Wochenende über nicht an seinem Manuskript gearbeitet hatte. Er merkte, dass er während der vergangenen Wochen einen regelrechten Schaffensdrang entwickelt hatte und ihm das Schreiben mittlerweile zur Passion geworden war. Letzten Endes hatte ihm auch das Zusammentreffen mit dem Mann, der ihm die Kontaktdaten des Schriftstellers gegeben hatte, Auftrieb verliehen, und er sagte sich jetzt, dass er nichts zu verlieren habe, sondern im Gegenteil von der Situation nur profitieren könne, denn selbst wenn er keinen Verleger finden sollte, habe er schließlich auch für sich selbst geschrieben und Spaß bei der Sache gehabt. Zwangsläufig würde er wohl auch bald auf die Liebe zu sprechen kommen, die ja nicht im Widerspruch zur Vernunft lag, aber offenkundig ein so ausgeprägtes menschliches Bedürfnis darstellte, dass sie Zufriedenheit schuf, und zwar sowohl die Liebe zum Partner und zu Kindern, als auch zu Natur und Kultur allgemein. „Die Welt erklären zu können, ist spannend, aber die Welt lieben zu können, ist ein Geschenk", hatte er einmal Sartorius entgegnet, als sie lange über die Logik diskutiert hatten, und das war sie nach Thomas' Dafürhalten wirklich, denn sie nährte die Seele und verlieh ihr Schwung, zumindest was den Umgang der Menschen untereinander anging. Er merkte, dass er mit den Gedanken abschweifte, und bemühte sich, beim Schreiben den roten Faden nicht zu verlieren.

Am Nachmittag hatte dann auch Judith ausnahmsweise frei und die beiden unterhielten sich lange in der Teestube über ihre Zukunft. Beide hatten nun keine Zweifel mehr, dass sie im Begriff waren, ein Paar zu werden. Sie richteten ihre Blicke auf eine gemeinsame Zukunft und sprachen auch erstmals darüber. Judith meinte, ihre Wohnung sei auf Dauer für sie beide und Natalie zu eng; sie würden sich wohl oder übel nach einer größeren umsehen müssen, wenn sie ihre gemeinsame Probezeit während seines anstehenden Besuches erst einmal überstanden haben würden. Thomas sagte ihr, dass er mit einem Ortswechsel kein Problem habe, zumal ihm sein Arbeitgeber die Möglichkeit einräume, zu Hause zu arbeiten. Im Prinzip könne er dann sogar seine alte Wohnung aufgeben und sich entsprechend an ihrer Miete beteiligen. In der Tat war das angedachte Lebenskonzept auch wirtschaftlich interessant, denn unterm Strich würden alle davon profitieren. Judith sorgte sich allerdings, ihm könne, als im Umgang mit Kindern unerfahrenem Mann, Natalie irgendwann einmal zur Last fallen, während Thomas seinerseits unsicher war, ob Judith mit seiner Schreiberei so fiel anfangen könne, dass sie es als wirkliche Beschäftigung ansah. Er hatte Angst, dass sie ihn deswegen nicht für voll nehmen würde, aber das Bemerkenswerte an der Situation war, dass sie ganz offen über diese Dinge sprechen konnten, sodass sich dadurch das Grundvertrauen zwischen ihnen tatsächlich immer mehr festigte. Vor dem Abendessen unternahmen beide noch einen Spaziergang, bei dem zum ersten Mal so etwas wie Wehmut aufkam, weil Judith in der nächsten Woche bereits abreisen würde.

Am darauffolgenden Tag kam Thomas mit seiner Schreiberei wieder sehr gut voran. Er merkte, dass er jetzt die Energie hatte, ein lebensbejahendes, positives Buch zu schreiben, in dem er Menschen, die einen Schicksalsschlag erlitten hatten, Mut zusprechen wollte, nicht aufzugeben, sondern vielmehr das Beste aus ihrer Situation zu machen. Er selbst wollte ein lebendes Beispiel dafür sein. Er merkte, dass er, je weiter er mit seinem Text vorankam, zunehmend emotionaler schrieb. Zu Beginn hatte er sich oft die von seinem Lehrer Sartorius vermittelte Philosophie zunutze gemacht, die sich vorrangig der Vernunft bediente, um Krisensituationen zu bewältigen und die Seele in eine Art balanciertes Gleichgewicht zu bringen und dadurch für das erforderliche Maß an innerer Ruhe und Kraft zu sorgen, aus der heraus man das Geschehene weit besser ertragen konnte, als wenn man sich von Ängsten und Wut gegenüber unvermeidlichen Schicksalsschlägen leiten ließ. Schließlich waren alle Menschen sterblich und es war die Gelassenheit eines Sokrates, der seinen Giftbecher in völliger innerer Ruhe leer trank, die für die Nachwelt ein Mysterium blieb. Demnach könnte das Überwinden der Todesfurcht jedem zu einem enormen Maß an Freiräumen verhelfen, die zu einer konstruktiven Lebensführung nutzbar wären. Thomas Leitner hatte sich als Kind und Jugendlicher oft gefragt, warum manche Menschen ein kurzes und manche Menschen ein langes Leben hatten, und ob es eine unsterbliche Seele gebe, was in der antiken Philosophie und in den verschiedenen Weltreligionen eine ausgemachte Sache zu sein schien. Er hatte sich auch gefragt, was nach dem Tod mit den Seelen passierte, wenn diese weiter existierten, vor allem auch im Hinblick auf das massive Wachstum der Weltbevölkerung. Aber Thomas hatte schnell begriffen, dass es auf die Fragen nach der Existenz Gottes und der Unsterblichkeit der menschlichen Seele keine abschließenden Antworten gab und dass die Entwicklungsmöglichkeiten der Menschen auf der Freiheit im Denken basierten. Nur sie ermöglichte bewusste Entscheidungen und war die Voraussetzung für Kreativität. Aber Thomas wusste auch um die Werte im Leben, an die man nicht mit Vernunft heranging, sondern denen man mit seinen Emotionen begegnete, wie bei Freundschaft und Partnerschaft. Der Wunsch nach sozialen Bindungen schien genauso in der menschlichen Natur verankert zu sein, wie der Wunsch, den Verstand zu gebrauchen, um beispielsweise einen Beruf zu erlernen. Und so legte Thomas in seinem Text zunehmend auch Wert auf zwischenmenschliche Beziehungen, was natürlich seiner momentanen Lebenssituation geschuldet war, wobei er die Freundschaft zu Christian Talbach und die Liebe zu Judith Berger als mindestens genauso heilsam empfand, wie die Stammzellen seiner anonymen belgischen Lebensretterin.

Während der fünften Woche seines Aufenthalts in der Nordseeklinik schien die Zeit nun plötzlich zu rasen. In wenigen Tagen stand bereits sein letztes gemeinsames Wochenende mit Judith auf der Insel an. Diese Tage schienen Thomas in der Tat wie Sand zwischen den Fingern zu zerrinnen. Wenn er seine Zeit gerade nicht mit Judith verbrachte, schrieb er oder war mit seinen therapeutischen Anwendungen beschäftigt. Während der Gruppentherapiestunde am Freitag wurde Judith dann schon offiziell von den Therapeuten verabschiedet, weil sie am darauffolgenden Freitag zeitig nach dem Frühstück die Klinik verlassen würde. Am Samstag wurden die beiden dann mit wunderbar sonnigem Wetter begrüßt. Nur ein paar Quellwolken waren am Himmel zu sehen und es war wieder eine Bilderbuchkulisse, die die beiden am Inselleuchtturm erwartete. Es war wirklich bemerkenswert, wie schnell sich ihre Beziehung entwickelt hatte, so als wäre die Zeit nach ihrer Erkrankung in einer besonderen Weise komprimiert, denn beide hatten das Gefühl, dass sie Dinge zur Sprache brachten, die während der Kennenlernphasen in früheren Beziehungen ungleich später angesprochen worden waren. Irgendwie kamen sie an diesem Tag auch auf Kinder zu sprechen und darauf, dass weder Judith noch Thomas vor ihren Chemotherapien Keimzellen hatten einfrieren lassen, wodurch sich ihre Familienplanung nun für alle Zeiten erledigt hatte. Judith erzählte dann auch offen von ihren Sorgen, der Doppelbelastung von Arbeit und Kindsbetreuung nicht gerecht werden zu können und dem schlechten Gewissen ihrer Mutter gegenüber, die sie während des vergangenen Jahres zwangsläufig so intensiv in Anspruch genommen hatte, dass sie ihrerseits jetzt verausgabt und müde war. Dann betonte sie noch einmal, dass sie auf keinen Fall den Eindruck erwecken wolle, sich in dieser für sie schwierigen Lebenssituation nur um der Entlastung willen an einen Mann zu binden. Thomas erzählte ihr dann, er habe sich während der letzten Tage manchmal vorgestellt, wie es wäre, längere Zeit mit Natalie zu leben, vor dem Hintergrund, dass er noch nie auf Dauer ein kleines Kind um sich herum gehabt und während der vergangenen Jahre ein vergleichsweise eigenbrötlerisches Leben geführt habe. Mit dem Kind ein paar Stunden am Strand zu spielen war eine Sache, ein Kind aber mit großzuziehen und Verantwortung zu übernehmen, eine andere. So war auch ihr letzter gemeinsamer Samstag ausgesprochen kurzweilig, und die Zeit bis zum Abendessen in der Klinik verging wie im Fluge. Im Foyer der Nordseeklinik stießen sie auf die Ankündigung zu einer geführten Wattwanderung am kommenden Morgen. Beide fanden, das wäre eine interessante Abwechslung und nette maritime Erinnerung an ihre gemeinsame Zeit auf der Insel.

Also fanden sie sich am nächsten Morgen zur angekündigten Zeit vor dem Klinikeingang ein, wo der aus dem Ort stammende Wattführer zusammen mit einigen Mitpatienten schon auf sie wartete. Als die Gruppe vollständig war, brachen sie in Richtung Strand auf. Es war noch früh und die tief stehende Sonne tauchte das Watt in ein rötlich-goldenes Licht. Der Wattführer, ein eingeborener Insulaner, pries in warmen Worten die Schönheit seiner nordischen Heimat, die ständig sich ändernden Licht- und Schattenspiele der Wolken, des Strandes und des Meeres. In der Tat waren die Kraft und die Schönheit der Natur für jeden als Balsam für die Seele spürbar. Das in warmes Licht getauchte Watt, der leichte Wind auf der Haut und das

Geschrei der Seevögel schienen die gesamte Truppe in einen Zustand der Tiefenentspannung und des Wohlbefindens zu versetzen. Thomas Leitner fragte sich, ob bei dieser fast schon feierlichen Stimmung den Ausführungen ihres Wattführers hinsichtlich der Wattwurm- und Muschelpopulationen noch irgendjemand folgte. Nach zweieinhalb Stunden machte sich der Tross auf den Rückweg zur Klinik, wo sich jeder am Rand der Wiese, auf der das Sommerfest stattgefunden hatte, die nackten Füße mit einem Wasserschlauch reinigte, den der Hausmeister der Klinik in weiser Voraussicht für die Heimkehrer der Wanderung bereitgestellt hatte. Dann gingen die meisten Teilnehmer noch einmal auf ihr Zimmer und ruhten sich vor dem Mittagessen eine Zeit lang aus.

Thomas Leitner öffnete das Fenster und legte sich entspannt rücklings auf sein Bett. Er genoss den salzigen Duft der Meerluft und lauschte noch eine Zeit lang dem Gekreische der Möwen. Eine gute halbe Stunde später wachte er wieder auf und kam gerade noch rechtzeitig zum Mittagessen. Der Speisesaal verströmte den Duft von gebratenem Fleisch und Rotkohl. Von Weitem sah er auch Judith kommen, die in anziehender Weise ein wenig zerknautscht aussah, vermutlich weil sie sich wohl ebenfalls eine kleine Auszeit auf ihrem Bett gegönnt hatte. Nach der morgendlichen Wanderung war Thomas hungriger als sonst, und nach zwei bemerkenswerten Portionen war er so satt, dass er sich gleich noch einmal für eine Stunde hätte hinlegen können. Allerdings wollte er den letzten Sonntagnachmittag mit Judith möglichst ausnutzen. Sie wollte unbedingt noch einmal zur Küste und in die Teestube.

Auf dem Weg zum Strand bemerkten die beiden schon, dass sich in der Ferne eine Wolkenfront aufbaute. Mittlerweile war es auch wesentlich windiger als am Morgen. Sie setzten sich auf ihre Dünenbank und beobachteten den Wetterwechsel. Die Regenwolken trieben wie eine Wand von der Seeseite her auf die Insel zu und schoben die weißen Quellwolken in der Art eines Schneepfluges vor sich her. Auch der Wind nahm von Minute zu Minute zu, sodass sich die beiden zur Teestube begaben, die sie gerade noch rechtzeitig vor Beginn eines heftigen Regenschauers betraten. Als der Tee serviert wurde, hatte sich der Schauer zu einem kräftigen Sturm ausgewachsen und der Wind peitschte den Regen förmlich gegen die Scheiben. Selbst die Möwen, die sonst am Grat der kleinen benachbarten Düne auf Beute lauerten und sich den Wetterverhältnissen gegenüber bisher immer als robust erwiesen hatten, suchten woanders Schutz. Der Gastraum war zusätzlich zum einfallenden grauen Licht durch Kerzen erhellt. Im Raum lag noch der Geruch von abgebrannten Streichhölzern, der sich mit dem Duft von Kaffee und Gebäck mischte. Die beiden sprachen weniger als sonst und lauschten oft minutenlang auf das monotone Geräusch des Regens. Doch beide empfanden die Schweigepausen keineswegs als unangenehm. Ihnen steckte noch die Müdigkeit der morgendlichen Wattwanderung in den Knochen, die durch den Wetterumschwung noch verstärkt wurde und sich allmählich mit einer gewissen Melancholie mischte, weil ihr Abschied voneinander immer näher rückte. Bei Judith kam noch hinzu, dass sie mittlerweile keine Ruhe mehr fand, weil sie wusste, dass jede Woche ihrer Abwesenheit eine Mehrbelastung für ihre Mutter bedeutete, und schließlich vermisste sie einfach auch ihre Tochter, sodass sich zwischen Thomas und ihr langsam so etwas wie Abschiedsstimmung einstellte. Judith brachte zur Sprache, dass sie sich von Thomas' Besuch Klarheit darüber erhoffe, ob sie wirklich dauerhaft zusammenbleiben wollten und konnten, nachdem sie dann einige Zeit so etwas wie ein Zusammenleben unter Alltagsbedingungen ausprobiert haben würden, und dass es ihr dabei wichtig sei, Spannungen oder Probleme zeitnah und offen anzusprechen. Thomas wusste diese Offenheit sehr zu schätzen und versprach ihr seinerseits einen ehrlichen und geradlinigen Umgang. Der Regen hatte in der Zwischenzeit nachgelassen, und während Thomas abends auf dem Bett lag, vertiefte sich seine Melancholie, als sein Blick auf das Regal mit dem Osterei fiel. Da kam ihm der spontane Einfall, Judith am Freitag das Ei zum Abschied zu schenken – schließlich hatte er selbst es zu dem Zeitpunkt geschenkt bekommen, an dem die Spenderzellen seiner Lebensretterin in ihm zu neuem Leben erwacht waren. So hatte ihm dieser Talisman eine Art zweite Geburt beschert und sollte nun als symbolische Liebeserklärung an Judith überreicht werden. Dieser Gedanke gefiel ihm gut und er schlief zufrieden ein.

Die nächsten Tage vergingen ebenfalls wie im Fluge, und als Thomas seine Freundin am Freitag nach dem Frühstück zur Fährstation brachte, musste er noch einmal an seine Taxifahrt ins Krankenhaus denken, die mittlerweile ein halbes Jahr zurücklag und ein Intermezzo zwischen seinem alten und seinem jetzigen Leben eingeläutet hatte, das aus Bluttransfusionen, Chemotherapien und einem großen Maß an Ungewissheit bestand, über das ihn ein fast schon vergessen geglaubter Freund hinweggeholfen hatte. Judith hatte ihr blaues Ei nach dem Frühstück noch sicher verpackt und wirkte leicht nervös und angespannt, sodass sich Thomas mit aufmunternden Worten weitestgehend zurückhielt, denn in einigen Wochen würde er ja mit Judith ohnehin ausprobieren können, inwieweit sie im Alltag gemeinsam zurechtkämen. Die beiden umarmten einander noch einmal kurz und Thomas blickte lange der Fähre hinterher. Die nachmittägliche Gruppentherapiestunde ging an diesem Tag noch einmal weitestgehend an ihm vorbei und er war froh, dass er am Nachmittag noch einmal Ruhe und Zeit fand, seine Gedanken zu ordnen. Er versuchte sich auszumalen, wie das Wiedersehen mit Judith wohl verlaufen würde und als sie ihn nach dem Abendessen anrief, um ihm zu sagen, dass sie gut zu Hause angekommen sei und dass sowohl Natalie als auch Judiths Mutter ihn grüßen ließen, war er gerührt und sich dessen fast schon gewiss, dass er nun eine neue Familie gefunden hatte. Für das Wochenende nahm er sich dann vor, mit dem Schreiben wieder konzentriert voranzukommen.

Als Thomas am Samstag dann an einem Tisch in der Teestube saß, von dem aus er die auf der Düne Spalier stehenden Möwen sehen konnte, schöpfte er in gewisser Weise auch Hoffnung, mit seiner Schreiberei auch etwas Geld verdienen zu können. Er hatte seit Ewigkeiten wieder das Gefühl, etwas Sinnvolles zu tun und vor allen Dingen hatte er auch viel Spaß bei der Arbeit – was ohnehin ein nicht zu bezahlender Aspekt seiner Tätigkeit war. Er kramte die Visitenkarte mit der Kontaktadresse des Schriftstellers aus seinem Portemonnaie hervor und entschloss sich, nach dem Urlaub mit Christian Kontakt zu dem Schriftsteller aufzunehmen. Möglicherweise hatte er nun tatsächlich begonnen, einen Weg zu beschreiten, der ihm die Gelegenheit zur Selbstverwirklichung in einem kreativen Bereich bot, von der er zwar oft genug geträumt, zu deren Umsetzung ihn aber erst seine Krankheit veranlasst hatte. Sicherlich wankte und schlingerte er derzeit noch unsicher auf diesem neu eingeschlagenen Weg, aber er hatte die Zielstrebigkeit und das Durchhaltevermögen, zumindest so weit zu kommen, bis er sich eine Basis für eine weiterführende Orientierung erarbeitet haben würde. Thomas wunderte sich über sich selbst, wie gut er derzeit mit seinem Manuskript vorankam, und er wunderte sich andererseits auch, wie anstrengend das Schreiben war. Das konnte damit zu tun haben, dass man sich beim Schreiben im wahrsten Sinne des Wortes verausgabte, weil unweigerlich ein Teil seiner selbst in den Text einfloss. Wer weiß, dachte er, wie viel Zeit ihm noch blieb, seine Gedanken zu Papier zu bringen, denn seit seiner Genesung war ihm die Endlichkeit des Lebens zutiefst bewusst geworden. Jeden neuen Tag erlebte er als Geschenk, das ihm eine Sportstudentin aus Belgien zusammen mit einem griechischen Arzt gemacht hatte. Am Abend betrachtete Thomas zufrieden die ansehnliche Zahl an Seiten, die er geschrieben hatte und telefonierte mit Judith, die mittlerweile wieder dabei war, sich nach ihren ständigen Klinikaufenthalten und der Reha zu Hause neu zu orientieren. Am Montag würde sie zunächst wieder auf Stundenbasis zu arbeiten beginnen, und sie freute sich sogar, ihre Kollegen wiederzusehen und zur Normalität zurückzukehren. Thomas war froh, dass ihn Judith in seinem Schaffensdrang ermutigte, und sie fand es überhaupt nicht unwahrscheinlich, dass er einen Verleger für sein Buch finden und auch Einnahmen damit erzielen könne. Dann erzählte sie ihm, dass Natalie sich schon wieder ausgiebig nach ihm erkundigt habe und genau wissen wollte, in wie vielen Tagen mit seinem Eintreffen und dem der Spielzeugburg zu rechnen sei. Als er aufgelegt hatte, versuchte Thomas sich vorzustellen, wie Judiths Wohnung wohl aussehen mochte. An diesem Abend legte er sich mit einem Gefühl von tiefer Sehnsucht ins Bett.

Am nächsten Morgen fühlte sich Thomas durch Judiths Ermunterung hoch motiviert und wanderte trotz des durchwachsenen Wetters zum Strand, wo er bis zum Mittagessen schrieb, dann aber wegen einsetzenden Nieselregens zur Klinik zurückkehrte und am Nachmittag auf seinem Zimmer weiterarbeitete. Nach Judiths Abreise hatte er sich innerlich auch schon von der Nordseeklinik verabschiedet. Er wusste, dass die letzten beiden Wochen – genauer gesagt die letzten zwölf Tage, bis ihn Christian aus der Klinik abholen würde – ebenfalls im Fluge vergehen würden. Während des Abendessens versuchte er sich noch einmal auf das Geschriebene des Tages zu konzentrieren und saß auch am nächsten Morgen nach dem Frühstück gleich wieder an seinem Manuskript. Er wollte sich an diesem Abend nicht nur bei Judith, sondern auch bei Christian melden, um die Einzelheiten zu besprechen, wie am nächsten Freitag das Treffen der beiden vonstattengehen sollte. Christian hatte sich wieder für eine Nacht ein Zimmer im Ort reserviert und wollte seinen Freund am Freitag gleich nach dem Frühstück abholen, sodass sie am Nachmittag desselben Tages bereits in der gebuchten Ferienwohnung in Dänemark ankommen würden. Christian hatte sich vorgenommen, schon in Deutschland Lebensmittel einzukaufen und wollte am Abend ihrer Ankunft in Dänemark ein schönes Begrüßungsessen kochen. Also sollte Thomas gegen zehn Uhr in der Krankenhauslobby auf ihn warten.

Judith berichtete ihm an diesem Abend ausführlich von ihrem ersten Arbeitstag. Sie war von ihren Kolleginnen und Kollegen herzlich empfangen worden. Sie hatten sogar eine kleine Feier vorbereitet, die fast ihren gesamten aus vier Stunden bestehenden Arbeitstag in Anspruch nahm. Danach habe sie Natalie aus der Kindertagesstätte abgeholt, und es war seit Langem wieder ein Pensum Normalität in ihr Leben zurückgekehrt, was ihr in gewisser Weise Erleichterung verschafft habe. Judith war eine pragmatische Frau. Seit ihrer Erkrankung waren es die vermeintlich ganz banalen Dinge, die sie wieder schätzen gelernt hatte und die Rückkehr in ihr Berufsleben war vor diesem Hintergrund ein großer Schritt zurück in die Eigenständigkeit. Thomas sorgte sich ein wenig, Judith könnte sich allzu schnell überfordern, aber dann dachte er sich, dass ihr die Rückkehr in ihr altes Leben natürlich auch Motivation und Ansporn sein würde. Natalie würde in diesem Sommer vier Jahre alt und zwei Jahre später eingeschult werden. Von da an würde sie Jahr für Jahr ohnehin selbstständiger werden. Vielleicht war es auch deshalb gut, dass sich Judiths Leben nun schnell normalisierte, damit sich ihr schlechtes Gewissen Natalie gegenüber beruhigte.

Während der nächsten Tage konzentrierte sich Thomas Leitner wieder sehr auf sein Manuskript und die Tage waren mittlerweile sogar schon von einer gewissen Routine in seinem Tagesablauf bestimmt, in dem das Schreiben und die Therapiestunden einander abwechselten. Am Montag der kommenden Woche stand eine Abschlussuntersuchung an, während der noch einmal eine Blutspiegelkontrolle seines Immunsuppressivums durchgeführt und die Datenbasis für einen abschließenden Bericht erhoben werden sollte, den unser Patient am Entlassungstag dann mit nach Hause nehmen würde. Am Samstag davor, als Thomas sich nach dem Frühstück auf einem der Sofas im Klinikfoyer niedergelassen hatte und die Zeitungen durchblätterte, ergab sich dann die letzte bemerkenswerte Szene während seines Aufenthaltes in der Nordseeklinik: Die stolze Elena humpelte an ihren Krücken auf ihn zu und fragte ihn, ob sie sich einen Moment lang zu ihm setzen dürfe. Nachdem ihr das

Platznehmen aufgrund der Einbeinigkeit einige Mühen bereitet hatte, weil sowohl eine Rumpfdrehung, als auch ein langsames Sichniederlassen erforderlich waren, um ein Fallen des Körpers auf das Sofa zu vermeiden, wollte Elena die Gelegenheit nutzen, ihm und Judith alles Gute zu wünschen, denn auch sie würde in einigen Tagen die Klinik verlassen. Thomas freute sich über die guten Wünsche, fühlte sich allerdings beklommen, als Elena anmerkte, dass sie wahrscheinlich ja keinen Mann mehr finden werde, weil mit einer einbeinigen Frau niemand zusammenleben wolle. Thomas überspielte die Situation, indem er schnell das Thema wechselte und nach Elenas genauem Abreisetag fragte. „Am Mittwoch", sagte Elena. Dann unterhielten sich die beiden noch kurz über Belanglosigkeiten, bevor sie sich wieder langsam und umständlich aus dem Sofa hievte und für den Rest des Tages verabschiedete.

Am Montag wurde Thomas dann zum letzten Mal Blut abgenommen. Während der Abschlussuntersuchung erzählte er seiner Ärztin, dass er sich gut in der Nordseeklinik erholt habe und sein beruflicher Wiedereinstieg in Teilzeitarbeit bis auf die noch ausstehenden Formalitäten geregelt sei. Er hatte einige Kilogramm Gewicht zugelegt und mittlerweile wieder so etwas wie eine Kurzhaarfrisur. Die Ärztin fragte, ob er auch psychisch mit seiner neuen Lebenssituation zurechtkäme und Thomas erzählte ihr, dass er am Ende der Woche mit einem alten Freund in die Ferien und danach zu seiner Freundin fahren werde, von wo aus er dann zunächst auf Stundenbasis arbeiten könne, sodass er für die nächsten Monate eigentlich nur Positives geplant habe und keine Gefahr bestehe, aufgrund fehlender sozialer Kontakte in seiner neuen Lebenssituation psychisch einzubrechen. Die Ärztin kündigte ihm noch an, auch der Nachsorgetermin mit der hämatologischen Universitätsklinik sei bereits abgestimmt und wünschte ihm dann für seine Zukunft alles Gute. Zum Abschied reichte sie ihm die Hand und erklärte, er werde den Abschlussbericht dann auf sein Zimmer erhalten. Falls sich im Hinblick auf die Medikamente noch etwas ändern sollte, werde sie sich noch einmal bei ihm melden.

Damit war Thomas Leitner eigentlich schon offiziell aus der Nordseeklinik entlassen. Die letzten Tage seines Aufenthalts waren von der Vorfreude auf das Zusammentreffen mit Judith und Christian geprägt. Trotzdem schrieb er kontinuierlich weiter an seinem Manuskript und genoss die letzten Male, die er auf seiner Dünenbank sitzend in der Ruhe und Abgeschiedenheit der Insel verbringen konnte. Laut Entlassungsbericht, den er am Mittwoch auf seinem Zimmer vorfand, war das Ergebnis der Rehabilitationsbehandlung mehr als zufriedenstellend, und in der Tat hätte sich Thomas während seines Aufenthalts in der Klinik nicht besser erholen können. Am Donnerstag packte er also seine Sachen und am Freitagmorgen setzte er sich nach dem Frühstück in die Lobby der Klinik, nachdem er sich noch von einigen Patienten verabschiedet hatte, um auf Christian zu warten. Er blätterte in der Tageszeitung und sah nach zwanzig Minuten Christian durch die Eingangstür kommen, der ihm schon von Weitem zuwinkte. Die beiden begrüßten einander herzlich und verstauten das Gepäck auf dem Rücksitz von Christians Wagen, weil der Kofferraum mit Lebensmitteln und Christians Gepäck bereits vollgepackt war. Dann fuhren sie zur Fährstation und erreichten gerade noch die nächste Fähre, sodass sie schon in etwa dreißig Minuten auf dem Festland waren, von wo aus sich dann noch eine mehrstündige Autofahrt zu ihrem Ferienhaus anschloss. Auf dem Deck der Fähre blickte

Thomas Leitner zu der Insel zurück, auf der vermutlich die Weichen für sein gesamtes weiteres Leben gestellt worden waren. Er sah das Ufer in der Ferne verschwinden und war gespannt auf die anstehende Zeit mit Christian.

12. Ferien mit Christian in Dänemark

Die Autofahrt verging relativ schnell. Am Nachmittag erreichten sie ihr Ferienhaus, das mit einer großen Terrasse versehen war und sich einladend im Licht der Nachmittagssonne präsentierte. Die beiden luden ihr Gepäck aus und jeder belegte sein Schlafzimmer. Der Wohn- und Kochraum war geräumig, verfügte zudem über eine gemütliche Sitzecke vor einem offenen Kamin und einen direkten Zugang zur Terrasse, von der aus man einen freien Blick auf einen See hatte, dessen Ufer nur etwa hundert Meter entfernt lag. Christian wollte dann das Abendessen kochen und begann mit den Vorbereitungen dazu, während Thomas die Gartenmöbel auf der Terrasse zurechtrückte. Es war ein milder windstiller Abend und bald stieg ihm der Duft von Christians Pastasoße in die Nase, der ihm noch von früher vertraut war. Thomas deckte den Tisch und Christian entkorkte eine Flasche Chianti. Beide aßen mit großem Appetit und blieben nach dem Essen noch lange auf der Terrasse sitzen. „Und, wie ist sie?", fragte Christian. „Ganz wunderbar", antwortete Thomas, der bereits nach nur wenigen Schlucken Rotwein die Wirkung des Alkohols spürte. Dann erzählte Thomas ausgiebig von seiner Zeit mit Judith und der Absicht, in drei Wochen zu ihr zu fahren. Er wolle seinen Laptop mitnehmen, um von ihrer Wohnung aus arbeiten und parallel dazu weiter an seinem Manuskript schreiben zu können. Er freue sich darauf auszuprobieren, wie sich ein gemeinsames Leben mit Judith und Natalie anfühlte. Er erzählte Christian auch von dem ungewöhnlichen Zufall, der ihm zu dem Kontakt zu einem Schriftsteller verholfen habe, der Neuautoren bei der Verlagssuche für ihre erste Publikation unterstützte und wie sich mittlerweile sein Wunsch, Schriftsteller zu werden, konkretisiert habe, zumal die Abfassung seines Manuskripts auch schon weit fortgeschritten sei. Er habe tatsächlich bereits ein neues Leben begonnen, das sich mittlerweile zu einem wahren Abenteuer auswachse. Jeden neuen Tag betrachte er als Geschenk und versuche ihn auch entsprechend aktiv zu gestalten.

Nach dem Essen tauchte die tief stehende Sonne den nahegelegenen See in ein mystisches Licht. Die beiden Freunde unterhielten sich noch eine Zeit lang, waren aber mittlerweile müde von der Anreise und mussten außerdem noch ihre Betten beziehen, sodass sie beschlossen, den Abwasch am nächsten Tag zu erledigen und sich in ihre Zimmer zurückzuziehen. Thomas hatte inzwischen eine bleierne Schwere ergriffen, die auch dem Rotwein geschuldet war, und das Beziehen des Bettes stellte regelrecht eine körperliche Anstrengung für ihn dar. Er putzte sich die Zähne und legte sich auf das Bett, das komfortabler war, als es von Weitem betrachtet den Anschein hatte. Am folgenden Morgen wollte er Judith anrufen. Er freute sich auf seine ersten zwei Wochen seit langer Zeit in Freiheit – ohne Ärzte, Therapiestunden und Mitpatienten. Noch einmal ließ er diesen langen Tag Revue passieren, dachte an Judith und sein Manuskript und schlief erschöpft ein.

Am nächsten Morgen wurde er schon früh vom Geschrei einiger Enten geweckt, die vielleicht durch ein anderes Tier aufgeschreckt worden waren, und stand auf. Christian schlief noch und Thomas öffnete die Terrassentür. Der Himmel war wolkenverhangen und der See dampfte im Morgennebel. Es war kühl, sodass sich Thomas einen Pullover überzog und entschied, dass es für ein Frühstück auf der Terrasse zu kalt war. Wieder war das Geschnatter einiger Enten zu hören und er entschloss sich spontan, den Kamin zu befeuern. Das Holz lag aufgestapelt neben dem Kamin zusammen mit einigen schmaleren Holzstückchen, die er zum Anzünden verwendete. Nach einer Viertelstunde konnte er dann größere Stücke nachlegen und nach einer weiteren halben Stunde hatte er ein ansehnliches Feuer in Gang gebracht. Dann kramte er in der von Christian mitgebrachten Lebensmittelkiste herum, legte einige Aufbackbrötchen in den Herd, kochte Kaffee und Eier und deckte den Frühstückstisch im Wohnzimmer. Von Christian war noch immer nichts zu hören, sodass sich Thomas für eine weitere Viertelstunde auf das Sofa vor dem Kamin setzte. Das Zimmer war mittlerweile erfüllt vom Duft der frisch gebackenen Brötchen, vom aufgebrühten Kaffee und dem eigentümlichen Geruch des offenen Feuers, das ihn schon als Kind fasziniert hatte. Er liebte das Spiel der Flammen, ihre wechselnden Farben von gelb nach weiß und rot bis blau, das plötzliche und laute Knacken und natürlich den Geruch. Oft hatte er schon Stunden vor offenen Feuern gesessen, den Flammen zugesehen und sich gefragt, ob diese Neigung wohl eine Eigenart seiner Persönlichkeit oder ein ererbtes Relikt aus der Zeit der Urmenschen war. Als er dann aufstand, um die Brötchen aus dem Ofen zu nehmen, stand Christian im Türrahmen und begrüßte seinen Freund mit einem vergähnten „Guten Morgen". Es war mittlerweile halb zehn, und als Christian sich an den Tisch setzte, begann draußen der Regen, der das gesamte Wochenende über nicht mehr aufhören sollte.

Die beiden nahmen sich also Zeit beim Frühstück und ließen den Vormittag gleitend in den Nachmittag übergehen, wie sie das zu ihrer Studentenzeit oft getan hatten, wenn sie sich am Wochenende trafen. Dann räumten sie den Tisch und wuschen ab. Thomas telefonierte mit Judith, die sich jetzt nur noch drei Wochen bis zu seinem Eintreffen gedulden musste. Als dann Christian und Thomas es sich vor dem Kaminfeuer gemütlich machen wollten, war es bereits später Nachmittag. Es regnete mittlerweile so stark, dass sie durch das Prasseln der Regentropfen gezwungen waren, lauter miteinander zu sprechen. Ein Blick von der Terrasse auf den See ließ mittlerweile keinerlei Konturen des Seeufers mehr erkennen und die Ufervegetation war von einem dampfenden Nebel umgeben. Dazu war es herbstlich kalt und ungemütlich. Also ließen sie den Nachmittag in den Abend übergehen und Christian begann langsam mit den Vorbereitungen für das Abendessen. Er schälte einige Kartoffeln, putzte Gemüse, salzte und pfefferte zwei saftige Rindersteaks, die er luftdicht verpackt gekauft hatte und die sich entsprechend länger hielten als herkömmliche Ware. Thomas machte sich in der Zwischenzeit am Kaminfeuer zu schaffen, ordnete die Holzscheite so an, dass keine glühende Holzkohle auf den Boden fallen konnte, und deckte dann wieder den Tisch, wie er das schon am Morgen getan hatte. Alsbald stieg ihm der Duft des bratenden Fleisches in die Nase und Thomas nahm sich vor, an diesem Tag wirklich nur ein Glas Wein zu trinken, zum einen, weil sich der Alkohol mit seinen Medikamenten nicht vertrug, und zum anderen, weil er ohnehin keine größeren Alkoholmengen mehr tolerierte. Dann servierte Christian schon bald das Essen und irgendwie hatte er es in der Kürze der Zeit wieder einmal geschafft, eine wunderbare Soße mit karamellisierten Schalotten zuzubereiten, eine Fähigkeit, die er schon zu seiner Studentenzeit in vielerlei Varianten beherrschte und um die Thomas ihn schon oft beneidet hatte, weil seine eigenen Soßen entweder keine angenehme Konsistenz hatten oder keinen Geschmack. Christians Soßen dagegen hatten immer die richtige Konsistenz, eine gute Farbe, einen schönen Glanz und waren noch dazu meisterlich abgeschmeckt. Beiden kam es so vor, als wäre seit ihrem Studium keinerlei Zeit vergangen, als hätten beide einen Sprung über zwanzig Jahre hinweg getan, so vertraut waren sie einander inzwischen wieder. Christian musste an das Silvesteressen in der Klinik denken, das nun über ein halbes Jahr her war, und erzählte, wie er damals wochen- und monatelang die Daumen gedrückt hatte, um genau so ein halbes Jahr später mit seinem Freund dasitzen zu können, wie es jetzt gerade der Fall war. Und es war ein wirklich feierlicher Moment, als die beiden mit ihren Rotweingläsern anstießen, als würden sie auf Thomas' zweite Geburt trinken.

Das Geprassel der Regentropfen hatte sich mittlerweile zu einem monotonen Rauschen ausgewachsen und der Blick aus dem Fenster ließ nur dampfende Nebelschwaden erkennen. „Hoffentlich wird das Wetter nächste Woche besser", sagte Thomas. Er wollte allzu gern in den nächsten Tagen eine Fahrradtour unternehmen und weiterhin auskosten, dass sich sein Aktionsradius in den letzten Wochen stetig vergrößerte. Von der Enge seines Krankenzimmers hatte dieser sich zunächst auf eine kleine Insel ausgeweitet und nun wollte er seine vollständig wiederhergestellte Mobilität in vollen Zügen genießen. Das Ferienhaus lag in der Nähe einer kleinen Stadt und Christian hatte zu Hause schon recherchiert, dass es dort auch einen Fahrradverleih gab. Sie würden dort Anfang der kommenden Woche ohnehin auch Lebensmittel einkaufen müssen. Christian räumte den Tisch ab und schenkte sich ein Glas Wein ein. Nach einer Weile wurde er ein wenig melancholisch und begann von den Fortschritten seiner Psychotherapie zu erzählen. Ihm sei manchmal regelrecht zum Heulen zumute gewesen, wenn er seine Vergangenheit reflektierte, weil er viele Jahre lang gleichsam neben sich stand, nicht nur, was seine gescheiterte Beziehung anging, sondern auch das Pflegen von Freundschaften und Interessen. Oft habe er sich damals bei Thomas melden wollen, um die Freundschaft wiederzubeleben, aber irgendwie vergingen die Jahre, ohne dass er sein Vorhaben in irgendeiner Weise in die Tat umgesetzt hätte. Auch das Scheitern seiner Ehe habe er wie ein Außenstehender beobachtet und deren Ende kampflos akzeptiert. Erst die Nachricht von Thomas' Leukämieerkrankung habe ihn wachgerüttelt, als sei er plötzlich aus einem langen tiefen Schlaf gerissen worden. Er habe sich bewusst gemacht, dass sein Freund die Erkrankung vielleicht nicht überleben würde und dass all die Jahre, die er hatte verstreichen lassen, unwiederbringlich verloren waren. Und so wäre es wohl noch jahrelang weitergegangen, wenn er nicht einen Einschnitt vorgenommen hätte. Was den Termin für diese Veränderung angehe, so käme ihm der neue Kollege in der Kanzlei wie gerufen. Auch seine ehrenamtliche Arbeit bringe ihn wieder auf den harten Boden der Tatsachen zurück und er spüre, dass er langsam wieder zu einem normalen Leben zurückfinde, in dem wieder Platz für die Dinge sei, die wichtiger wären als beruflicher Erfolg. Ihm käme es vor, als habe er gerade noch rechtzeitig die Reißleine gezogen. Inzwischen sei er wieder neugierig und gespannt auf seine Zukunft. Vielleicht lerne auch er noch einmal eine Partnerin kennen – wer weiß?

Es war ein seltsames Gefühl für Thomas, dass er indirekt eine Veränderung im Leben seines Freundes herbeigeführt hatte, zumal er sich selbst in einer intensiven Phase der Neuorientierung befand und ihm sein momentanes Leben irgendwie komprimiert und intensiver vorkam, während er im Nachhinein den Eindruck hatte, die letzten Jahre vor seiner Erkrankung eher in Trägheit verbracht zu haben, obwohl er grundsätzlich mit seinem Leben nie wirklich unzufrieden gewesen war. Er hörte Christian gern zu, wenn dieser von seinen neuen Erfahrungen erzählte, zumal er das Gefühl hatte, den Christian wieder zurückzugewinnen, mit dem ihn früher eine intensive Freundschaft verbunden hatte und der ihm mit den Jahren dann fremd geworden war. Dessen bewegendstes Erlebnis während seiner ehrenamtlichen Anwaltstätigkeit in der Obdachloseneinrichtung war die Geschichte eines Mannes, der von Frau und Kindern verlassen worden war und kurz danach unverschuldet seinen Arbeitsplatz verlor. Darauf flüchtete er sich in den Alkohol und verlor schließlich auch noch seine Wohnung. Dieser rasante Abstieg endete schließlich in der Obdachlosigkeit. Christian versuchte nun, ihn bei den Antragstellungen bei Behörden und bei der Wohnungsbeschaffung zu unterstützen und war vor allem berührt von der Tatsache, dass sein Schützling bis vor zwei Jahren ein völlig normales Leben geführt hatte und erst durch die Abfolge mehrerer Schicksalsschläge in diese prekäre Situation geraten war. Das hatte Christian Talbach in ähnlicher Weise wachgerüttelt, wie die Nachricht von Thomas' Leukämie. Christian fand es erstaunlich, mit welcher Selbstverständlichkeit man im Alltag davon ausging, von solchen Schicksalsschlägen verschont zu bleiben. Und er wurde zusätzlich noch an seine eigene Vergangenheit erinnert, die allerdings nicht mit einem sozialen Absturz, sondern im Gegenteil mit einer steilen Karriere verknüpft war. Aber was hatte er im Nachhinein gewonnen? Den beruflichen Erfolg hatte er mit einer zunehmenden Vereinsamung und dem Erstarren und Erkalten seiner Emotionalität bezahlt, und Gott sei Dank hatte er noch einmal die Möglichkeit erhalten, seine Lebensausrichtung zu korrigieren. Nun war er auf seine kommenden Lebensjahre genauso gespannt wie Thomas. Das Feuer im Kamin war komplett heruntergebrannt, als sich die beiden an diesem Abend nach langen Gesprächen in ihre Betten legten. Der Regen hatte mittlerweile etwas nachgelassen. Thomas ließ den Tag in seiner Erinnerung noch einmal kurz Revue passieren und musste an Judith denken. In drei Wochen würde er wieder mit ihr zusammen sein.

Als Thomas am nächsten Morgen erwachte, war der Starkregen des Vortags in Nieselregen übergegangen und er verwandte geraume Zeit darauf, die Asche des Kaminfeuers zu entsorgen, ein neues Feuer zu entfachen und das Frühstück zuzubereiten. Dann setzte er sich mit einer Tasse Kaffee an den Tisch und schrieb an seinem Manuskript, bis Christian aufwachte. Die beiden frühstückten ausgiebig, und als gegen Mittag noch immer keine Besserung des nasskalten Wetters in Sicht war, setzte Christian sich mit einem Buch vor den Kamin, während Thomas weiterschrieb. Am Nachmittag aßen sie einen verpackten Marmorkuchen aus der Vorratskiste und abends gab es Spaghetti mit Tomatensoße.

Beide waren erstaunt, dass es am nächsten Morgen vergleichsweise warm und sonnig war. Nach dem Frühstück machten sie sich zeitig auf den Weg zum nächsten Ort. Nachdem die Einkäufe erledigt waren, liehen sie sich für den Nachmittag Fahrräder und befuhren einen Radweg, der ein gutes Stück an der Küste entlang verlief. Sie hatten zwischenzeitig einen grandiosen Blick auf die Ostsee und konnten sogar am Horizont einige Nachbarinseln erkennen. Thomas gingen viele Erinnerungen durch den Kopf. Noch vor einigen Monaten war er durch

Krankheit und die Nebenwirkungen der Chemotherapie so geschwächt gewesen, dass er sich während des Gangs vom Bett zur Toilette auf seinen Infusionsständer stützen musste und heute war er so weit wiederhergestellt, dass er oft mehrere Stunden hintereinander nicht mehr an seine Krankheit dachte und eine Fahrradtour unternehmen konnte. Er hatte zwar Mühe, bei Christians Tempo mitzuhalten – der schon langsamer fuhr als sonst – aber die Heilungskräfte der Natur versetzten ihn an diesem Tag abermals in Staunen und er genoss seinen ersten etwas weitläufigeren Ausflug nach den Klinikaufenthalten in vollen Zügen. Zeitweise war er dabei übermütig wie ein Kind und fuhr mit einigem Anlauf durch die Pfützen, die der gestrige Regen hinterlassen hatte oder er versuchte, sich mit Christian ein Wettrennen zu liefern, was aber auf ähnliche Weise ausging, wie die Schachpartien gegen Stefan Steinmann. Als sie gegen Abend die Fahrräder im Ort wieder abgegeben hatten, aßen sie in einem Restaurant zu Abend und fielen nach der Heimkehr in die Ferienwohnung regelrecht in ihre Betten.

Am nächsten Morgen verspürte Thomas dann einen starken Muskelkater in den Beinen und fühlte sich noch immer erschöpft und ausgepowert. Er hatte sich überanstrengt und war froh, dass Christian sich um das Frühstück kümmerte und er sich anschließend auf der Terrasse erholen konnte. Christian setzte sich mit einem Buch dazu und Thomas verbrachte fast den ganzen Tag mit Dösen und Schreiben. Er empfand es als großen Vorteil, dass er sich Christian gegenüber nicht verstellen musste. Als sie abends beim Essen saßen, erzählte Thomas von der einbeinigen Elena und fragte sich, ob sie jetzt wohl allein war oder ob auch sie jemanden an ihrer Seite hatte, der sie unterstützte und ihr Gesellschaft leistete. Christian wirkte nachdenklich. Warum kamen manche Menschen einfach und ohne größere Schwierigkeiten durchs Leben, während andere regelrecht vom Schicksal gebeutelt wurden? Thomas hatte diese Frage oft mit Sartorius diskutiert, aber sie war einfach nicht abschließend zu beantworten. Am ehesten schien es schlussendlich Zufall zu sein, was einem im Leben widerfuhr. Entscheidend aber war der jeweils individuelle Umgang mit diesen Widrigkeiten.

Obwohl sich Thomas am nächsten Tag weitestgehend von den Strapazen der Fahrradtour erholt hatte, verbrachten die beiden die nächsten Tage mehr oder weniger auf ihrer Terrasse, genossen die Ruhe und fühlten sich an ihre Studentenzeit erinnert, während der sie während der Semesterferien oft einige Tage hintereinander mit Nichtstun verbracht hatten. Die nächste geplante Aktivität war am Wochenende der Ausflug auf eine nahegelegene Insel. Es war wieder ein strahlend schöner Tag und die beiden konnten die Überfahrt an Deck des Schiffes verbringen. Zum ersten Mal nach langer Zeit dachte Thomas daran, wie es wohl sein würde, am darauffolgenden Wochenende wieder in seine Wohnung zurückzukehren, die er nun seit fast einem Dreivierteljahr nicht mehr betreten hatte. Es war eine komische Vorstellung, alle Gegenstände so vorzufinden, wie er sie lange Zeit zuvor zurückgelassen hatte. Zwar hatte Christian die Wohnung öfter betreten, aber im Großen und Ganzen würde Thomas alles so vorfinden, wie zur Zeit des vergangenen Oktobers, als er ins Krankenhaus gefahren war.

Auf der Insel angekommen, unternahmen sie eine Wanderung und kehrten in einem Restaurant ein, das über eine schöne Terrasse mit freiem Blick auf die Ostsee verfügte. Beide bestellten Matjes mit Bratkartoffeln sowie ein großes Bier und ließen sich ihr Essen schmecken. Als Christian dann plötzlich über die härteste Nuss zu sprechen begann, die er in seiner Therapie derzeit zu knacken hatte, war Thomas tief berührt, weil sein Freund damit den entscheidenden Punkt berührte, der zum Scheitern seiner Ehe und zu seiner Vereinsamung geführt hatte, nämlich dass er über ein Jahrzehnt lang in einem Zwang gefangen war, der stärker war als er selbst – dem Zwang, als Jurist Karriere machen zu müssen. Sicherlich war ihm der Ehrgeiz von seinem Vater in die Wiege gelegt worden, aber das Beängstigende war dabei, dass Christian das Scheitern seiner Ehe wie ein Außenstehender beobachtet und zugelassen hatte, ohne die entsprechenden Konsequenzen zu ziehen. Ihm war, als sei er viele Jahre lang ein Gefangener seiner Vergangenheit gewesen, und erst die Nachricht einer möglicherweise todbringenden Erkrankung seines besten und schlussendlich einzigen Freundes habe ihn wachgerüttelt und zur Vernunft gebracht. Nach diesem Eingeständnis schwiegen beide geraume Zeit und das eigentümliche Geräusch einer Fahne, die sich heftig im Wind bewegte, prägte sich ihnen ein. Auch Thomas gewann immer mehr die Gewissheit, dass sein Leben einen Wendepunkt überschritten und mittlerweile bereits einen anderen Lauf genommen hatte. Sie saßen noch einige Zeit auf der Terrasse und mussten sich dann fast beeilen, um die Fähre zum Festland noch zu erreichen. Als Thomas dann abends mit Judith telefonierte und von Christian erzählte, verstand sie sofort, wovon er sprach, denn auch ihre Lebenseinstellung hatte sich durch die Krankheit grundlegend geändert. Sie hatte die kleinen Freuden des Lebens im Hier und Jetzt wieder zu schätzen gelernt, anstatt sie achtlos an sich vorüberziehen zu lassen.

Schon während der Überfahrt zum Festland hatte sich der Himmel verdunkelt, und als Thomas an diesem Abend sein Schlafzimmerfenster öffnete, hatte es heftig angefangen zu regnen. Dieser Regen sollte sich fast die gesamte kommende Woche über ihrem Feriendomizil festsetzen und den beiden Freunden viel Gelegenheit geben zu langen Gesprächen am Kaminfeuer. Thomas hatte inzwischen einen völlig anderen Bezug zur Zeit bekommen. Ihm kam es mittlerweile vor, dass er sich wie in einem Traum durch die Zeit bewegte, die nur noch von seinen Erlebnissen und nicht mehr durch den Gang der Uhrzeiger bestimmt war. Es war beinahe so, als ob es für ihn keine Zeit im eigentlichen Sinne mehr gäbe. Er lebte im Bewusstsein, dass jeder neue Tag für ihn ein Geschenk war, trotz der Einschränkungen, die ihm derzeit durch die Einnahme von Medikamenten und die häufigen Nachsorgeuntersuchungen auferlegt waren. Und in diesem Sinne lebte er sogar intensiver und zufriedener, als vor seiner Erkrankung, als er sein kostbarstes Kapital, seine Lebenszeit, oft achtlos wie Sand zwischen seinen Fingern hatte zerrinnen lassen. Zwar hatte er früher das Gefühl, mit seiner Zeit achtsamer umzugehen, als die meisten seiner Mitmenschen, die oft so lebten, als würde ihr Leben unendlich lange währen und als hätte die Zeit, die sie schon durch Trägheit oder Nachlässigkeit vergeudet hatten, im Grunde gar keinen Wert. Oft hatte er sich darüber gewundert, dass die meisten Menschen ihren Tod völlig und fortwährend aus ihrem Bewusstsein verdrängten und dadurch im Alter oft glaubten, ihr Leben sei viel zu kurz gewesen für all die Vorhaben, die sie geplant hatten. Also genoss Thomas umso mehr die zahlreichen intensiven Gespräche mit Christian und die Vorfreude auf das Wiedersehen mit Judith.

Zwischendurch versuchte er, sich schon vorab auf die nächste Woche einzustellen und malte sich aus, wieder in seiner alten Wohnung zu sein. Gleich am Montag stand der Nachsorgetermin in der Uniklinik an und am Mittwoch der Termin in der Personalabteilung seiner Firma. Für Dienstag hatte er sich vorgenommen, die Spielzeugburg für Natalie zu besorgen und am Freitag würde er schon im Zug sitzen und endgültig zu seinem neuen Leben aufbrechen. Zwischendurch würde er versuchen, die Post der letzten Monate zu lesen, die Christian regelmäßig aus dem Briefkasten genommen und auf seinen Wohnzimmertisch gelegt hatte. Es war für beide Freunde ein schönes Erlebnis, dass ihnen während der verregneten Tage der Gesprächsstoff nicht ausging und dass sich bei beiden der Eindruck vertiefte, dass die Kluft zwischen ihnen mittlerweile wieder vollständig überwunden war. Ein Gespräch blieb Thomas dabei in besonderer Erinnerung: Als er Christian erzählte, dass ihm die Philosophie – vermittelt durch seinen früheren Lehrer Sartorius – während seiner Krankenhauszeit oft geholfen hatte, sein inneres Gleichgewicht nicht völlig zu verlieren, und dass dabei insbesondere die Philosophie Kants eine herausragende Rolle gespielt hatte, ließ sich Christian in der für ihn charakteristischen kurzen und prägnanten Ausdrucksweise über die Ethik Kants aus.

Hintergrund war die Freiheit des Menschen, Neues zu beginnen – neben Gott und der menschlichen Seele eine der drei transzendentalen Ideen Kants, die man nicht beweisen konnte. Kant hatte für die damalige Zeit in ungewöhnlicher Deutlichkeit zu trennen gewusst, was Wissen und was Spekulation war und mit seinen transzendentalen Ideen hatte er die drei Dinge zusammengefasst, die nun einmal nicht zu beweisen waren, sondern an die man glauben musste und dabei insbesondere die Wichtigkeit der Freiheit hervorgehoben, was im Zuge der Aufklärung als Aufruf zum eigenständigen Denken der Menschen zu werten war. Als Christian dann die Entwicklung der Kantschen Ethik – vor dem Hintergrund, dass die Menschen ihre Moralgesetze selbst machten – als unausweichlich beschrieb, staunte Thomas nicht schlecht, weil er Christian vorher nie als philosophisch denkenden Menschen erlebt hatte. Und als Christian dann Kants Kategorischen Imperativ aufgriff, der besagt, dass die Motivation oder die Maximen des menschlichen Tuns so beschaffen sein sollten, dass sie jederzeit als gesellschaftliches Gesetz, d. h. als moralische Konvention festgeschrieben werden könnten, und dass eigentlich nur die Tiere zu derart ethisch wertvollem Handeln fähig wären, war Thomas sprachlos, weil er Kants Philosophie in der Tat zuvor noch nie mit dem Tierreich in Verbindung gebracht hatte. Obwohl Christians Analogieschluss natürlich insofern hinkte, als die Tiere eben nicht über den freien Willen verfügten und somit eine andere Stellung innerhalb der Evolution einnahmen, hatte Christian in mancherlei Hinsicht recht. Kaum einem Menschen gelingt es, nur das der Natur zu entnehmen, was er tatsächlich braucht, und kaum einem Menschen gelingt es, ohne vorsätzlich böse Absichten anderen Menschen gegenüber durchs Leben zu gehen, beides Eigenschaften, die den Tieren von Natur aus gegeben sind. Der interessante Abschluss von Christians Vergleich mit dem Tierreich bestand darin, dass nach seiner Auffassung die Tiere eigentlich die besseren Menschen wären. Dieser Gedanke klang noch lange in Thomas nach und beschäftigte ihn selbst dann noch, als die beiden am darauffolgenden Sonntag auf dem Heimweg waren.

13. Heimkehr in ein früheres Leben

Sie hatten morgens beschlossen, zügig durchzufahren und zum Urlaubsausklang noch einmal in aller Ruhe italienisch essen zu gehen. Thomas hing während der Fahrt seinen Gedanken nach, während Christian sich auf den Verkehr konzentrierte. Als sie am späten Nachmittag vor Thomas' Wohnung ankamen, stellten sie nur dessen Gepäck in den Flur und begaben sich gleich zum Italiener, der sich nur einige Blöcke entfernt befand. Thomas bestellte sich seine Lieblingsvorspeise, Vitello Tonnato, und eine pikante Pizza mit Pepperoni und scharfer Salami, dazu einen halben Liter Chianti in der Hoffnung, dass seine Blutwerte bei der am nächsten Tag anstehenden Blutentnahme nicht in Mitleidenschaft gezogen würden. Er hatte um neun Uhr seinen Termin in der Klinik, sodass er am nächsten Tag ausschlafen und sich in Ruhe auf den Weg machen konnte. Das Essen war hervorragend und die feierliche Atmosphäre tat ihr Übriges, sodass der Abend ein würdiger und einprägsamer Abschluss eines Intermezzos in Thomas' Leben war, bevor er sich in einigen Tagen zu neuen Ufern aufmachen würde. Beide waren gut gelaunt und genossen ihr Essen. Sie unterhielten sich lebhaft und lachten einige Male über gemeinsame Erlebnisse aus ihrer Vergangenheit und schmiedeten Pläne für eine gegebenenfalls anstehende nächste Reise. Thomas verspürte plötzlich den Wunsch, sich bei seinem Freund für die Unterstützung während der letzten Monate zu bedanken und suchte nach den passenden Worten. Allerdings fand er zunächst keine geeignete Redepause und wartete ab. Erst als Christian sich auf das Aufwickeln seiner Spaghetti konzentrierte, entstand eine kurze Pause, die Thomas nutzte. Er war nicht pathetisch dabei und sprach mit ruhiger fester Stimme, doch als Christian aufblickte, konnte Thomas sehen, dass ihm Tränen in den Augen standen. Christian erwiderte, dass eigentlich er derjenige sei, der sich bedanken müsse, weil er ohne den Schicksalsschlag, den er selbst ja nicht erleiden musste, aus seiner Starre wohl nicht wachgerüttelt worden wäre und vielleicht noch viele Jahre lang so weitergelebt hätte, wie bisher. Und er sagte, es sei für ihn keine Last gewesen, sondern eine große Freude und auch eine Selbstverständlichkeit, seinen alten Freund während der schweren Zeit seiner Erkrankung unterstützt zu haben. In diesem Moment war es dann Thomas, der kurze Zeit mit den Tränen rang. Dann stießen die beiden mit ihren Weingläsern an, als wollten sie die Erneuerung ihrer Freundschaft besiegeln. Der Tisch war in ein weiches warmes Licht getaucht und die Gläser klangen noch einen Moment lang nach, während die beiden einander in die Augen sahen und diesen Blickkontakt noch für einige Sekunden hielten. Nach dem Essen saßen sie dann wohl noch eine halbe Stunde am Tisch, bis sich bei beiden langsam Aufbruchstimmung einstellte. Thomas dachte an seinen Nachsorgetermin am nächsten Morgen und war mittlerweile auch müde vom Essen und vom Wein. Er bezahlte die Rechnung, verabschiedete sich vor der Tür von Christian und machte sich auf den Heimweg.

Es dämmerte schon und die Straße war in ein milchiges Licht getaucht. Als er in der Ferne sein Wohnhaus auftauchen sah, fühlte er sich irgendwie fremd in seiner alten vertrauten Umgebung. Er schloss die Haustür auf und der gewohnte eigentümliche Geruch dieses Altbaus empfing ihn, aber das Gefühl des Fremdartigen verstärkte sich noch, als er die Tür zu seiner Wohnung öffnete. Wie oft hatte er schon das prägnante Geräusch des alten Türschlosses gehört, das ihm signalisierte: Jetzt bist du zu Hause. Und wie oft hatte er schon durch die Flucht des Flures und die offenstehende Wohnzimmertür auf das Sofa geblickt, über dem er seine Lieblingsbilder aufgehängt hatte. Aber es stellte sich bei ihm kein Gefühl des Zuhauses ein, auch nicht, als er vor der Regalwand stand und seine Büchersammlung betrachtete, in Sekundenbruchteilen die Rücken seiner Lieblingsbücher erfassend. Er war irritiert von diesem Gefühl der Entfremdung und beeilte sich deshalb, schnell sein Bett zu beziehen und sich im Badezimmer bettfertig zu machen. Während er sich die Zähne putzte, wurde sein Fremdheitsgefühl allmählich von der Müdigkeit besiegt. Er erinnerte sich noch einmal an den blutig durchsetzten Zahnpastaschaum vor seinem Krankenhausaufenthalt im Herbst und dann stiegen nacheinander einige Erinnerungsfetzen von damals in ihm auf. Er dachte an den Vanillegeruch von Schwester Gabi, die Augen von Dr. Papadakis und spürte Judiths Hand an seinem Unterarm während eines Spaziergangs. Im Bett verspürte er zum ersten Mal wieder ein Gefühl von Vertrautheit und Geborgenheit. Er atmete den vertrauten Geruch seiner Bettwäsche und spürte zum ersten Mal seit vielen Monaten wieder seine eigene Matratze. Er schaffte es gerade noch, seinen Wecker für den nächsten Morgen zu stellen und schlief dann sehr schnell ein. Nur das Bild der alten knorrigen Eiche, die er von seinem Krankenzimmer aus sehen konnte, trat ihm noch einmal vor die Augen. Er erinnerte sich fast an jedes Detail ihrer Silhouette, die sich damals vor dem winterlichen Himmel abhob, so intensiv hatte er ihren Anblick verinnerlicht und aus ihm oft Kraft geschöpft, da sie Stürmen und Wettern bereits mehrere hundert Jahre standhielt.

Am nächsten Morgen brauchte Thomas nach dem Erwachen zunächst geraume Zeit, um zu realisieren, dass er sich in seiner eigenen Wohnung befand. Dann stand er zügig auf und machte sich fertig, um zu seinem Nachsorgetermin in der Klinik pünktlich zu erscheinen. Er hatte sich überlegt, ein Taxi zu bestellen, und während er den Telefonhörer in der Hand hielt, fiel sein Blick auf den Wohnzimmertisch und den Stapel ungelesener Post, deren Durchsicht er sich für den Nachmittag vorgenommen hatte. Dann verließ er die Wohnung, schloss die Wohnungstür hinter sich ab und wartete einige Minuten auf das Taxi, das ihn am Haupteingang der Uniklinik absetzte. Frühstücken wollte er erst nach der Blutentnahme in der Klinikcafeteria, denn er wusste, dass der Spiegel des Medikaments wieder gemessen würde, das eine Abstoßungsreaktion der Spenderzellen verhindern sollte. Im Gebäude fragte er sich zu den Ambulanzräumen durch, und als an der Anmeldung die Formalitäten erledigt waren, wurde zunächst die Blutentnahme durchgeführt. Für zwei Stunden später, wenn das Ergebnis des Blutbildes vorliegen würde, wurde er dann zur Knochenmarkpunktion bestellt.

Das kleine Stück Zellstoff auf die Einstichstelle drückend, verließ Thomas dann die Ambulanz und machte sich auf den Weg in die Cafeteria, um zu frühstücken. Die Cafeteria, die damals eine der wenigen Möglichkeiten bot, sich außerhalb seines Krankenzimmers aufzuhalten, nahm er diesmal viel neutraler wahr als früher, wo er unter ungeheurem Stress stehend auf viele Kleinigkeiten geachtet hatte, die ihm an diesem Tag entgingen. Mit seinem Tablett setzte er sich schnurstracks an einen der freien Tische. Der Duft der frischen Brötchen, zwei Hälften davon belegt mit Räucherlachs und zwei weitere mit

Schinken sowie der Duft des Bohnenkaffees stiegen ihm in die Nase. Thomas begann sein hart gekochtes Ei zu schälen und mit Appetit zu frühstücken. Er beobachtete beiläufig einen älteren Mann, der einige Tische weiter vor einer Tasse Kaffee saß. Er mochte wohl Mitte siebzig sein, und sein eingefallenes Gesicht war gezeichnet von Krankheit und Auszehrung. Plötzlich empfand Thomas wieder ein intensives Gefühl von Dankbarkeit, seine Krankheit überwunden und die Möglichkeit zu einem neuen Leben erhalten zu haben. Er dachte an sein Buch, an Judith, Natalie und Christian, und als er wieder aufblickte, war der alte Mann verschwunden. Es war etwa Viertel vor zehn, als er sein Frühstück beendete und spontan beschloss, seiner alten Station einen Besuch abzustatten.

Sicherlich würde er die eine oder andere Schwester und vielleicht sogar Dr. Papadakis treffen, und er merkte, dass sein Herz schneller schlug, als er vor der Stationstür stand, die sich dann mit einem mechanischen Geräusch selbsttätig öffnete. Der Stationsflur war hell beleuchtet und ein Arzt, den er nicht kannte, stand zusammen mit einer jungen Kollegin oder Studentin, die er ebenfalls nicht kannte, vor dem ihm vertrauten Visitenwagen. Thomas spürte eine Art Ernüchterung, denn er hatte insgeheim gehofft, mit Dr. Papadakis zusammenzutreffen. Der Arzt und die Ärztin grüßten beiläufig und verschwanden in einem Patientenzimmer. Thomas ging nun allein den langen Flur entlang Richtung Stationszimmer, vorbei an dem wie immer leeren Patientenaufenthaltsraum und vorbei an den Kunstdrucken, die zwischen den Zimmertüren an der Wand angebracht waren. Am Stationszimmer angekommen, klopfte er an die Glastür, aber das Zimmer war leer. Er fühlte sich wie ein Eindringling in einer Welt, deren Bestandteil er schon lange nicht mehr war, und trat unverrichteter Dinge seinen Rückzug durch den endlosen Flur in Richtung Ausgang an.

Kurz vor dem Erreichen des Ausgangs öffnete sich dann die automatische Glastür und Schwester Brigitte, die ihn während seines Klinikaufenthalts wohl mit am liebevollsten betreut hatte, kam ihm mit einem Karton steril verpackter Venenkatheter entgegen, die er in dem teilweise geöffneten Karton sofort an ihrer markanten Verpackung erkannte. Thomas bemerkte, dass Schwester Brigitte einen kurzen Moment brauchte, um ihren ehemaligen, ins normale Leben zurückgekehrten Schützling wiederzuerkennen. Dann klemmte sie den Karton unter den Arm und gab ihrem Patienten freundlich die Hand. Gut sehe er aus, richtig gut, sagte sie und verlor dann noch einige Sätze über die momentane Arbeitsbelastung auf der Station, die sich aufgrund von Personalmangel und Krankenstand ergeben habe. Als Thomas sich nach Dr. Papadakis erkundigte, denjenigen, der in seiner Erinnerung als sein Lebensretter verinnerlicht war, erfuhr er, dass dieser spontan ein vielversprechendes Stellenangebot in einer anderen Klinik wahrgenommen hatte, was in Thomas' Wahrnehmung noch einmal das Gefühl verstärkte, dass er damals natürlich weit mehr Emotionen auf die Mitarbeiter der Station projiziert hatte, als diese auf ihn, und ihm seinen jetzigen Status als einstiger Patient und nunmehr dankbarer Besucher umso mehr verdeutlichte. Dennoch freute es ihn, Schwester Brigitte wiedergetroffen zu haben, und als diese mit dem Karton ihren Weg in Richtung Stationszimmer fortsetzte, überlegte Thomas, wie er die noch verbliebene Stunde bis zu seiner Knochenmarkpunktion am sinnvollsten nutzen konnte.

Er entschloss sich dann zu einem kurzen Spaziergang durch den nahegelegenen Park, und als er die vor dem Park verlaufende Straße überquert hatte, stand er vor seiner knorrigen alten Eiche, die er damals so oft von seinem Krankenzimmer aus betrachtet hatte und die er jetzt zum ersten Mal belaubt sah. Dann ging er den kurzen Weg zum Teich, auf dem Christian ihn damals im Rollstuhl geschoben hatte, und setzte sich für einige Minuten auf eine der Bänke. Er betrachtete das Schilf und dachte an die winterlich verschneite Ufervegetation vor einem halben Jahr. Er hörte in seiner Erinnerung noch das Knirschen des Schnees, spürte die Kälte auf seiner Haut und erinnerte sich an den heißen Kakao mit Rum, den Christian damals mitgebracht hatte und an die Wärme, die er empfand, nachdem er ihn getrunken hatte – ein Gefühl von Wärme, das zum Teil auch durch die menschliche Zuwendung begründet war, die Christian ihm damals entgegenbrachte, die aufrichtige Zuwendung eines Freundes, den er schon verloren geglaubt hatte. Thomas war für einige Minuten in seinen Erinnerungen versunken und schreckte regelrecht auf, als in seiner unmittelbaren Nähe eine Ente laut schnatternd aufflog. Er blickte auf die Uhr und machte sich auf den Rückweg in die Klinik, denn in zwanzig Minuten war sein Punktionstermin.

Als er dann wieder in der Ambulanz eintraf, wurde er gleich in eines der Behandlungszimmer geleitet und gebeten, Hemd und Hose auszuziehen und sich auf die Untersuchungsliege zu legen. Die Laborwerte seien in Ordnung gewesen und eine der Ambulanzärztinnen würde in einigen Minuten die Knochenmarkpunktion vornehmen. Der intensive Geruch nach Reinigungs- und Desinfektionsmitteln stieg ihm in die Nase und ließ ihn an seine ersten Tage in der Klinik denken, als er sich an diesen Geruch noch nicht gewöhnt hatte. Dann war er froh, dass er diese Zeit heil und vor allen Dingen mit nunmehr einer neuen Lebensperspektive ausgestattet überstanden hatte. Nach kurzer Zeit öffnete sich eine Zwischentür und eine Ärztin um die fünfzig, die er ebenfalls nicht kannte, betrat das Zimmer. Thomas setzte sich auf die Behandlungsliege, die Ärztin begrüßte ihn und sagte, alle Laborwerte seien optimal, nur der Medikamentenspiegel stünde noch aus. Dann wunderte sie sich über Thomas' für den Schweregrad seiner Erkrankung ungewöhnlich erholtes Aussehen. Sie bat ihn, sich auf die Seite zu drehen und er spürte das kalte Desinfektionsmittel auf seiner Haut. Dann kündigte die Ärztin den Stich der Betäubungsspritze an und Thomas spürte, wie die Nadel den Weg zu dem Knochenvorsprung an seinem Becken suchte und wie sich das leicht brennende Betäubungsmittel in seinem Gewebe verteilte. Einige Male berührte die Nadelspitze den Knochen, was einen kurzen und stechenden Schmerz hervorrief. Dann spürte er, wie die Nadel zurückgezogen und sein Becken mit einem Tuch abgedeckt wurde. Er hörte, wie die Ärztin die sterile Verpackung der Punktionsnadel öffnete und sich die sterilen Handschuhe überstreifte. Dann spürte er die tastenden Finger an seinem Becken und den kleinen Schnitt in die Haut, der das Vordringen der Punktionsnadel erleichtert. Er merkte, wie die eigentliche Punktionsnadel an seinem Knochen anstieß und mit einer schwingenden Bewegung in den Knochen hineingetrieben wurde. Nachdem die Ärztin dann eine Plastikspritze auf dem äußeren stumpfen Ende der Nadel befestigt hatte, erfolgte das eigentlich Unangenehme dieser Untersuchung: das Einsaugen des Knochenmarkblutes, das trotz Betäubung mit einem unangenehm ziehenden Schmerz verbunden war. Dann spürte Thomas das Zurückziehen der Punktionsnadel und das Aufkleben des Pflasterverbandes – fertig. Während er sich wieder anzog, war die Ärztin mit dem Bekleben etlicher Untersuchungsröhrchen beschäftigt und er erkundigte sich, ob sie von nun an für ihn zuständig sei. Die Ärztin verneinte, die Belegschaft in der Ambulanz wechsle nach dem Rotationsprinzip. Für den kommenden Donnerstag möge er sich einen Termin zur Befundbesprechung holen, bei der er dann über die Ergebnisse der Untersuchungen informiert werde. Voraussichtlich sei aber alles in bester Ordnung, denn die Blutwerte deuteten auf ein optimal arbeitendes Spenderknochenmark hin. Vorläufig solle er seine das Immunsystem unterdrückenden Medikamente weiternehmen wie bisher. Wenn sich an der Dosierung etwas ändern sollte, bekäme er am Donnerstag entsprechende Instruktionen. An der Anmeldung würde er nun die Rezepte für die nächsten drei Monate erhalten. Zu diesem Zeitpunkt müsse er sich auch zum nächsten Nachsorgetermin in der Ambulanz wieder vorstellen. „Bis dahin alles Gute Herr Leitner", grüßte die Ärztin und verschwand genauso schnell durch die Zwischentür, wie sie gekommen war.

Als Thomas mit seinen Rezepten und dem Zettel in der Hand, auf dem sein Wiedervorstellungstermin notiert war, die Ambulanz verließ, brauchte er einige Zeit, um die neue, wesentlich unpersönlichere Behandlungssituation in der Ambulanz zu verdauen. Erst der ferne Ruf seines Namens holte ihn wieder in die Realität zurück. Er drehte sich um und sah Stefan Steinmann auf sich zukommen. „Mensch, was für ein Zufall!", sagte der und schüttelte ihm freundlich die Hand. „Vielen Dank auch für die Postkarten." Stefan hatte zufällig am gleichen Tag einen Nachsorgetermin und fragte, ob Thomas Leitner nicht Lust habe, mit ihm irgendwo eine Kleinigkeit zu Mittag zu essen. Er würde sich auch freuen, ihn am Wochenende bei sich zu Hause zum Grillen begrüßen zu können. Thomas sagte ihm, dass er ab Freitag für längere Zeit nicht in der Stadt sei und Stefan verlegte das Treffen kurzerhand auf den folgenden Tag. Er solle am späten Nachmittag vorbeikommen und einen ordentlichen Appetit mitbringen. Aber für jetzt würde er eine Pizzeria in der Nähe der Klinik vorschlagen, in der er schon einige Male zu Mittag gegessen habe. Die Pizzeria läge nur zehn Minuten Fußweg von der Klinik entfernt. Das Auto würde er so lange auf dem Klinikparkplatz stehen lassen. Thomas war froh, dass ihn Stefans Gegenwart das unbehagliche Gefühl überwinden half, das der unpersönliche Ambulanzbesuch und der befremdliche Abstecher auf die Station hervorgerufen hatten. Irgendwie hatte er an diesem Morgen eine unrealistische Erwartung davon gehabt, „nach Hause" zurückzukehren und seinen Besuch in der Klinik dann als ernüchternd unpersönlich erlebt. Doch als ihm Stefan Steinmann auf dem Weg zur Pizzeria von seiner Familie und den Fortschritten beim Ausbau des Wohnmobils berichtete, verflüchtigte sich sein Unbehagen recht schnell und Thomas freute sich darauf, von seiner neuen Beziehung zu erzählen, die, wenn sie von Dauer sein sollte, mit Natalie zusammen ja ebenfalls einen familienähnlichen Verband ergab. Das Erstaunliche dabei war, dass er einen gewissen Stolz empfand, sich auf Judith und Natalie eingelassen zu haben und nun in gewisser Weise gegenüber Stefan Steinmann nicht mehr zurückzustehen. Während des Essens erzählte Thomas ihm, dass er während seiner Rehabilitation eine Frau kennengelernt habe, zu der er am Freitag fahren wolle und dass es auch erst einmal keinen festen Rückreisetermin gebe. Möglich geworden sei das dadurch, dass seine Firma ihn künftig in Teilzeit beschäftige, mit der Möglichkeit, von seiner Privatwohnung aus arbeiten zu können. Es berührte Thomas dann zutiefst, wie sehr Stefan sich über diese Nachricht freute, so als wäre Thomas dem für Stefan wichtigsten Gut, der Familie, nun ein großes Stück näher gekommen. Dass Thomas in der Zwischenzeit begonnen hatte, ein Buch zu schreiben, behielt er allerdings erst einmal für sich.

Nachdem sich die beiden vor der Pizzeria bis zum nächsten Tag voneinander verabschiedet hatten, machte sich Thomas auf den Weg nach Hause, um seine Post zu sortieren und die Sachen für seine anstehende Reise zu Judith zurechtzulegen. Es war ein angenehm warmer Tag und er beschloss einen Teil des Weges zu Fuß und einen Teil mit der Straßenbahn zurückzulegen. Als er in der Tram auf einem der freien Sitze Platz nahm, spürte er seinen frisch punktierten Beckenknochen wie damals in der Klinik, aber er wusste nun, dass der Schmerz in spätestens zwei Stunden nachgelassen haben würde. Die Tram passierte gemächlich die repräsentativen Gebäude der Stadt, in der er seit weit über zehn Jahren lebte und er betrachtete sie mit einem inneren Abstand, etwa wie ein Neuankömmling oder Tourist eine ihm noch nicht vertraute Umgebung betrachtet. Zu Hause angekommen setzte er sich vor seinen Wohnzimmertisch und begann den großen Stapel an Post zu sortieren, der sich während seiner Abwesenheit darauf angehäuft hatte. Für seine regelmäßigen Zahlungen hatte er Daueraufträge eingerichtet, sodass er die Rechnungen relativ schnell auf einem Stapel ablegen konnte. Dazwischen gab es einige Grußkarten von Freunden und Bekannten und unendlich viel Werbung und Wurfsendungen. Beim Sortieren wurde ihm klar, dass er hier den Zeitraum von fast einem Dreivierteljahr abarbeitete, und er hatte den makabren Gedanken, dass sich dieser Stapel wohl in ähnlicher Weise angehäuft hätte, wenn er seine Leukämie nicht überlebt hätte. Wahrscheinlich hätte dann sein Bruder die Wohnung ausräumen und sich um die ganzen administrativen Angelegenheiten kümmern müssen. In seiner Fantasie sah Thomas die Büchersammlung in Kartons verpackt im Keller seines Bruders stehen. Erstaunlich kurz war doch ein Menschenleben, und Thomas fragte sich, wie viele Menschen, von denen niemand mehr sprach und von denen niemand mehr wusste, insgesamt wohl schon gelebt hatten und wie viele noch nach ihm zur Welt kommen würden, alle mit den gleichen Sorgen und Nöten und mit der Frage nach dem Sinn des Lebens beschäftigt. Er selbst hatte vor seiner Erkrankung schon die Mitte des Lebens erreicht, und dann war ihm die Möglichkeit zu dessen Fortsetzung quasi geschenkt worden. Zu Beginn der zweiten Hälfte seines Lebens würde er nun zunächst versuchen, seine prägnantesten Lebenserfahrungen in Gestalt eines Buches weiterzugeben und jeden Tag dieses neuen Lebens als Abenteuer zu betrachten und aktiv zu gestalten.

Als Thomas seine Post schließlich sortiert und mit dem Zusammenpacken der wichtigsten Sachen begonnen hatte, stieg eine Vorfreude auf das Wiedersehen mit Judith und Natalie in ihm auf, die auch den letzten Rest seines Einsamkeitsgefühls vertrieb und ihn in eine fast schon euphorische Stimmung versetzte. Er verbrachte den Rest des Nachmittags mit Packen und Aufräumen und entschloss sich am späten Nachmittag, noch einmal allein ins Restaurant zum Abendessen zu gehen, weil er der Ansicht war, dass sich das Einkaufen größerer Mengen Nahrungsmittel für die wenigen Tage nicht lohnte, die er noch in der Stadt verbringen würde. Während des Einpackens der Wäsche fragte er sich, wie viele Sachen er wohl zu Judith mitnehmen sollte. Auf keinen Fall wollte er den Eindruck erwecken, sich bei Judith einnisten zu wollen und entschloss sich daher, zunächst einen Wäschevorrat für drei Wochen einzupacken – schließlich konnte er die Wäsche ja auch bei ihr waschen. In spätestens zwölf Wochen musste er ohnehin wieder in die Stadt zurückkehren, um seinen nächsten Nachsorgetermin wahrzunehmen. Er hatte sich überlegt, am nächsten Tag seine große Reisetasche mit der Bahn vorzuschicken, zumal er am Freitag im Zug noch die versprochene Spielzeugburg für Natalie transportieren musste.

Als Thomas dann am Abend vor seiner gepackten Reisetasche stand und sich der Hunger allmählich bemerkbar machte, beschloss er, bei einem Chinesen ganz in der Nähe seiner Wohnung zu Abend zu essen. Er spürte eine gewisse innere Unruhe, so wie früher vor einer längeren Reise, und er wollte den kurzen Marsch zum Restaurant auch nutzen, wieder zur Ruhe zu kommen und seine Gedanken zu ordnen. Es war ein windiger Abend und ein Gewitter schien in der Luft zu liegen, als er sich auf den Weg machte. Er überlegte noch einmal, ob er ausreichend Sachen eingepackt hatte, und obwohl er die kommenden Tage im Geiste noch einmal durchdachte, legte sich seine Unruhe nicht, sondern steigerte sich noch dahin gehend, dass er seine gesamte Zukunftsplanung in Zweifel zog, indem er sich beispielsweise fragte, wie er an seinem Manuskript nun konkret weiterarbeiten sollte, in dessen Abfassung er, noch bevor er Judith kennengelernt hatte, einen tieferen Sinn sah. Er wollte anderen Menschen, die in einer ähnlich verzweifelten und schwierigen Lage waren, wie er damals, ein Ratgeber sein. Er wollte zeigen, dass man selbst in der schwierigsten Lebenssituation positive Aspekte sehen und konstruktive Entscheidungen treffen konnte. Deshalb war der Entschluss, sein Buch zu Ende zu bringen für Thomas unumstößlich. Jetzt aber fragte er sich, ob es nicht besser gewesen wäre, zunächst nur an den Wochenenden zu Judith und Natalie zu fahren, zumindest so lange, bis er das Gefühl hatte, sein Manuskript sei nun so weit gediehen, dass er nur noch einige Fleißarbeit in die Überarbeitung des Textes investieren musste.

Thomas überflog die Speisekarte, bestellte kross gebratene Ente mit chinesischem Gemüse und einen halben Liter offenen Rotwein in der Hoffnung, dass sich nach dem Essen wieder eine gewisse innere Ruhe einstellen würde. Er versuchte, sich klarzumachen, es liege in der Natur der Sache, dass ein Mensch, der im Begriff war, sein Leben komplett umzukrempeln, zwangsläufig auch Phasen des Zweifelns und der Verunsicherung durchlaufen musste. Nervös schweiften Thomas' Blicke durchs Restaurant und blieben teils an den typischen roten Lampen mit Seidentroddeln haften und teils an anderen Restaurantgästen. Aber auch nach dem Essen und dem Genuss des Rotweins blieben seine Unruhe und seine Zweifel. Hatte er Judith in den wenigen Wochen in einer mehr als außergewöhnlichen Umgebung wirklich so gut kennengelernt, dass es gerechtfertigt war, gleich bis auf Weiteres bei ihr einzuziehen? Auch das nagende Gefühl, ob er Natalie gegenüber wirklich eine Vaterrolle einnehmen wollte, hatte sich wieder eingestellt. In gewisser Weise hatte er seine Eigenbrötlerei, die der Familienmensch Stefan Steinmann an ihm zwangsläufig als kauzig und weltfremd erleben musste, auch zu schätzen gelernt, ein Leben ohne größere Verpflichtungen und eben auch ohne größere Herausforderungen. Thomas zahlte seine Rechnung und ließ den obligatorischen Glückskeks unberührt auf dem Tisch zurück. Dann ging er auf die Straße, auf der ihm der Wind, der an Intensität inzwischen noch zugenommen hatte, gleich mehrere Staubkörner in die Augen wehte, und schlug den Weg nach Hause ein.

Als Thomas wieder in seiner Wohnung war, hörte er den ersten lauten Donner, und obwohl er seiner Laune nicht allzu viel Bedeutung beimaß, entwickelte diese mittlerweile eine ähnliche Dynamik wie das Wetter draußen. Es hatte mittlerweile stark zu regnen begonnen und er hörte die Regentropfen auf das Gesims seines Schlafzimmerfensters prasseln. Heftige Blitze erhellten den Raum und ließen die Silhouetten der Möbel in unwirklichem Licht erscheinen. Der laute Donner ließ ihn ebenfalls nicht zur Ruhe kommen. Dann versuchte er, in Gedanken den Text seines Manuskripts weiterzuentwickeln, aber er kam nicht voran, weil ihm die verschiedensten Erinnerungen sprunghaft und unwillkürlich in den Sinn kamen. Er dachte an die harte Zeit in der Uniklinik und seine Genesung an der Nordsee, dachte an die einbeinige Elena und seinen alten Freund Christian, der wahrscheinlich noch im letzten Moment die Reißleine gezogen hatte, um nicht sein ganzes Leben der Karriere zu opfern, und er wälzte sich geraume Zeit von einer Seite auf die andere, während er auf das Donnern und den Regen lauschte. Nur allmählich übermannte ihn die Müdigkeit und er wurde wieder ruhiger. Viele längst vergessen geglaubte Erinnerungen aus seiner Kindheit und Jugend kamen ihm vor dem Einschlafen in den Sinn und im Halbschlaf wunderte er sich darüber, wie schnell sein Leben bis jetzt eigentlich vergangen war. Erst die wenigen Jahre seiner Kindheit und Jugend, dann die Studienzeit, während der seine Zukunft noch ungewiss und schlecht zu planen war und während der er sich zumindest so weit selbst kennenlernen konnte, dass er wegen einer beruflichen Karriere seine privaten Bedürfnisse niemals auf Dauer vernachlässigen würde. Dann dachte er an sein vergeigtes Staatsexamen und den verzögerten Berufseinstieg in eine ihn chronisch unterfordernde Position, die ihm allerdings Freiräume ließ, die Karrieristen für sich nicht in Anspruch nehmen konnten. Er wunderte sich insbesondere darüber, wie schnell die letzten zehn Jahre vergangen waren. In dieser Zeit hatte er zwar viel gelesen und etliche Reisen unternommen, aber als er jetzt im Bett liegend vor sich hin döste, hatte er im Nachhinein den absurden Gedanken, er hätte das, was er in diesen zehn Jahren erlebt hatte, auch in drei Jahre pressen können.

Es war bereits weit nach Mitternacht, als Thomas im Halbschlaf an seinen väterlichen Freund Sartorius dachte und an eine lange Diskussion über die Kürze des Lebens und die Bedeutung der Zeit. Sartorius beschrieb ihm die Auffassung einer antiken philosophischen Schule, nach der das Leben, wenn man dessen Endlichkeit in sein Denken einbezog, keinesfalls zu kurz sei. Habe man sich erst einmal die unendlich lange Zeitspanne, die vor der eigenen Geburt lag, und die ebenfalls unendliche Zeitspanne, die nach dem eigenen Tod wiederum verstreichen würde, vergegenwärtigt und mit der Zeit verglichen, die ein Menschenleben dauerte, dann sei es fast gleichgültig, ob man vierzig oder achtzig Jahre alt werde. Thomas zeigte sich damals in gewisser Weise von dieser Argumentation beeindruckt, weil sich das schicksalhafte Element des nicht vorhersehbaren Todeszeitpunkts dadurch in seiner Tragweite abschwächte. In dieser Nacht mochte Thomas noch lange mit seinem alten Lehrer Sartorius diskutiert haben, auf jeden Fall fand er auf diese Weise in seinen wohlverdienten Schlaf.

Am nächsten Morgen wachte Thomas daher erst spät auf. Zunächst brauchte er einige Minuten, um sich zu orientieren, und als er dann halbwegs wach war, öffnete er sein Schlafzimmerfenster und der Geruch von nassen Blättern und Gras stieg ihm in die Nase. Es war ein dunstiger Morgen, aber es war mittlerweile windstill und der Himmel klarte zunehmend auf. Thomas erinnerte sich an den unruhigen Vorabend und machte sich fertig, um frische Brötchen zu holen. Zuvor setzte er noch die Kaffeemaschine in Gang. Er musste nicht einmal fünfzig Meter die Straße hinunter zu einem kleinen Eckladen gehen, wo er sich mit dem Nötigsten versorgte. Dann deckte er zu Hause den Tisch und dachte erneut an den gestrigen Abend. Die innere Unruhe war einer Art Katergefühl gewichen, und er erinnerte sich an seine im Halbschlaf geführte Diskussion über den Lauf der Zeit. Er war mittlerweile weit über vierzig und hatte das Leben bereits kennengelernt. Er war sich der ständigen Wiederholungen bewusst, die das Leben mit sich brachte und er musste nun damit rechnen, dass sein künftiges Leben im Vergleich zu dem gesunder Menschen wesentlich kürzer ausfiel. Statistisch gesehen hatte er eine fünfzigprozentige Langzeitüberlebenschance hinsichtlich seiner Leukämie und er würde zeitlebens auf Medikamente angewiesen sein, die sein Immunsystem beeinträchtigten, was natürlich auch mit Risiken verbunden war. Außerdem war er dem Tod schon einmal sehr nahe gewesen. Was lag also näher, als seiner Zukunft mit einer dankbaren Gelassenheit entgegenzublicken. Durch seine Erkrankung hatte er mehr gelernt, als er in der kurzen Zeit hätte hoffen können und sein Leben neu ausgerichtet. Trotz der Zweifel am Vorabend freute er sich unendlich auf Judith und Natalie und mehr, als sich seinem neuen Leben gegenüber zu öffnen, konnte er derzeit nicht tun. Zudem hatte er durch seine Teilzeittätigkeit auch die realistische Möglichkeit, dieses neue Leben nach seinen eigenen Ideen und Vorstellungen auszugestalten, denn er war sich dessen bewusst, bei einer Vollzeitbeschäftigung niemals parallel dazu ein Buch schreiben zu können. Außerdem hätte ihm dann sicher auch der entscheidende Impuls dazu gefehlt, den erst seine Krankheit geliefert hatte.

Thomas fand nun während seines Frühstücks immer mehr zur Ruhe zurück und blätterte nebenbei die Tageszeitung durch, die er ebenfalls in dem kleinen Eckladen gekauft hatte. In der gesamten Zeitung las er aber nur einen einzigen Artikel wirklich aufmerksam, der von der Ausstellungseröffnung eines Künstlers handelte, den er sehr schätzte. Dann räumte er den Tisch ab und widmete sich im Badezimmer geraume Zeit der Körperpflege. Die verhärtete Stelle am Hals war mittlerweile gar nicht mehr zu ertasten und er hatte während der letzten Wochen auch ordentlich an Gewicht zugelegt. Allerdings ließ dessen Verteilung sehr zu wünschen übrig. Wahrscheinlich aufgrund der Medikamente, die er ständig einnehmen musste, hatte sich seine Haut leicht bräunlich verfärbt. Insgesamt aber konnte er mit seiner körperlichen und geistigen Erholung mehr als zufrieden sein. Als Thomas seine Morgentoilette schließlich beendet hatte, kleidete er sich an und machte sich zu Fuß auf den Weg zum einzigen Spielwarenladen der Stadt, den er kannte, die nassen dampfenden Straßen entlang, die im Gegenlicht der Sonne glänzten. Als er durch die Ladentür eintrat, stand er plötzlich in einer ihm gänzlich neuen Welt. Er fand sich wieder in einem Raum, angefüllt mit Puppen, Stofftieren, Kisten mit verschiedenfarbigen Luftballons in unterschiedlichen Formen und Größen, Sandkastenspielzeug und endlos langen Regalen mit Spielsachen für die verschiedenen Altersstufen. Er ging gerade vorbei an Chemiebaukästen und Flugzeugmodellen, als ihn eine junge Verkäuferin ansprach, ob sie ihm weiterhelfen könne. Thomas schilderte ihr sein Anliegen und die Verkäuferin zeigte ihm zwei Ritterburgen, eine aus Holz und eine aus Plastik, jeweils mit reichlichem Zubehör, wie Tier- und Menschenfiguren. Als er sich vergewissert hatte, dass beide Hersteller keinerlei gesundheitsschädliche Zusatzstoffe verwendeten, entschied er sich für die Plastikvariante, weil diese schönere Farben hatte und mehr Möglichkeiten bot, als die Holzvariante, obwohl ihm der Naturstoff Holz eigentlich mehr zusagte. „Da wird sich Ihre Tochter aber freuen", bemerkte die Verkäuferin, während sie den riesigen Karton verpackte und mit einer Trageschlaufe versah. „Das hoffe ich", entgegnete Thomas, der sich ohnehin von Tag zu Tag mehr mit seiner künftigen Vaterrolle identifizierte. Auf dem Rückweg machte er Halt in einem Café, aß eine Kleinigkeit, ging nach Hause und entschloss sich, schon jetzt zum Bahnhof zu fahren, um seine schwere Reisetasche vorauszuschicken. Er nahm sich für den Hinweg ein Taxi, und als er den Rückweg mit der Straßenbahn zurückgelegt hatte, spürte er wieder jene bleierne Müdigkeit, die ihn in letzter Zeit daran erinnerte, dass er kein junger gesunder Mann mehr war. Dass er anschließend noch etwas Zeit hatte, sich auszuruhen, bevor er sich wieder auf den Weg zu Stefan Steinmann machen würde, war ihm daher sehr recht. In seiner Wohnung angekommen, stellte Thomas also die Spielzeugburg in eine Ecke, stellte den Wecker, legte sich ins Bett und schlief sofort ein.

Als der Wecker schließlich klingelte, musste er sich beeilen, denn er wollte nicht zu spät bei Stefan Steinmann eintreffen. Er machte sich kurz frisch und verließ die Wohnung. Das Haus seines ehemaligen Mitpatienten war leicht zu finden, und schon von Weitem sah er Stefan Steinmann ihm zuwinken. Er begrüßte ihn herzlich und Thomas spürte die riesige warme Hand des Maschinenschlossers, die die seinige wie ein Schraubstock umfasst hielt. Stefan führte ihn hinter sein Haus, wo auf der Terrasse der Tisch bereits gedeckt war, und als ihn auch Stefans Frau begrüßt hatte, zeigte er ihm sein Anwesen, dessen ganzer Stolz der Garten und sein mittlerweile fast vollständig umgebautes Wohnmobil waren, mit dem er nächstes Jahr eine längere Campingtour durch Italien plante. Dann kümmerte sich Stefan um den Grill und entzündete die Holzkohle. Während diese allmählich Glut entwickelte, saßen die beiden Männer am Tisch, tranken Bier und unterhielten sich angeregt. Seine Frau machte sich unterdessen zwanglos an den Blumenbeeten zu schaffen und Thomas war wirklich angetan von der Schönheit dieses Gartens, der mit den verschiedensten Blumen und Gewächsen bepflanzt war, sodass zu den verschiedenen Jahreszeiten jeweils auch verschiedene Pflanzen blühten. Er dachte plötzlich an Sartorius und die philosophische Schule der Epikureer, in der ein Garten, den man gern auch mit Freunden teilen konnte, ein gewisses Maß an Abschirmung von der Außenwelt bot, um das Leben aus der Ruhe heraus in vollen Zügen zu genießen, und er musste kurz in sich hinein schmunzeln, als er sah, dass vermeintlich einfache Leute intuitiv das zustande brachten, worüber sich große Denker lange Zeit den Kopf zerbrachen. Er freute sich über die selbstverständliche Gastfreundschaft der Steinmanns und die ungezwungene Atmosphäre. Der finanzielle Aufwand, den sie für das Essen erbracht hatten, war bescheiden: ein Kilo Kartoffeln für den selbst gemachten Kartoffelsalat, ein paar Bratwürstchen und einige Flaschen Bier. Aber die Gastfreundschaft der beiden verzehnfachte diesen Wert und ließ Thomas diesen Abend noch lange in Erinnerung behalten.

Stefan war in besonderer Weise von dem Umstand angetan, dass sein ehemaliger Leidensgenosse nun eine Freundin und seine selbstbezogene Eigenbrötelei dadurch endlich ein Ende hatte, fast so, als hätte er jetzt überhaupt erst den Grundstein für ein Leben mit Zukunft gelegt. Die beiden tauschten viele Erinnerungen an die gemeinsame Klinikzeit aus, und es schien so, als hätte Stefan schon lange mit seiner Krankheit abgeschlossen und würde kaum noch einen Gedanken daran verschwenden. Zwar musste auch er, wie Thomas Leitner, zu regelmäßigen Nachsorgeuntersuchungen erscheinen, aber die nahm er mit einer gewissen Gelassenheit hin, wie etwa die regelmäßigen Kontrolluntersuchungen beim Zahnarzt. Sie sprachen also über ihre Treffen im Aufenthaltsraum, über Thomas' Niederlagen beim Schach, lästerten über Köhler und freuten sich im Nachhinein noch darüber, von einem so großartigen Arzt wie Dr. Papadakis betreut worden zu sein. Irgendwie hatte Thomas im Verlauf des Abends zunehmend das Bedürfnis, Stefan von seinem Buch zu erzählen aber er fand zunächst nicht den passenden Moment. Erst in einer längeren Redepause, die sich dadurch ergeben hatte, dass Stefan einige Minuten am Grill beschäftigt war, nahm Thomas einen Anlauf. Es war ihm selbst nicht wirklich verständlich, warum es für ihn wichtig geworden war, von einer Sache zu erzählen, die er zwar für sich selbst als wichtig und Sinn gebend betrachtete, die für Stefan Steinmann aber vielleicht nur die Spinnerei eines gelangweilten Intellektuellen war. Doch wahrscheinlich war es die Offenheit und Ehrlichkeit, mit der Stefan ihm Einblicke in sein Leben gewährte, die ihm, Thomas Leitner, so etwas wie ein schlechtes Gewissen bereiteten, wenn er einen für ihn wichtigen Teil seines Lebens vor Stefan verheimlichte. Er ließ den Blick über den wunderbaren Garten schweifen, und als sich Stefan wieder zu ihm an den

Tisch gesetzt hatte, erzählte er offen, dass er sich damals in der Klinik vorgenommen habe, noch einmal etwas ganz Neues anzufangen, wenn er seine Krankheit und die Stammzelltransplantation überleben sollte. Damit wollte er etwas von sich weitergeben und so vielleicht anderen Menschen, die sich in ähnlichen Situationen befanden, eine Stütze sein. Da sei ihm eben die Idee gekommen, ein Buch zu schreiben, und je länger er jetzt schon mit dem Schreiben beschäftigt sei, desto mehr kristallisierten sich die Ideen heraus und desto mehr Sicherheit gewinne er beim Formulieren des Textes. Thomas Leitner empfand so etwas wie Erleichterung, als er sich Stefan gegenüber offenbart hatte.

Es wurde allmählich dunkel. Die Umrisse der Pflanzen und umliegenden Gebäude verschwammen im grauen Dämmerlicht. Es entstand eine Redepause und Thomas konnte erst sehr spät erkennen, dass Stefan offenbar zutiefst gerührt und den Tränen nahe war. Nach einer Weile brach Stefan dann das Schweigen und fing mit leiser aber ungebrochener Stimme wieder zu sprechen an. Er sei nie ein Meister der großen Worte gewesen, aber als er im Krankenhaus lag und sich zum ersten Mal ernsthaft mit dem Tod auseinandergesetzt habe, sei ihm klar geworden, was für ein erfülltes Leben er geführt aber mit welcher Selbstverständlichkeit er alles hingenommen habe. Und als seine Krankheit dann überwunden war, habe auch er das Bedürfnis verspürt, jedem Gesunden aber aus irgendwelchen Gründen Unzufriedenen zuzurufen, wie unendlich kostbar und unwiederbringlich die in geistiger und körperlicher Gesundheit verbrachte Lebenszeit sei und wie nichtig die kleinen täglichen Ärgernisse des Lebens im Angesicht einer möglicherweise todbringenden Krankheit wären. Und eben aus diesem Grund finde er Thomas' Idee so grandios. Dann ergänzte Stefan noch einige Sätze, die Thomas kaum erreichten, denn der hatte überhaupt nicht mit derart viel Anteilnahme und Zuspruch gerechnet. Plötzlich empfand Thomas große Sympathie für seinen ehemaligen Mitpatienten, die weit über das Maß seiner bisherigen Emotionen für diesen Mann hinausging. Er wusste nun, dass er einen neuen Freund gefunden hatte. Sicherlich würde die Beziehung zwischen ihm und Stefan Steinmann immer einen anderen Charakter haben als die zwischen ihm und Christian Talbach, aber die Tatsache, dass Thomas sich ihm gegenüber öffnen konnte und darin von Stefan auch herzlich angenommen wurde, hatte der Beziehung zwischen den beiden eine ganz neue Tiefe verliehen.

Mittlerweile war es Nacht geworden und Stefans Frau hatte sich längst schon verabschiedet. Der Vollmond tauchte den Himmel in ein milchig weißes Licht und die beiden plauderten noch geraume Zeit über Gott und die Welt. Spontan fasste Thomas den Entschluss, zu Fuß nach Hause zu gehen, obwohl er für die Entfernung etwas mehr als eine Stunde benötigen würde. Er hatte früher oft noch viel weitere Distanzen zu Fuß zurückgelegt und freute sich darauf, noch eine Weile durch die klare Sommernacht zu spazieren. Außerdem würde er so den Kopf freibekommen für den am nächsten Tag anstehenden Termin in seiner Firma, der Gott sei Dank für den späten Vormittag angesetzt war, sodass er zumindest ausschlafen und in Ruhe frühstücken konnte. Stefan Steinmann begleitete ihn noch bis zur Straße und die beiden Männer umarmten einander spontan zum Abschied – eine Geste, die noch vor wenigen Stunden wahrscheinlich beiden als unpassend erschienen wäre. Thomas spürte Stefans fleischige Hände auf seinen Schultern und roch den Duft des Waschmittels an dessen T-Shirt. Sie waren einander wirklich näher gekommen und Thomas fand es auf seinem Nachhauseweg erstaunlich, wie schnell sich eine Beziehung verändern konnte, wenn man sich nur öffnete und neue Impulse zuließ. Er war abends zu einem ehemaligen Mitpatienten gefahren und verabschiedete sich einige Stunden später von einem Freund.

Als Thomas dann eine halbe Stunde lang marschiert war und seine Gedanken geordnet hatte, genoss er die klare Nachtluft, den Blick auf den Vollmond und stellte sich langsam auf seinen Termin am nächsten Vormittag ein. Er wollte wie aus dem Ei gepellt im Büro erscheinen und sich auf keinen Fall die Freude über seine „Teilabwicklung" anmerken lassen, sondern die Rolle des vom Schicksal Gezeichneten spielen, der froh war, weiterhin auf Stundenbasis für ein zukunftsweisendes Unternehmen arbeiten zu können. Er achtete bei solchen Anlässen seit jeher darauf, dass er sorgfältig gekleidet erschien, und überlegte sich also, welchen Anzug und welches Hemd er zu welcher Krawatte anziehen konnte. Als er dann zu Hause eintraf, war er durch seinen Spaziergang so klar im Kopf und gleichzeitig auf so angenehme Weise müde, dass er gerade noch die Sachen herauslegte, die er anziehen wollte. Erst am nächsten Morgen würde er dann das Hemd bügeln und seine Schuhe putzen. Im Badezimmer fiel ihm ein, dass er seinen Schwerbehindertenausweis benötigen würde, sodass er diesen noch auf seinem Wohnzimmertisch bereitlegte. Dann warf er noch einen letzten Blick aus seinem Schlafzimmerfenster. Der Vollmond stand fast senkrecht über der Straße und ein großer Mondkrater war in aller Deutlichkeit zu erkennen. Thomas zog die Vorhänge zu und schlief ein, kaum dass er ins Bett gesunken war.

14. Abschied und Aufbruch

Am Morgen darauf kochte er sich zunächst eine Kanne Kaffee, bügelte dann das Oberhemd und putzte pedantisch seine Schuhe. Er legte sich Anzug und Krawatte zurecht und steckte seinen Schwerbehindertenausweis in eine der Jacketttaschen. Anschließend ging er zum Eckladen, holte frische Brötchen und frühstückte. Seiner Körperpflege räumte er bewusst viel Zeit ein, rasierte sich gründlich, trug sein teuerstes Rasierwasser auf und feilte sich die Fingernägel. Als er angezogen war, betrachtete er sich eine Zeit lang zufrieden vor dem Spiegel und rief dann ein Taxi. In seiner Firma meldete er sich dann beim Pförtner eine Viertelstunde vor dem Termin und wartete einige Minuten auf die Mitarbeiterin der Personalabteilung, die ihn wie einen neuen Mitarbeiter der Firma beim Pförtner abholte. Es handelte sich um eine kleinwüchsige Frau Ende dreißig mit einem schlecht sitzenden Kostüm, die sich als Frau Wankowski vorstellte und die Thomas noch nie zuvor gesehen hatte. Sie wirkte unterkühlt, sah ihm nur flüchtig in die Augen und streckte ihm zur Begrüßung nur für den Bruchteil einer Sekunde ihre magere Hand entgegen. Dann bat sie Thomas ihr zu folgen. Sie betraten das Gebäude, setzten ihren Weg in Richtung Personalabteilung fort und gelangten schließlich zu einem kleinen Raum, in dem normalerweise Interviews mit potenziellen neuen Mitarbeitern geführt wurden. In dem Raum befand sich ein kleiner Tisch, um den herum vier Bürosessel angeordnet waren. An den Wänden hingen zwei lieblos ausgewählte gerahmte Kunstdrucke.

Frau Wankowski bat Thomas Platz zu nehmen, während sie die Stellung der Lamellen des Vorhangs veränderte, um zu verhindern, dass sie während ihres Gesprächs vom einfallenden Sonnenlicht geblendet wurden. Dann legte sie eine Dokumentenmappe auf den Tisch und suchte merklich angestrengt nach den passenden Worten, um das Gespräch zu eröffnen. Nachdem sie sich also geräuspert und verlegen eine Zeit lang an der Dokumentenmappe herumgenestelt hatte, hob sie zunächst Thomas' Loyalität und Zuverlässigkeit während der vergangenen zwölf Jahre hervor. Dann gab sie zum Besten, die Geschäftsführung und die Personalabteilung seien untröstlich gewesen, als sie über die Schwere seiner Erkrankung informiert worden sind. Es sei ihnen nicht leicht gefallen, einen so qualifizierten Mitarbeiter wie ihn zu finden, der die anfallenden Aufgaben mit der gleichen Souveränität und Effizienz erledigte wie er, aufgrund der Dauer seines Fortbleibens sei man aber gezwungen gewesen, seine Stelle neu zu besetzen. Natürlich habe er weiterhin Anspruch auf eine volle Stelle aber man würde der Situation aufgrund der jetzigen Gegebenheiten sicherlich eher gerecht, wenn man sich auf eine Teilzeitbeschäftigung einigen könne. Sein früherer Arbeitsvertrag würde dann durch einen Zusatz ergänzt, der lediglich die wöchentliche Arbeitszeit von 40 auf 24 Stunden anpasse. Diesen habe sie schon vorbereitet und er müsse von Thomas nur noch unterzeichnet werden. Seine künftigen Aufgaben bestünden bis auf Weiteres darin, den jetzigen Stelleninhaber in seinen Aktivitäten zu unterstützen, wobei man ihm, Thomas Leitner, sowohl Vertrauensarbeitszeit einräumen werde als auch die Möglichkeit, von zu Hause aus zu arbeiten. Der jetzige Stelleninhaber würde sich auf ein Zusammentreffen mit Thomas bereits sehr freuen und Frau Wankowski würde die beiden Herren im Anschluss an ihr Gespräch noch miteinander bekannt machen.

Thomas frohlockte innerlich, denn die Teilzeitbeschäftigung ohne Arbeitszeiterfassung würde ihm ein maximales Maß an Freiräumen bei garantierter finanzieller Grundsicherung einräumen. Dieses Überangebot an Zeit würde er sinnvoll zu nutzen wissen, ließ sich seine Freude über die Verkleinerung des ihm verhassten Betätigungsfeldes aber nicht anmerken. Er wollte Frau Wankowski in dem Glauben lassen, er könne sich nur schwer von seiner bisherigen verantwortungsvollen Tätigkeit im Unternehmen lossagen und sich dementsprechend nur schwer in das Schicksal eines krankheitsbedingt Teilzeitbeschäftigten fügen. Damit würde er sich das schlechte Gewissen der Geschäftsführung, die ihn schlicht und ergreifend mit der Teilzeitvariante auf ein Abstellgleis geschoben hatte, zunutze machen, denn er hoffte insgeheim, dass ihn sein neuer Vorgesetzter während der nächsten Monate entsprechend schonen würde, sodass er mit Hochdruck weiter an seinem Buch würde schreiben können. Das aufgesetzte und unterkühlte Verhalten der Frau Wankowski war seiner Meinung nach dem Umstand geschuldet, dass sie sich dieser Abwicklung zwar voll bewusst aber auch gezwungen war, ihm ein Entgegenkommen des Unternehmens vorzugaukeln. Gefasst las er die Ergänzung seines Arbeitsvertrags, in der im Wesentlichen die Arbeitszeitverkürzung mit der damit einhergehenden Gehaltsverringerung spezifiziert und ihm in Schriftform die Möglichkeit eingeräumt wurde, von seiner Privatwohnung aus zu arbeiten.

Als Thomas unterschrieben und Frau Wankowski den Vertrag in ihrer Mappe verstaut hatte, war sie merklich erleichtert, die für sie augenscheinlich unangenehme Aufgabe gelöst zu haben, denn als sie auch den neuen Firmenlaptop an Thomas Leitner übergeben hatte, war sie nur noch in der Pflicht, ihren Mitarbeiter seinem neuen Vorgesetzten zuzuführen, der sich in der Zwischenzeit in Thomas' altem Büro breitgemacht hatte und dessen Stelle mittlerweile offensichtlich komplett ausfüllte. Thomas ging also erneut hinter Frau Wankowski her, bis beide schließlich in dem Flur und vor dem Büro angekommen waren, in dem Thomas Leitner während der vergangenen zwölf Jahre seine ungeliebte Arbeit verrichtet hatte. Nachdem Frau Wankowski an die Tür geklopft und eine verhaltene Stimme im Inneren des Raumes sie zum Eintreten aufgefordert hatte, öffnete sie die Tür und stellte Thomas Leitner seinem neuen Vorgesetzten, Herrn Dr. Niederwieser vor. Der begrüßte ihn unnatürlich überschwänglich, woraufhin Frau Wankowski den Rückzug antrat, indem sie mit einem aufgesetzten Lachen verkündete, ihre Gegenwart sei nun ja nicht mehr von Nöten, während sich die beiden Fachleute näher kennenlernen würden.

Thomas Leitner setzte sich auf einen der beiden Besucherstühle, die einem kleinen Tischchen gegenüberstanden, und Herr Dr. Niederwieser platzierte sich ihm gegenüber. Die gesamte Situation hatte einen surrealen Charakter, weil die Büromöbel zwar inzwischen ausgetauscht, im Wesentlichen aber noch genauso angeordnet waren, wie zu der Zeit, als Thomas noch in Vollzeit in Amt und Würden war. Und nun saß er als Besucher in seinem eigenen Büro, das inzwischen von Herrn Dr. Niederwieser in Beschlag genommen worden war. Dr. Niederwieser brachte zunächst seine Freude darüber zum Ausdruck, dass sich sein künftiger Untergebener mittlerweile so gut von seiner Krankheit erholt hatte, dass er wieder, wenn auch in etwas abgespeckter Form, arbeiten könne. Er versprach Thomas, dass er selbst alles dafür tun werde, ihm die nächsten Monate so angenehm wie möglich zu gestalten, indem er ihm zunächst nur leichte Zuarbeiten abverlangen würde, sodass sich Thomas langsam und Schritt für Schritt wieder in den Arbeitsprozess einfinden könne. Beim Sprechen bleckte Dr. Niederwieser von Zeit zu Zeit seine überdurchschnittlich großen Frontzähne, die in vielerlei Hinsicht an ein Pferdegebiss erinnerten, sodass sich das Gesicht des neuen Vorgesetzten regelrecht in Thomas' Erinnerung einbrannte. Dabei frohlockte er innerlich, denn Dr. Niederwieser erklärte, er werde ihm in Zukunft die zu bearbeitenden Texte per E-Mail zuschicken und die beiden würden alle vierzehn Tage miteinander telefonieren. Ein persönliches Treffen sei nur alle zwei bis drei Monate notwendig. Thomas dachte sofort daran, dass er diese Termine mit seinen Nachsorgeterminen in der hämatologischen Ambulanz koordinieren könnte. Ein Gefühl der Euphorie stieg in ihm auf, als er einen Moment lang sein altes Büro aus der Besucherperspektive betrachtet und noch einige Minuten lang einen unverbindlichen Small Talk mit dem Pferdemann geführt hatte, denn er stellte sich vor, dass er sich nie wieder ernstlich und eigenverantwortlich mit seinem alten Aufgabenfeld würde beschäftigen müssen. Nun würde er endlich mehr Zeit haben, Dinge zu tun, die ihm Freude machten und in denen er einen tieferen Sinn sah. Er würde ein Buch schreiben und Verantwortung in einer neuen Beziehung übernehmen. Inzwischen bemühte sich der Pferdemann das Gespräch höflich zum Abschluss zu bringen, indem er seine Riesenzähne noch deutlicher bleckte als zuvor und währenddessen kicherte, um sein Unbehagen zu überspielen. Er gab vor, ein wichtiges Telefonat führen zu müssen, übergab seine Visitenkarte an den neuen Untergebenen und verabschiedete diesen mit der Versicherung, dass man sich darüber freue, weiterhin mit ihm zusammenarbeiten zu können. Thomas nahm also die schwarze Tasche, in der sich sein neuer Laptop befand, und nickte Herrn Dr. Niederwieser zum Abschied noch einmal zu.

Er fand sich dann auf dem Flur wieder, den er zwölf Jahre lang jeden Tag mehrmals auf- und abgelaufen war. Dabei fühlte er sich ähnlich fremd und unbehaglich wie am ersten Tag nach seiner Rückkehr in seine alte Wohnung nach monatelanger Abwesenheit. Er stand wohl einige Sekunden lang reglos auf einem Fleck mit seiner Computertasche in der Hand, denn er musste sich neu orientieren in einer Umgebung, der er sich zwölf Jahre lang zugehörig fühlte und in der er jetzt fremd und überflüssig war. Nie wieder würde er sich hier mit der gleichen Selbstverständlichkeit aufhalten, wie noch vor einem Jahr. Ihm schossen einige Gedanken durch den Kopf, einige flüchtige Erinnerungen an sein früheres Berufsleben, und er überlegte, ob er noch bei dem einen oder anderen Kollegen vorbeischauen sollte, mit dem er früher in der Firma lockeren Kontakt pflegte, dann aber umschloss er seine Tasche mit festem Griff und ging schnurstracks zum Ausgang zurück. An der Pforte bat er darum, ihm ein Taxi zu rufen und wartete dann neben dem Haupteingang. Seinen Blick richtete er dabei die ganze Zeit über nach vorn vom Gebäude weg. Erst als er bereits im Taxi saß, wandte er sich noch einmal um und sah in der Ferne das Firmenlogo verschwinden. Thomas wusste nun, dass er sich in diesem Moment vollständig von seinem früheren Arbeitsleben verabschiedet hatte.

Zu Hause stellte er dann die Computertasche in eine Ecke und zog sich um. Es kam ihm vor, als wäre er geradezu aus seiner alten Firma geflüchtet, denn obwohl er schon im Zimmer des Pferdemanns hungrig gewesen war, kam er nicht auf die Idee, dort in der Kantine essen zu gehen, wie er es all die letzten Jahre über getan hatte. Also ging er in der Nähe eine Kleinigkeit essen, und als er bestellt hatte, stieg ein unglaubliches Glücks- und Freiheitsgefühl in ihm auf, weil er nie wieder wirklich in die Firma zurück musste. Sie stellte lediglich noch eine Grundsicherung für ihn dar und mit etwas Glück würde ihn der Pferdemann nicht allzu sehr in Anspruch nehmen. Nach dem Essen steigerte sich dann sein Glücksgefühl geradezu in eine Euphorie und er beschloss spontan, in einem nahegelegenen Park noch spazieren zu gehen, denn das Wetter bot sich geradezu dafür an. Es war nicht zu kalt und nicht zu warm und es ging ein angenehmer leichter Wind. Er kaufte sich unterwegs noch eine Zeitung und setzte sich auf eine der freien Parkbänke. Er blätterte die Zeitung durch, beobachtete die vorbei schlendernden Spaziergänger und einige spielende Kinder und fragte sich, ob er ohne seine Krankheit aus eigenem Antrieb eine solche Wendung seines Lebens wohl herbeigeführt hätte. Ihm fiel eine alte Redensart ein, die besagte, dass alles Schlechte, was man im Leben durchmachen musste, zwangsläufig zugleich auch für irgendetwas anderes gut war. Und in der Tat kam es Thomas Leitner an diesem Nachmittag so vor, als hätte sich sein ganzes Leben wieder zum Guten gewendet. Er freute sich irrsinnig auf Judith und Natalie und hatte die Zweifel, die er zwischenzeitig gehegt hatte, mittlerweile wieder komplett über Bord geworfen. Spätestens nächste Woche wollte er an seinem Manuskript weiterarbeiten und bis Ende des Jahres eine Rohfassung erstellt haben.

Als Thomas dann wieder zu Hause war, packte er alle restlichen Sachen zusammen, die er am Freitag mit zu Judith nehmen wollte, einschließlich des neuen Firmenlaptops. Dann telefonierte er lange mit Judith und freute sich, dass nur ein Tag noch zwischen ihrem Wiedersehen lag. Am nächsten Morgen machte er sich nach dem Frühstück auf den Weg in die Klinik und blätterte in einer Illustrierten, als sein Name aufgerufen und er in eines der vier Sprechzimmer gebeten wurde. Er klopfte aus Höflichkeitsgründen noch einmal kurz an die Tür und wurde im Sprechzimmer mit einem ihm wohlvertrauten Geruch empfangen, der ihn zunächst elektrisierte und dann seine volle Aufmerksamkeit auf die ihn verströmende Person lenkte, die gerade dabei war, einen Befund aus einem Ablagekorb hinter ihr zu nehmen und sich mit dem Papier in der Hand wieder der Tür zuzuwenden. Thomas Leitner brauchte mehrere Sekunden, um zu realisieren, dass es wirklich Köhler war, der ihm die Hand zur Begrüßung reichte: „Schön, Sie wiederzutreffen Herr Leitner." Der war so irritiert, dass er nur ein kurzes „Ja" hervorbrachte. Er setzte sich auf den Stuhl vor Köhlers Schreibtisch und war froh, dass dieser die Initiative ergriff. Er habe hier in der Klinik eine befristete Stelle als Assistenzarzt erhalten und freue sich, Thomas Leitner in so guter Verfassung wiederzutreffen. Die Befunde seien ausnahmslos in Ordnung einschließlich des Medikamentenspiegels. Er wolle ihn nur noch einmal kurz untersuchen. Köhler bat ihn, sich auf die Untersuchungsliege zu legen, und während Thomas seine Kleider auszog, war er erstaunt darüber, dass Köhler derart an Format gewonnen hatte – sowohl im Auftreten als auch in seiner jetzt strukturierteren Arbeitsweise –, sodass von der nervösen Fahrigkeit, die ihm damals noch eigen war, mittlerweile fast nichts mehr zu bemerken war. Auch sein Gesicht hatte einen ruhigeren und gelasseneren Ausdruck angenommen, fast mit einem Zug von Güte, der damals überhaupt noch nicht erahnbar war. Als Köhler dann routiniert Thomas' Herz und Lunge abgehorcht sowie die Bauchorgane abgetastet hatte, teilte er ihm mit, er solle sich für in zwölf Wochen seinen nächsten Ambulanztermin geben lassen. Während Thomas sich dann wieder ankleidete, erkundigte er sich spontan nach Dr. Papadakis. Er habe ihm in der letzten Woche noch einmal für die gute Behandlung danken wollen, aber die Schwestern der Station sagten ihm, er sei inzwischen in einer anderen Klinik beschäftigt. Köhler nannte ihm daraufhin den Namen der Klinik und sagte ihm, dass eigentlich jeder Arzt sein eigenes Postfach habe, sodass er ihn dort postalisch werde erreichen können. Er selbst habe damals auch immens von Dr. Papadakis profitiert und sich als Student im Praktischen Jahr keinen besseren Lehrmeister wünschen können als ihn – und das sowohl in fachlicher als auch in menschlicher Hinsicht. Dann reichte ihm Köhler zum Abschied die Hand und Thomas holte sich bei der Anmeldung seinen nächsten Untersuchungstermin. Er war immer noch irritiert von der unverhofften Begegnung mit Köhler und lief mehr oder weniger automatisch in Richtung Park gegenüber der Klinik.

Am Parkeingang stand er noch einmal vor der alten Eiche, auf die er monatelang seine Wünsche und Sehnsüchte projiziert hatte. Er merkte, dass auch die Klinik und alles, was er mit ihr verbunden hatte, mittlerweile zu einem Kapitel seiner Vergangenheit geworden war. Er wandte sich um und konnte am Klinikgebäude zwar das Fenster identifizieren, hinter dem er einige Monate zugebracht hatte, und fragte sich auch, wer jetzt wohl in seinem Zimmer liegen mochte, aber er merkte, dass es keine Bedeutung mehr für ihn hatte. Allerdings nahm er sich fest vor, Dr. Papadakis zu danken und mit Stefan Steinmann in Kontakt zu bleiben. Dann drehte er noch eine Runde im Park, vorbei an dem See, wo er im Winter in Wolldecken eingehüllt, heißen Kakao trank in der quälenden Ungewissheit über den

Ausgang seiner Krankheit. Er genoss zwar den Spaziergang, aber er hatte den persönlichen Bezug zur Klinik und dem angrenzenden Gelände mittlerweile verloren. Auf dem Rückweg kam ihm noch einmal seine Anfangszeit in der Klinik in Erinnerung, als er von Weitem einen Raben sah, der sich am Mülleimer am Parkeingang zu schaffen machte und einen großen Teil des Inhalts um den Eimer herum verstreut hatte. Er dachte an Dr. Papadakis, die Schwestern, an Köhler und seine belgische Lebensretterin, an den penetranten Geruch des Infusionsbeutels, der die Stammzellen enthielt und er dachte an die Nebenwirkungen der Chemotherapien, die er über viele Monate tapfer ertragen hatte, als er noch ein letztes Mal zu seinem Zimmer hinaufblickte und dann den Weg zur nächsten Straßenbahnhaltestelle einschlug.

Als er in der Bahn saß, fuhr er wieder vorbei an vielen Gebäuden, die ihm eigentlich vertraut waren und er nahm sie wahr wie ein Mensch, der in dieser Stadt schon lange nicht mehr zu Hause war. Er stieg zweimal um, bis er die Nähe seiner Wohnung erreichte, und ging die restlichen zehn Minuten zu Fuß. Es war früher Nachmittag. Thomas hatte für die Abfahrt am nächsten Tag bereits alles gepackt und von ihm aus hätte die Reise in sein neues Leben sofort beginnen können. Er entschied, sich am Abend eine Art Abschiedsessen in seiner Lieblingspizzeria zu gönnen und fragte sich, wie er wohl die nächsten Stunden überbrücken könnte. Er war schon ein wenig aufgeregt, sodass er keine Ruhe mehr zum Schreiben fand, und nahm sich deshalb vor, noch ein letztes Mal seine Wohnung zu reinigen, um sie bei seiner Rückkehr möglichst wohnlich vorzufinden. Er wischte schnell über die Armaturen im Bad, putzte die Toilette und saugte die Böden. Dann wischte er noch Staub, zumindest an den sichtbaren Stellen. Als er sein Bücherregal reinigte und dazu die einzelnen Bände in die Hände nahm, war es für ihn fast wie eine Reise in die Zeiten, zu denen er die jeweiligen Bücher gelesen hatte. War er deshalb nun ein besserer Mensch geworden als Stefan Steinmann, der sein halbes Leben an irgendwelchen Autos herumgeschraubt hatte? Nein, dachte er bei sich, ein besserer Mensch war er dadurch nicht geworden, aber eben ein belesenerer, und das würde ihm natürlich das Ausformulieren seines eigenen Buchtextes erleichtern. Aber grundsätzlich, dachte er sich, war es wohl besser, dass er sich künftig wieder mehr den Menschen und seinem eigenen Buch widmen würde. Als er dann mit dem Saubermachen fertig war, ging er noch einmal in der Wohnung auf und ab und schaute aus den verschiedenen Fenstern, wie jemand, der eigentlich schon ausgezogen war und sich noch einmal vergewisserte, ob seine alte Wohnung vor der Übergabe an einen neuen Mieter auch wirklich besenrein war. Dann machte er sich auf den Weg zum Abendessen. Als er die Wohnungstür hinter sich geschlossen hatte, kam es ihm vor, als wäre die ihm lange vertraute Wohnung nur noch eine Art Stützpunkt und als hätte er seinen Wohnsitz im Kopf schon längst verlagert. Auch den ihm vertrauten Weg zum Italiener an der Ecke, den er über so viele Jahre zurückgelegt hatte, sah er nun mit fremden Augen. Das verdarb Thomas jedoch nicht die Laune, sondern er war im Gegenteil fest entschlossen, sich selbst einen gemütlichen Abschiedsabend zu bereiten. Es war dieses bewusste Erleben einer Umbruchphase, das für ihn alles Gewohnte auf Abstand brachte und ihn sich dem neuen Ungewissen gegenüber aufschließen ließ.

Am Eingang des Restaurants wurde er herzlich von einem Kellner begrüßt, der ihn sofort erkannte, ihn aber einen Moment lang etwas irritiert ansah, was offensichtlich seinem veränderten Aussehen geschuldet war, und ihm dann einen schönen Einzeltisch mit Tischdecke an einem Fenster zuwies. Thomas bestellte einen halben Liter Chianti, Vitello Tonnato – seine Lieblingsvorspeise – und eine Pizza. Er trank einige Schlucke Rotwein und spürte schnell dessen Wirkung. Er rief sich noch einmal den irritierten Gesichtsausdruck des Kellners in Erinnerung, und als er erneut das Glas in die Hand nahm, realisierte er selbst noch einmal die Veränderung, die sein Körper während der vergangenen Monate durchlaufen hatte. Seine Hände waren insgesamt schmaler geworden und die Zwischenräume zwischen den Strecksehnen seines Handrückens immer noch tiefer als vor seiner Krankheit. Auch seine Gesichtszüge waren markanter geworden und dazu kam die leichte Verfärbung der Haut, die auf seine Medikamente zurückzuführen war. Der Kellner hatte diese Veränderungen bemerkt und mochte sich gefragt haben, was wohl der Grund dafür war, und sein gesunder Menschenverstand hatte ihm vielleicht gesagt, dass dies nur die Spuren einer schweren Krankheit sein konnten – Aids möglicherweise? Aber da traten schon die nächsten Gäste ein und der Kellner konnte den flüchtigen Gedanken nicht weiter verfolgen. Während des Essens ließ Thomas seine Gedanken schweifen. Er ging noch einmal den Inhalt seiner Reisetaschen durch, und als ihm nichts einfiel, was er vergessen haben könnte, überflog er in aller Kürze die letzten zwölf Jahre seines Lebens. Viele Erlebnisse kamen ihm in den Sinn, aber er verspürte keinerlei emotionale Beteiligung, so als liefen diese Ereignisse wie ein Film ab oder als würde er sie im Traum erleben. Und als er gedankenverloren aus dem Fenster auf die Straße blickte, kam ihm der Tag in den Sinn, an dem er während einer Immunschwächephase nach einer der zahlreichen Chemotherapien sein Leben fast durch eine plötzlich einsetzende Infektion verloren hätte. Auch in diesem Moment war ihm, als hätte er kurze Zeit neben sich selbst gestanden und einen Moment lang als Beobachter zugesehen, wie sich Dr. Papadakis zusammen mit Köhler und den Schwestern an seinem Körper zu schaffen machte. Und was ihm als das Erstaunlichste und Eindrucksvollste von diesem Erlebnis in Erinnerung blieb, war der Umstand, dass er in dieser Situation keinerlei Angst oder Panik verspürte, sondern im Gegenteil eine angenehme Ruhe, an die er sich eigentlich gern erinnerte. Im Grunde, dachte er sich, hatte ein Mensch seines Alters das Leben mit seinen schönen und auch seinen dunklen Seiten kennengelernt, und oft hatte er während der letzten Jahre den Eindruck gehabt, als würden sich die Dinge nur noch wiederholen, als würde er auf der Stelle treten, sodass er in dem Umbruch, der durch seine Krankheit herbeigeführt worden war, tatsächlich so etwas wie einen Start zu einem neuen Leben sehen konnte. Erst als er dann an seine bevorstehende Abreise und das Wiedersehen mit Judith und Natalie dachte, meldeten sich die Lebensgeister in Form von Vorfreude zurück, und obwohl er nach einem reichhaltigen Essen eigentlich zu Müdigkeit und Trägheit neigte, wurde er wieder wacher und aufnahmefähiger. Er ordnete seine Gedanken und nahm sich fest vor, in der nächsten Woche kontinuierlich und konsequent an seinem Manuskript weiterzuarbeiten. Entsprechend hoffte er, dass ihn seine Firma während der nächsten Wochen noch schonen würde. Dann versuchte er, sich den morgigen Abend auszumalen. Er stellte sich eine aufgeregte Natalie vor, die sich am ersten Abend sicher noch lange mit ihrem Geschenk beschäftigen würde, und fragte sich dann, ob Judith und er wohl an ihrer Beziehung würden anknüpfen können, wie sie sich zum Ende ihrer gemeinsamen Zeit in der Nordseeklinik hin gebildet hatte, oder ob sich während der letzten Wochen zwischen ihnen eine Distanz aufgetan hatte, die alles in einem anderen Licht erscheinen lassen würde. Dann kam Thomas allmählich zur Ruhe und trank den letzten Schluck Rotwein, während er den Blick durch den Raum schweifen ließ, zunächst über eine Rose, die in einer kleinen Glasvase am Rand seines Tisches stand, dann über die an den Nachbartischen sitzenden Personen, die teils schwiegen oder sich gedämpft unterhielten. Er fragte sich, welche dieser Personen wohl schon einen ähnlichen Schicksalsschlag hinnehmen musste, wie er. Sicherlich waren die meisten von ihnen schon einmal mit Krankheit oder Tod konfrontiert gewesen, etwa im Bekannten- oder Verwandtenkreis, aber die meisten schlossen unvernünftigerweise die Möglichkeit aus, selbst damit konfrontiert zu werden. Wie unendlich wertvoller würde ihnen wohl der jetzige Abend mit einem Freund, einem Partner oder einem Verwandten erscheinen, wenn sie sich über dessen Einmaligkeit bewusst würden im Hinblick auf die kontinuierlich fortschreitende Zeit, die die Zukunft im Ungewissen und die Vergangenheit meist unbeachtet ließ. Dann sah er in der anderen Ecke des Restaurants eine Frau im Rollstuhl, die sich angeregt mit einem etwa gleichaltrigen Mann unterhielt. Würde diese Frau wohl mit ihm tauschen wollen, ihm, der zwar die Möglichkeit hatte, nach dem Essen zu Fuß nach Hause zu gehen, oder war sie mit sich und ihrem Leben trotz ihrer Behinderung zufrieden, weil sie möglicherweise ein Leben führte, das nicht von so großer Ungewissheit bedroht war, wie das Leben von Thomas, der sich weder sicher sein konnte, dass seine neue Beziehung hielt, noch ob er jemals ein Buch veröffentlichen würde, noch ob die Heilung seiner Erkrankung wirklich von Dauer sein würde. Aber was änderte das schon, selbst wenn sie mit ihm hätte tauschen wollen? Sie war so, wie sie eben war, und ob sie nun wollte oder nicht, sie musste ihr Handicap akzeptieren, wie Thomas Leitner seine Leukämie akzeptieren musste. Er blieb wohl noch eine Viertelstunde lang sitzen und sah beim Bezahlen die Visitenkarte mit den Kontaktdaten des Autors aus einem Fach seines Portemonnaies lugen. Er hatte sich eine Frist bis zum Jahresende gesetzt, und vielleicht war sein Manuskript im Herbst ja schon so weit gediehen, dass er mit dem Mann Kontakt aufnehmen konnte. Mit diesen Gedanken trat Thomas Leitner den Rückweg zu seiner Wohnung an.

Er kontrollierte noch einmal sein Gepäck für die Abreise am nächsten Morgen und legte sich ins Bett. Er drehte sich von einer Seite auf die andere, konnte aber zunächst keinen Schlaf finden. Die tapfere Elena kam ihm in den Sinn und er fragte sich, ob sie nicht vielleicht doch mit einer Beinprothese versorgt werden könnte oder ob sie zeitlebens auf einen Rollstuhl angewiesen sein würde. Er erinnerte sich an einen Fernsehbericht über kleine und wendige Elektrogefährte für Beinamputierte. Dann kam ihm ein Gespräch mit Christian in den Sinn, in dem der unschätzbare Wert von intakten Sinnesorganen zur Sprache kam. Christian hatte sich während eines Lehrgangs einmal mit verbundenen Augen in die Lage eines Blinden versetzen müssen und berichtete damals von den Erfahrungen, die er machen musste, als er realisierte, mit wie vielen Einschränkungen ein Leben ohne Augenlicht plötzlich verbunden war und für wie selbstverständlich er seine körperliche Unversehrtheit zuvor erachtet hatte. Dann dachte Thomas lange an Judith und ihre gemeinsame Zeit. Er kam erst zur Ruhe, als er sich noch ein letztes Mal an diesem Tag fest auf eine bestimmte Sache konzentrierte, nämlich sein Manuskript. Erst als er den Text in Gedanken noch um einige Passagen erweitert hatte, spürte er eine bleierne Müdigkeit und war froh, dass er am nächsten Tag erst am späten Vormittag losfahren würde.

Als Thomas am nächsten Morgen die Augen aufschlug, war er wider Erwarten ausgeruht und hellwach. Er öffnete das Rollo seines Schlafzimmerfensters und holte einige Male tief Luft. Es war ein heller klarer Morgen, und während er im Bad war und sich rasierte, versuchte er den Veränderungen seines Gesichtes auf den Grund zu kommen. Die leicht prominenten Wangenknochen waren seinem krankheitsbedingten Gewichtsverlust geschuldet und die leichte Braunfärbung der Haut war durch die Medikamente verursacht. Aber es schien ihm, als hätte sich auch der gesamte Ausdruck seines Gesichts in einer Weise geändert, die nur schwer in Worte zu fassen war. Sein Blick erschien ihm abgeklärter und klarer als früher, und es kam ihm fast so vor, als würden sich seine neue Art und Weise, die Welt zu sehen und die veränderte Art, sich selbst Ziele zu setzen, in seinem Gesichtsausdruck widerspiegeln. Er merkte, dass er ein neues Terrain betreten hatte, das ihm die Möglichkeit gab, neue Seiten an sich selbst zu entdecken und weiterzuentwickeln, als Partner, als Vater, vielleicht als Schriftsteller und als ein Mensch, der mittlerweile gelernt hatte, sich selbst ein Freund zu sein. Er war schon immer Veränderungen gegenüber offen gewesen und er hatte stets ein großes Interesse am Fremden gehabt, an ihm unbekannten Kulturen, deren Wurzeln und deren kulturellem Schaffen. Und er hatte stets versucht, sich ein gewisses Maß an Toleranz anderen Menschen gegenüber zu bewahren, denn er vertrat die Auffassung, dass nur durch Toleranz ein konstruktives Zusammenleben der Menschen verwirklicht werden konnte. Also würde er sich einlassen auf sein eigenes neues Leben, und er war gespannt darauf, wie er sich in einigen Jahren an den heutigen Tag zurückerinnern würde. Auf jeden Fall bemerkte er in sich jetzt zwei Gefühlsregungen, die er seit einer Ewigkeit nicht mehr wahrgenommen hatte, nämlich Stolz und Neugier. Er war stolz, dass er die endlosen Chemotherapien und die Transplantation mit Würde ertragen hatte und an seinem Schicksal nicht verzweifelt war, und er war unendlich neugierig auf das, was er als Schriftsteller zuwege bringen würde. Außerdem war er sehr neugierig, wie sich die Beziehungen zu Judith und Natalie weiterentwickeln würden. Zum letzten Mal hatte er eine derartige Aufbruchstimmung erlebt, als er die Schule beendet und von zu Hause weggezogen war. Jeder Tag war damals ein neues Abenteuer gewesen, und genau dieser Abenteuergeist, der über zehn Jahre erloschen zu sein schien, war nun wieder geweckt.

Als Thomas sich angezogen hatte, machte er sich also zum letzten Mal auf den Weg, um Brötchen zu holen. Dann kochte er sich Kaffee und betrachtete während des Frühstücks einige Zeit die fertig gepackten Reisetaschen. Er wusch das Frühstücksgeschirr ab und hatte noch etwa eine Stunde Zeit, bis er sich ein Taxi zum Bahnhof rufen würde. Noch einmal überlegte er, ob er nichts Wichtiges vergessen hatte. Er hatte den Firmencomputer, seine Bank- und seine Kreditkarte, sein Handy, seine Medikamente und sein Adressbuch mit den wichtigsten Telefonnummern. Sein Verhalten kam ihm selbst so vor, als würde er gar nicht mehr zurückkehren wollen. Als er sich dann noch einmal vergewissert hatte, dass alles eingepackt war, kontrollierte er, ob auch alle Wasserleitungen abgedreht und alle Fenster verschlossen waren. Und als er seinen letzten Kontrollgang absolviert hatte, setzte er sich zum letzen Mal auf sein Wohnzimmersofa und ließ den Blick durch das Zimmer schweifen. Noch einmal fragte er sich, als er die vielen Bücher in seinem Regal betrachtete, ob er auch ohne Literatur und ohne Sartorius' Philosophie zu dem Punkt gelangt wäre, seine Krankheit als einen Wendepunkt in seinem Leben zu begreifen, denn durch seine künftige Teilzeitbeschäftigung war ihm dieser ja in gewisser Weise auch von außen aufgezwungen worden. Aber er war sich relativ sicher, dass er ohne seinen individuellen Hintergrund nicht auf die Idee gekommen wäre, sich im kreativen Bereich zu versuchen und ein Buch zu schreiben. Und auch das machte ihn in gewisser Hinsicht stolz an diesem freundlichen Sommermorgen, und er war dankbar, dass er eine derartige Empfindung sich selbst gegenüber wahrnehmen konnte. Ja, er war stolz auf seine einzigartige Persönlichkeit, die sicherlich von dem einen oder anderen Menschen auch als verschroben und schwierig wahrgenommen wurde. Er war der Meinung, dass jeder Mensch einen Grundrespekt sich selbst gegenüber empfinden musste, um auf Dauer lebensfähig zu sein. Irgendwie kam es ihm im Nachhinein so vor, als wäre auch er über die letzten zehn Jahre reduziert gewesen auf einen Gewohnheitsmenschen, der lange nur so dahingelebt hatte, ohne sich wesentlich anzustrengen, und dass er sich dabei mit der Zeit auch emotional und geistig auf einem gewissen Niveau eingependelt hatte, das sicherlich noch nicht als mittelmäßig bezeichnet werden konnte, das auf der anderen Seite aber auch keine neuen Impulse und Ideen mehr hervorbrachte, die hingegen während der letzten Monate geradeso aus ihm hervorzusprudeln schienen. In dieser Hinsicht war die Blutstammzelltransplantation, die ihm zu einem neuen funktionstüchtigen Knochenmark verholfen hatte, fast so etwas wie eine Frischzellenkur.

Nun trennten Thomas nur noch wenige Stunden von seinem ganz neuen Leben, Judith wollte ihn am späten Nachmittag zusammen mit Natalie am Bahnhof abholen. Am Wochenende würde sie ihm dann ihre Stadt zeigen und vielleicht mit ihm zusammen einen Ausflug in die nähere Umgebung unternehmen. Vielleicht würde sie Natalie auch für einen Tag bei ihrer Mutter lassen, sodass er und Judith sich Zeit lassen könnten, langsam wieder zueinanderzufinden. Dann durchschritt Thomas Leitner zum letzten Mal seine Wohnung und sah aus seinem Schlafzimmerfenster auf die weitläufige Grünfläche, die über einen alten Baumbestand verfügte und an deren hinterem Ende ein Spielplatz angelegt war, von dem er durch das geschlossene Fenster hindurch gedämpft Kinderstimmen hören konnte. Auf der Spitze einer Fichte hatte sich eine Elster niedergelassen und Thomas fragte sich in diesem Moment, wer in seiner Wohnsiedlung ihn wohl vermissen würde und wer von seinen Hausmitbewohnern überhaupt sein Fehlen während des vergangenen Dreivierteljahres bemerkt hatte. Zu einigen Hausbewohnern hatte er ein oberflächlich-freundschaftliches Verhältnis. Man grüßte einander, wenn man sich im Treppenhaus begegnete und manchmal hatte man auch ein paar belanglose Worte gewechselt, aber außer den zu Christian Talbach hatte er in der Stadt keine wirklich persönlichen Kontakte. Natürlich hätte er mehr unter die Leute gehen können während der letzten zehn Jahre, aber er war noch nie ein Freund von oberflächlichem Small Talk gewesen und hatte es oft vorgezogen, seine freie Zeit mit einem guten Buch oder einer weitläufigen Wanderung durch die Natur zu verbringen, besonders nachdem seine

Freundschaft zu Christian damals abgekühlt war. Und irgendwie hatte er sich dann an sein ungebundenes Leben gewöhnt und mehr als zehn Jahre auf diese Weise verbracht, ohne wirklich etwas zu vermissen. Er selbst fand es befremdlich, dass er – wenn er nicht krank geworden wäre – vielleicht bis ins Alter so weitergelebt hätte und dass es erst seiner Krankheit bedurfte, ihn wachzurütteln und ihn zu veranlassen, noch einmal zu neuen Ufern aufzubrechen.

Thomas Leitner blickte noch einige Minuten lang aus seinem Zimmer auf die Grünanlage und beobachtete die Elster bei ihren ruckartigen Rumpf- und Schwanzbewegungen. Dann ging er, ohne noch einmal auf die Uhr zu schauen, zum Telefon und rief sich ein Taxi. In etwa fünf Minuten würde er abgeholt werden, sagte die Mitarbeiterin der Taxi-Zentrale. Thomas nahm also sein Gepäck auf und schloss die Wohnungstür hinter sich ab. Ihm war, als wäre das ein endgültiger Schritt und ein Abschied für immer. Es fühlte sich an, als würde er wie ein Insekt einen Kokon zurücklassen und sich nach seiner Verwandlung davonmachen in ein neues Leben. Nachdem er dann seine Wohnungsschlüssel eingesteckt hatte und sich in Richtung Treppe begab, öffnete sich die Tür der Nachbarwohnung, in der eine alte alleinstehende Dame wohnte, und eine junge Frau in Sportbekleidung kreuzte seinen Weg. Thomas dachte, die alte Dame sei vielleicht in der langen Zeit seiner Abwesenheit pflegebedürftig geworden und die junge Frau sei eventuell die Mitarbeiterin eines Pflegedienstes, denn er wusste, dass seine Nachbarin keine Angehörigen mehr hatte. Sie hatte ihm einmal erzählt, dass sie ein Fotoalbum besitze, in dem fünf Generationen ihrer Familie abgebildet seien. Als letztes noch lebendes Mitglied ihrer Familie habe sie dieses Album über mehrere

Jahrzehnte hinweg wie einen Augapfel gehütet. Doch dann kam die junge Frau geradewegs auf Thomas zu und stellte sich als seine neue Nachbarin vor. Sie sei vor zwei Monaten mit ihrem Partner eingezogen, nachdem die alte Dame wohl ganz plötzlich und unerwartet verstorben war, und hatte es einem Zufall zu verdanken, vom Freiwerden der Wohnung erfahren zu haben, nämlich dadurch, dass ihr Vater mit dem Hausmeister flüchtig bekannt sei und sie so die Möglichkeit erhalten habe, sich direkt unter Umgehung eines Maklers an die Hausverwaltung zu wenden. Sie habe auch gehört, dass ihr Nachbar Thomas Leitner wohl für längere Zeit verreist sei. Daher freue sie sich umso mehr, ihn heute persönlich zu treffen. Offensichtlich sei er aber im Begriff schon wieder zu verreisen. Sie wünsche ihm also eine gute Fahrt, denn sie sei gerade auf dem Sprung und ließ den verdutzten Thomas im Flur stehen. Vor dem Haus wartete er dann auf das Taxi und hing den Gedanken an seine Nachbarin nach, die er recht gern gemocht hatte. Er fragte sich, wer wohl nach ihrem Tod die Wohnung ausgeräumt und zu ihrer Bestattung erschienen war. Wo würde sich wohl jetzt das Fotoalbum befinden, in dem die einhundertundfünfzigjährige Familiengeschichte seiner Nachbarin dokumentiert war?

Während der gesamten Fahrt zum Bahnhof hing er diesen Gedanken nach, und erst als er sich in der Bahnhofsvorhalle informierte, auf welchem Gleis sein Zug abfahren würde, war er wieder in der Realität angekommen und machte sich mit seinem Gepäck auf den Weg in Richtung Bahnsteig. Er musste bis zur Abfahrt noch etwa fünfzehn Minuten warten. Die Bahnhofshalle war lichtdurchflutet und von Zeit zu Zeit flatterten einige Tauben von einer Dachverstrebung der Halle zur nächsten. In seiner Nähe stand ein kleiner Kiosk, der den Geruch von frischem Gebäck und Kaffee verströmte. Langsam sammelten sich immer mehr Menschen auf dem Bahnhof und Thomas dachte noch einmal an seine verstorbene Nachbarin. Es kam ihm in diesem Moment absurd vor, wie teilnahmslos das Leben der Anderen seinen gewohnten Lauf nahm. Hätte er seine Leukämie nicht überlebt, würde sich wohl die Szenerie, die sich ihm jetzt auf dem Bahnsteig bot, genauso zutragen, wie er sie gerade erlebte. Keiner der hier Anwesenden würde sein Fehlen bemerken. Er hoffte, dass die alte Dame während ihrer letzten Wochen und Tage zumindest nicht leiden musste und dass sie in ihrer Einsamkeit einen für sich stimmigen Abschluss gefunden hatte. Wie viel wert war doch ein Mensch, der jemanden in einer schweren Lebensphase begleitete, so wie Christian ihn auf Händen durch die vielen Monate seines Klinikaufenthalts getragen hatte, an die sich dann Gott sei Dank ein neues Leben angeschlossen hatte. Er überlegte, dass seine Nachbarin vielleicht einen kleinen Geldbetrag an eine gemeinnützige Stiftung vererbt haben könnte und dass ihre persönlichen Sachen derzeit vielleicht zum Verkauf bei einem Trödler auslagen. Er fand es erstaunlich, wie wenig von einem Leben schlussendlich übrig blieb.

Als der Zug dann eingefahren und mit einem quietschenden Geräusch zum Stillstand gekommen war, kämpfte sich Thomas mit seinem Gepäck zu seinem Platz vor. Er verstaute die Reisetasche und den Spielzeugkarton im Gepäckfach und setzte sich an seinen Fensterplatz. Ihm gegenüber saß ein junger Geschäftsmann im Anzug, der nervös auf seinem Laptop herumtippte und Thomas' Ankunft mit einem kurzen beifälligen Nicken zur Kenntnis nahm, um sich dann sofort wieder um seine dienstlichen Obliegenheiten zu kümmern. Neben dem Geschäftsmann saß eine ältere Dame, die in einer Zeitschrift blätterte und neben Thomas saß der Ehemann der Frau, der sich die Zeit mit einem Rätselheft vertrieb. Im Abteil verbreitete sich der Geruch eines Leberwurstbrotes, das ein Passagier auf der anderen Gangseite verspeiste. Dann setzte sich der Zug langsam in Bewegung und Thomas hatte nun sechs Stunden Zeit, um seinen Kopf für Judith, Natalie und sein Buch freizubekommen, denn er musste glücklicherweise nicht umsteigen.

Die ersten zwanzig Minuten lehnte er sich in seinem Sitz zurück und beobachtete zwangsläufig seinen Gegenüber, der mit angespanntem Gesichtsausdruck offenkundig eine ihm unangenehme Arbeit verrichtete. Er dachte dabei auch an seinen früheren Arbeitsplatz, an sein einstiges Büro, das jetzt der Pferdemann bezogen hatte und an die vielen Jahre, in denen ihn seine Arbeit weder gefordert noch Spaß bereitet hatte. Thomas fand schon immer Menschen beneidenswert, die einen Arbeitsplatz hatten, der entweder in intellektueller oder in sozialer Hinsicht bereichernd war. Sein Gegenüber jedoch schien sich gerade in einer Krise zu befinden und offensichtlich mit sinnloser Geschäftigkeit aufzureiben. Doch während es für Thomas irgendwie noch nachvollziehbar war, dass man ohne eigenes Zutun, beispielsweise durch fehlende Alternativen, in eine solche Situation geriet, wie es schlussendlich auch bei ihm selbst lange Zeit der Fall gewesen war, so war es für ihn keineswegs nachvollziehbar, wie man sich aus eigenem Antrieb in eine derart sinnlose Geschäftigkeit begeben und sich selbst darin so gut gefallen konnte, dass man getrieben von der Gier nach Titeln und Geld ein Leben führte, das komplett von der Berufstätigkeit dominiert war. Bei Christian hatte diese Entwicklung damals sicher eine eigene Dynamik gehabt, die durch sein dominantes Elternhaus angestoßen wurde und die er selbst irgendwann als fremdartig und für sich selbst als aufgesetzt entlarvt hatte, aber bei vielen Menschen wurde ein Großteil des Selbstwertgefühls immer noch über den gesellschaftlichen Status und das erwirtschaftete Kapital definiert, gleichgültig, ob sie ihr existenziell limitiertes Gut, die ihnen zur Verfügung stehende Lebenszeit damit verschwendeten oder nicht.

Nach einer Weile des Grübelns entschloss sich Thomas zum Mittagessen in den Speisewagen zu gehen. Er musste sich durch einige Wagen schlängeln und hatte Glück, im Speisewagen sofort einen Sitzplatz zu bekommen. Er bestellte einen Teller Spaghetti und ein Glas Mineralwasser. Nach einer Weile balancierte der Kellner das Bestellte zu seinem Platz. Beim Essen wurde ihm noch einmal klar, was für eine unendlich große Chance in seiner jetzigen Lebenssituation lag, etwas Neues beginnen zu können. Er würde mit seiner Halbtagsstelle sicherlich immer noch ein größeres Gehalt erwirtschaften, als der Kellner, der zudem wahrscheinlich noch – je nach zurückgelegter Fahrstrecke – entweder in irgendwelchen Hotels übernachten oder die gleiche Wegstrecke wieder in entgegengesetzter Richtung fahren und dadurch überlange Arbeitszeiten in Kauf nehmen musste. Darüber hinaus würde Thomas, sofern die Prophezeiungen des Pferdemannes tatsächlich einträten, selbst auf seiner halben Stelle zunächst nicht ausgelastet werden, was ihm noch zusätzliche Freiräume verschaffen würde. Er hielt es also insgesamt für unwahrscheinlich, dass er noch einmal aus beruflichen Gründen die Seelenqualen würde ausstehen müssen, die gerade der Geschäftsreisende in seinem Abteil erlitt. Nach dem Essen bestellte er sich einen Espresso, bezahlte die Rechnung, blieb wohl noch eine Viertelstunde lang auf seinem Platz sitzen und ließ die Landschaft an sich vorbeiziehen. Es war ein wunderbarer Sommertag, an dem der Himmel nur von einigen Quellwolken bedeckt war und er fuhr vorbei an endlosen Getreidefeldern, die kurz vor der Ernte standen. Ein unbeschreibliches Freiheitsgefühl überkam ihn, als er an sein neues Leben und sein Buch dachte. Er kam sich vor, als würde er nun erst wirklich die Früchte seines bisherigen Lebens ernten, genauso wie die reifen Ähren der Felder in Kürze nach Hause geholt würden, die sich aus jeweils einem einzigen Korn entwickelt und während nur weniger Monate unendlich vervielfacht hatten. Thomas genoss noch für einige Minuten den Blick in die freie Natur und machte sich dann auf den Rückweg zu seinem Abteil.

Unterwegs traf er den Geschäftsreisenden, der an einem Stehtisch in einer Raucherecke stand und eine Zigarette rauchte. Der Geschäftsmann nickte ihm zu, und als Thomas an ihm vorbeiging, sprach dieser ihn auch an. Er habe am nächsten Morgen einen wichtigen Termin und müsse einen Vortrag halten, an dem er seit Tagen fieberhaft arbeite. Aus diesem Grund gönne er sich nur ab und zu eine Zigarettenpause. Thomas war erstaunt, dass sein Mitreisender ihn ansprach und dachte sich, dass er sich mit einem kurzen Wortwechsel wohl auf andere Gedanken bringen wollte, um auf diese Weise wenigstens einen kleinen Teil seines psychischen Drucks abzubauen, und obwohl er Zigarettenrauch hasste, blieb er stehen und erwiderte, dass er während seines früheren Berufslebens mit der Zeit gelernt habe, solchen Situationen mit einer gewissen Gelassenheit zu begegnen und sie sogar als Möglichkeit zu sehen, sich persönlich weiterzuentwickeln, indem man die Kritik der Zuhörer aufnehme und auf sich wirken lasse. Mit der Zeit habe er so immer mehr

Spaß an solchen Präsentationen und auch Selbstsicherheit gewonnen, insbesondere dann, wenn er dabei von seiner starren Vorbereitung abweichen und improvisieren musste, zum Beispiel bei nicht vorhersehbaren Zwischenfragen. Thomas war selbst überrascht von seinem spontanen Redefluss und führte anschließend mit dem Geschäftsreisenden aus Höflichkeit noch einen kurzen Small Talk. Dann ging er allein zu seinem Abteil zurück und holte sein Manuskript aus der Tasche hervor. Als sich nach einer guten Viertelstunde auch der Geschäftsreisende wieder an seinem Sitzplatz einfand, wirkte der im Vergleich zum Vormittag wesentlich ruhiger und gefasster. Die Panik war vollständig aus seinem Blick gewichen und er wirkte auch wesentlich abgeklärter und aufgeschlossener. Offensichtlich hatte Thomas ihm geholfen, innerlich wieder Fuß zu fassen und der Geschäftsreisende hatte realisiert, dass durch das Überwinden von Schwierigkeiten auch der Boden für eine wie auch immer geartete Weiterentwicklung geebnet wurde. Die alte Dame, die den Weg zu seinem Platz versperrte, stand auf und der Geschäftsreisende bedankte sich souverän und freundlich. Dann setzte er sich auf seinen Platz, suchte noch einmal den Blickkontakt mit Thomas, dem er ebenfalls freundlich zunickte, und achtete darauf, dass er diesen nicht störte, als er erneut seinen Computer in Betrieb nahm, um weiterzuarbeiten. Aus dem fahrigen nervösen Menschen des Vormittags schien innerhalb einer Stunde ein weltgewandter und abgeklärter Geschäftsmann geworden zu sein, der seine Aufgaben souverän im Griff hatte. Die Angst war eben doch ein unguter Ratgeber, dachte Thomas bei sich und vertiefte sich so konzentriert in sein Manuskript, dass er für mehr als eineinhalb Stunden die Welt um sich herum vergaß.

Erst als ihm der Duft von frisch gebrühtem Bohnenkaffee in die Nase stieg, blickte er wieder auf und sah einen Bahnmitarbeiter, der sich langsam mit einem Tablett mit Kaffee und Gebäck näherte. Er bestellte sich einen Kaffee und auch der Geschäftsreisende nahm einen. Dessen abgeklärter und ruhiger Gesichtsausdruck hatte sich in der Zwischenzeit noch mehr gefestigt. Also gönnten sich beide eine Pause von ihrer Geschäftigkeit, die sich im Wesentlichen dadurch unterschied, dass Thomas im Gegensatz zu dem Geschäftsreisenden einen tieferen Sinn in ihr sah. Das ältere Ehepaar neben ihnen blätterte immer noch gelangweilt in ihren Zeitschriften herum und Thomas blickte seit längerer Zeit wieder auf die Uhr. Noch zweieinhalb Stunden trennten ihn vom Wiedersehen mit Judith und Natalie, und als sein Blick auf die Spielzeugschachtel fiel, wurde er langsam aber sicher so nervös, dass er keine Ruhe mehr zum Schreiben fand. Er verstaute also seine Utensilien in der Reisetasche und ließ den Blick durch das Abteil schweifen. Dann lehnte er sich entspannt zurück und sah aus dem Fenster. Seine Gedanken verloren sich langsam in der vorüberrauschenden Landschaft. Der Zug passierte etliche Dörfer, die alle über ihre eigene kleine Kirche und ihr eigenes Acker- und Weideland verfügten, auf denen das Vieh graste. Zusammenhanglos kamen Thomas Erlebnisse aus seiner Vergangenheit in den Sinn, und er fand es, während er sich an zahlreichen Erinnerungen entlang hangelte, wieder einmal erstaunlich, dass sein Bewusstsein über vier Jahrzehnte hinweg nicht gealtert zu sein schien. Er hatte schon öfter in der Vergangenheit den Eindruck gehabt, dass die Zeit keinen Einfluss auf das Erleben im eigentlichen Sinne zu haben schien und manchmal kam es ihm sogar vor, als ob man die Zeitachse nur benötigte, um die Erlebnisse in deren Abfolge besser ordnen zu können. Aber das Bewusstsein selbst schien eben nicht zu altern. In seiner Erinnerung konnte er längst Vergangenes oft wie in einem Traum sehen und Ereignisse, die ihn sehr bewegt hatten, in seiner Erinnerung noch einmal genauso intensiv durchleben. Und je näher er nun seinem Reiseziel kam, desto mehr hatte er den Eindruck, dass sich seine Wahrnehmung nun in der Gegenwart verdichtete und er gespannt war auf die Erlebnisse, die jetzt vor ihm lagen. Es war eine Art Vorahnung, nein, eher eine Art Gewissheit, dass er einer Entwicklung zusteuerte, die für sein weiteres Leben von enormer Wichtigkeit war, und er spürte, dass seine Wahrnehmung eine Intensität entwickelte, die er seit zwei Jahrzehnten nicht mehr erlebt hatte. Vielleicht waren es auch einfach die Vorfreude und die angespannte Erregung im Hinblick auf das noch Unbekannte, das nun vor ihm lag, eine Art von Abenteuerlust. Noch eine geraume Zeit blickte er aus dem Fenster und sah, wie die Zäune, die Bäume und Häuser, die in der Nähe des Bahndamms standen, in rasender Geschwindigkeit an ihm vorbeizogen. Es war unmöglich, den Blick auf ein einzelnes Objekt zu lenken. Nur die Objekte, die in weiterer Ferne lagen, konnte er sicher fixieren, fast so, wie die banalen Erlebnisse eines einzelnen Tages nicht in der Erinnerung blieben und nur die Ziele, auf die man längere Zeit sein Augenmerk richtete, an Kontur gewannen und dauerhaft präsent waren.

Als etwa zwanzig Minuten vor Ankunft des Zuges die Leute damit begannen, ihre Sachen zusammenzupacken, wurde Thomas Leitner durch die entstehende Unruhe in die Realität zurückgeholt. Auch das ältere Ehepaar ließ sich durch die allgemeine Betriebsamkeit anstecken und verstaute umständlich die Zeitschriften in ihren Reisetaschen. Thomas spürte, dass sein Sprung in das kalte Wasser unmittelbar bevorstand. Nachdem auch der Geschäftsreisende seinen Computer verstaut hatte, saßen sich die beiden wieder gegenüber und der Geschäftsreisende eröffnete noch ein letztes Mal das Gespräch, um die Zeit zu überbrücken. Nun habe man ja die Reise überstanden und könne endlich wieder die Beine ausstrecken, sagte er. Er werde sich erst einmal die Beine vertreten und dann im Hotel noch ein wenig weiterarbeiten. Thomas erwiderte eine freundliche Floskel und merkte, dass sich seine Anspannung in der Zwischenzeit noch weiter gesteigert hatte. Wie in einem Zeitrafferfilm liefen noch einmal die markantesten Stationen des letzten Dreivierteljahres vor ihm ab. Er sah noch einmal den gedeckten Silvestertisch vor sich, den sein Freund Christian für ihn vorbereitet hatte und den offenen Blick von Dr. Ambrosios Papadakis, der ihm über viele Monate eine feste Stütze war und dessen Vorname sich von Ambrosia ableitete, dem Trank, der selbst den Göttern Unsterblichkeit verlieh. Und dann kam ihm noch einmal seine belgische Lebensretterin in den Sinn, die ihm uneigennützig einen Teil von ihr selbst überlassen hatte. Als der Zug schließlich quietschend in den Bahnhof einfuhr, wollte Thomas nur noch zu Judith, die ihm dabei geholfen hatte, seine Selbstbezogenheit zu überwinden.

* * *

book-on-demand ... Die Chance für neue Autoren!
Besuchen Sie uns im Internet unter www.book-on-demand.de
und unter www.facebook.com/bookondemand